우리 시의 신라정신과 노장의 생태주의

진창영 지음

생태적 · 생명적 삶이란

세상 만물이 모두 유기적 상관관계 속에 상생적 삶을 이루어 유지 보전 발전되어 나아간다는 것이며

아울러 이러한 관점은 세상 만물이 모두 제 각각의 위치에서

소용에 닿는 역할 작용을 하는 유기적 존재로 인정한다는 관점이다.

그리하여 세상의 모든 유기 무기체의 만물이 서로 유기화를 이루어 생성을 일으켜 내며,

안으로는 스스로 신령함을 일으키는 정신계의 원리와 밖으로는 유기화를 스스로 이루어 나가는….

동학에서 말하는 이른바 내유신령 외유기화(內有神靈 外有氣化)가 그것이다.

국학자료원

책을 내면서

언젠가 어느 글에서 머리말은 반칙이라는 말을 읽은 기억이 있다. 그러나 나는 꼭 그런 것만은 아니라는 생각으로 이 글을 쓴다. 국문학 연구 중에는 서·발문 자료들만으로 하나의 연구물을 낼 정도의 값어치를 갖는 경우도 있기 때문이다. 그것은 저서의 서문을 통하여 지은이의 당시 소회와 학문에 대한 신념과 사상의 일단이 여과 없이 전달되는 경우가 되어 그의 학문적 본령보다 오히려 더 좋은 전기비평의 자료가 되기 때문이다.

오랜만에 책을 낸다. 비록 위기를 맞고 있지만 나는 아직도 인문학이 만학의 수원지요 왕이라는 생각에는 변함이 없다. 그래서 신봉할 수밖에 없다. 설사 인문학의 개념적 패러다임이 세상의 변화에 적응하며 변할 수는 있어도 文·史·哲 인문학의 가치가 종전과 달라진다는 것은 있을 수 없는 것이 아닌가 하고. 아무튼 급변하는 세상 환경에 시련당하고 있는 작금의 나의 소회를 변명으로 이렇게 쓰고 있는 중이다.

이번의 연구서는 그동안 너무도 급격한 변화와 함께 그동안 내가 해온 공부가 정체성의 위기를 맞고 있을 이즈음에 내는 것이기에 그 감회가 여느 때와 다르지 않을 수 없다.

그리고 보니 인생 오십을 넘은 지도 얼마 간 지났다. 그리하여 또 어느 지점을 향하여 가고 있다. 인문학의 위기와 이로 인한 정체성의 시련과 도처에 만연한 도덕의 허울을 쓴 이기심과 디지털문화의 스피디한 위협 앞에 아날로그의 시련은 너무도 가혹하다. 디지털문화를 따라 가지 못해서가 아니다. 시대의 흐름을 타고 적응하는 일과 학문적 양심이나 정서의 문제는 별개의 것이다. 전자는 최소한의 삶의 조건이요 의무사항이다. 후자는 개인적 삶의 진정성의 문제이기 때문이다. 인간끼리의 소통도 직접소통off-line이 아니라 매체on-line를 통하여 이루어지는 단절의 시대가 정서상 맞지 않아 안타까운 부분이 정말 많다. 게임도 문학이요 사이버문학도 문학이어야 한다는 점 또한 부정하고 싶지 않다. 그렇다고 내가 아날로그의 가슴을 가졌음을 숨기고 싶은 마음은 더더욱 없다. 문제는 아날로그의 가슴을 가진 자가 세상이 디지털이라고 해서 거침없이 디지털문화와 그 매체를 거스를 수 없다고만 주장하는 위선과 이에 편승하는 모습들에 마음이 아플 뿐이다. 그것은 인류의 아날로그식 고전문화들이 누가 뭐래도 오늘날과 같은 이런 식의 디지털문화보다는 생태적이기 때문이라고 확신하기 때문이다. 또 그 속에 인류의 미래가 있다고 믿기 때문이다. 오래된 과거 속에 자연의 생태가 살아 있었고 여기에 오늘날 불치병에 걸린 지구를 살리는 지혜가 살아 있었으며 그러므로 인류의 미래가 있다고 보는 것이다. 이른바 '오래된 미래'다. 그러나 오늘의 우리는 원시 수렵사회와 농경사회로 돌아갈 수도 없고 돌아가서도 안 된다. 과학에 의해 분화되고 문명과 함께 습합되어 있는 삶의 질을 미명과 미분화의 과거로 되돌릴 수는 없는 일이기 때문이다. 재앙을 불러온 것은 과학이지만 이를 벗어날 수 있는 희망도 과학이라는 칼 세이건Carl Sagan의 말 역시 부정하고 싶지 않다. 다만 이미 이만치 와 있는 문명과 과학이라는 코드에 맞춰져 있는 우리의 인식을 전환할 대안을 만들어 내는 것도 과학인지는 명확하지 않다고 본다. 생태적 마인드에로의 전환이 절실한 때라는 것이다.

그리고 분화되지 않은 생태는 원시일 뿐이라는 말에 동의한다. 아무리 생태의 천국이 온다하더라도 인간이기를 포기한 생태 또한 동의하지 않기 때문이다. 다시 말해 분화되지 않은 원시적 생태가 과연 오늘날 얼마만큼의 의미가 있을까라는 사실을…. 그래서 생태담론과 철학이 요청되고 그 방향이 제시되어야 한다고 생각한다. 이 점이 사이버라는 또 다른 세상 속에서 사는 시대에 '신라'라는 아주 멀리 동떨어진 주제를 새삼스레 내놓는 이유이기도 하다. 물론 신라가 그 대안이라는 것은 아니다. 다시 한번 생각해 보자는 것이다. 비문명의 시대에 가졌던 나름대로의 슬기와 지혜를.

세월이 갈수록 즐거운 일은 과거로의 시간여행이다.

멀리 황혼이 물든 늦가을 해질 무렵의 빈 들판 논두렁을 홀로 걷는 기분이다. 이 쓸쓸하나 아름다운 광경이 나의 운명이라고 생각한다. 그러나 나는 그 옛날 소시적 시골 농촌의 삶의 모습들에서 인류의 미래 희망인 생태적 삶의 길 즉 인류 생존의 길을 찾는 해답이 있다고 생각한다. 유년의 눈앞에 펼쳐진 농촌 들판과 삶의 따스함을 제공하던 뒷산과 함께 살아온 그 옛날 삶의 모습에서 말이다. 누에가 뽕잎을 먹는 소리로 가득한 잠실蠶室에서 잠을 자 본 기억이 있는 사람은 인간과 다른 생물과의 관계를 어렴풋이나마 알 것이다. 왜 하찮은 벌레가 위대한 존재인가를. 그리고 어찌하여 인간이 타자와 유기적으로 함께 엮여져 있는가를. 이 모두를 감싸 안고 있는 그 옛날 삶의 양태들과 자급자족이나 물물교환에 가까운 최소한의 경제행위 만으로 살아온 전근대적 삶의 모습에서도 말이다.

대나무대롱을 이어 묶은 삼베 보자기에 메뚜기를 잡아 넣던 초가을

벼논의 기억과 가을걷이가 끝나가는 들판에서 주전자 들고 우렁이를 파 담던 유년의 기억이 지금껏 나의 문학을 지탱하였고, 읍내 장에 갔다 오는 마중길에 먼 발치서 다가가는 막내아들의 손을 잡던 그 다습던 어머니의 손길이 오늘까지의 나를 살려 왔다. 알고 보니 누에고치 쳐서 명주실 뽑아 얼레에 감아 고급 옷 지어 입고 면화 재배하여 물레 자아 실 뽑고 무명옷 지어 겨울옷 이불 지어 입고, 삼농사 지어 삼문 이하고 길쌈하여 베 짜서 여름옷 지어 입던… 그야말로 먹고 입고 자던 삶의 모든 것이 자급자족이던 시절 삶의 모습들은 모두가 신성한 노동으로 흘린 땀의 댓가로 살아 온 것이 아니었던가. 여기에 자본주의의 맹점인 불로소득이 잠입할 틈새가 어디 있었겠는가.

아무튼, 범박하게 말하여 이러한 전근대적 삶의 형태 속에서 생태적 삶의 모델을 찾을 필요는 분명 있다. 그것은 휴대전화나 인터넷이 삶의 도구가 아니라 흙을 밟는 일이며 물과 바람을 삶의 도구로 사는 방식이기 때문이다. 오늘의 우리에게 생태적 삶의 소박한 출발은 절제를 통한 내성의 배양과 '즐거운 불편'이 동반되는 건전한 삶의 양식을 본질로 한다.

이런 유년의 기억들이 오늘날 내가 관심으로 갖고 있는 생태의 출발점이 아닌가 한다. 이러한 생태적 삶의 양식에는 절제가 있을 수밖에 없고 땀흘림의 댓가에 의하여서만 부의 축적이 보장되는 건전한 근로정신 외에 다른 삿된 사고가 개입될 여지가 없는 것이다. 땀흘려 본 사람만이 노동의 가치를 알기 때문이다. 다산 정약용이 '타맥행(打麥行)'이란 시에서, "땀흘리는 즐거움이 있는 곳이 곧 낙원인데 왜 모두들 속세의 떠돌이로 살고 있을까"라고 한 것이 바로 이런 것을 말하는 것이 아닐까. 삶의 이런 부분들이 궁극적으로 모두 생태적 삶으로 이어지는 것이라고 나는 생각한다.

생태적·생명적 삶이란 세상 만물이 모두 유기적 상관관계 속에 상생적 삶을 이루어 유지 보전 발전되어 나아간다는 것이며 아울러 이러한 관점은 세상 만물이 모두 제 각각의 위치에서 소용에 닿는 역할 작용을 하는 유기적 존재로 인정한다는 관점이다. 그리하여 세상의 모든 유기 무기체의 만물이 서로 유기화를 이루어 생성을 일으켜 내며, 안으로는 스스로 신령함을 일으키는 정신계의 원리와 밖으로는 유기화를 스스로 이루어 나가는…. 동학에서 말하는 이른바 내유신령 외유기화(內有神靈 外有氣化)가 그것이다.

먼저 번 저서에서 새로운 화두가 잡힐 것 같은 희망을 말한 바 있다. 이것이 바로 지금 책으로 묶는 이 주제이다. 비록 고전과 현대를 오가는 산만함이 있을지라도.

그동안 학술지에 발표한 글들을 묶어 저술에 맞게 손질하여 책으로 낸다. 발표한 학술지는 『국어국문학』(국어국문학회,123호), 『어문학』(한국어문학회, 74,91호), 『한국문학논총』(한국문학회, 24집), 『비평문학』(한국비평문학회, 10,13호), 『동악어문론집』(동악어문학회, 38집), 『동남어문논집』(동남어문학회, 16집), 『국제언어문학』(국제언어문학회, 6,7호) 등의 학술지들이다. 그동안의 관심사를 일관된 주제와 흐름 위에서 연구할려고 애를 썼으나 막상 책으로 묶으려 하니 각 장의 연결 맥락이 그렇지 못하여 마음에 거슬린다. 그러나 '신라'와 '생태주의', '노장사상'이라는 나름대로의 논지 위에 놓여 있는 것만은 사실이다. 많은 질정을 바라면서 세상에 낸다.

학생들에게 입버릇처럼 해 온 말이 있다. 젊음을 항상 고뇌하는 곳에 두라고. 작은 일에도 인생을 생각하고 헤프게 살지 말라고. 이는 물론 그동안 내가 이렇게 살려고 했던 것이기도 하다. 그런데, 이제 이를 넘어가야겠다는 마음 절실하다. 아니 그렇게 되어 가야 하는 게 인생의 순리인 것 같다.

수년째 병환에 계신 어머님 모습을 볼 때마다…. 나에게 이 다행스럽도록 건강한 몸과 마음의 원천을 주신 당신의 모습을 볼 때마다, 만감이 교차되는 자신의 미약함, 인간의 미약함 그리고 그 한계를 새삼 느낀다. 그 때마다 초월의 세계를 향한 또 다른 화두를 찾아 정진해야겠다는 불씨를 지피게 된다. 몸과 마음 모두를 정지시키고 계신 어머니, 당신께 이 책을 바칩니다.

2006년이 저물 무렵,
위덕대 유리스관 연구실에서.

책 발간을 위한 마지막 교정 작업을 하고 있을 무렵 어머니께서 피안의 세계로 가셨다. 내 삶에 지대한 영향을 미치셨던 분이다. 지난 과거를 어찌 언설로 다 말하랴. 생각이 삶과 죽음의 문제에 닿을 때마다 장자莊子의 이 말이 떠오른다. "子惡乎知說生之非惑邪 子惡乎知惡死之非弱喪而不知歸者邪(삶을 기뻐함이 미혹되지 않다는 것을 내 어찌 알 것이며, 죽음을 싫어함이 어려서 집 떠나 고향 갈 길 잃고 돌아갈 길 찾지 못함과 같다고 하는 것을 내 어찌 알랴". 어머니, 이 책을 당신의 영전에 바칩니다.

미당 서정주 미공개자료『신라연구』발굴 게재에 붙여

　여기에 싣는 미당선생님의 자료『신라연구』는 그의 자료들 중 얼마 전 초등학교 학적부 발굴 공개와 같은 생애사와 관련된 사료적 발굴은 아니다. 다만 일반에 공개되어 알려지지 않고 있는 것을 활자화하여 세상에 내어 놓는다는 의미를 갖는다고 보면 될 것 같다. 다시 말해 그동안 이 자료는 현재 소장되어 있는 국립중앙도서관에 납본되기 이전, 원고 인쇄 당시에 필경사가 베껴 쓴 모습 그대로인 채 현재까지 보관되어 온 것이었다. 그동안 학계에 드러나 공개되지 않은 것을 이제야 활자본으로 인쇄하여 널리 알리는 의미를 갖는다. 그동안 간행되었던『서정주문학전집』(일지사, 1972)과『미당 서정주 시전집』(민음사, 1983),『미당 시전집1, 2, 3』(민음사, 1994) 그리고『미당자서전1, 2』(민음사, 1994),『未堂산문』(민음사, 1993) 등의 전집이 간행되었지만 그 어디에도 실리지 않았고 단행본 시집과 산문에도 실리지 않고 있었던 묻혀 있었던 자료임은 분명하다. 다만 미당 관련 박사논문(양금섭, 〈미당 서정주 시 연구〉, 고려대학교, 1996)에서 참조한 것을 본 적이 있을 뿐 그 누구도 이 자료를 참고 인용한 것 역시 보지 못했다.

　선생님의 작고 이전에도 흩어져 있던 자료들이 대부분 결집되어 정리되곤 하였지만 그동안의 단행본 시집이나 산문집 외에 강단 생활을 위한 학술 저서에서도 이『신라연구』가 빠졌던 이유는 이 자료가 단행본 연구저술로 간행하기도 어중간한 분량일뿐더러 그렇다고 창작시집 또는 자전적 산문집에 넣어 간행하기도 애매한 장르이기도 하여 생전에 당신 스스로의 관심권에서도 멀어져 있었기 때문이 아닌가 한다. 뿐만 아니라 이 자료는 제목과는 달리 연구논문으로도, 아니면 창작 시집이나 자전적 산문으로도 그 어느 장르로도 확연히 구분될 만한 근거가 불분명한 점 때문에 자료 간행 편집 담당자 역시 주목하지 않았던 이유 중의 하나가 아닌가 한다. 물론 가장 큰 이유는 미당 문학의 본령이 시였기 때문이겠지만 산만하게 흩어져 있던 여러 자료들 중에서도 이러한 이유들 때문에 유독 이 자료만 그동안의 자료 집적에서 제외되었을 가능성이 높고 또 누구도 주목하지 않았던 점은 분명하다. 특히 시인 서정주의 저술 『시문학원론』(정음사, 1969)과 『한국의 현대시』(일지사, 1969)는 이름 있는 출판사에서 정식 간행되었기에 이미 알려져 있지만 『신라연구』라는 이 특이 자료는 그렇지 못했던 것이다.

이에 마침 본서의 저변을 이루고 있는 주제가 신라정신이라는 것이어서 여기서 다루고 있는 다각적인 신라정신의 모습과 대비하여 견주어 볼 수 있는 장을 마련하는 것도 의미가 있는 일로 여겨져 여기에 함께 싣는다. 뿐만 아니라 선생님의 이 글은 이 신라정신의 본질이 어떤 것인가를 엿볼 수 있게 하여 주는 귀한 자료로서 본서의 주제와도 상통하기 때문임은 물론이다.

아울러 그 장르적 성격을 필자의 글 〈미당 서정주 자료 『신라연구』의 문학적 성격 연구〉에서 밝히고자 하였는데 이 역시 본서에 이 자료를 싣고자 하는 이유이기도 하다.

그동안 학계에서도 미당에 관한 수많은 크고 작은 연구물들이 나왔지만 거의가 비슷비슷한 말과 주장만을 동곡이음으로 내어놓았을 뿐 그 누가 이 자료의 의미와 성격을 밝히려 들거나 주목하지 않았다. 그것은 미당에 관한 연구가 주로 그의 시와 시를 알기 위하여 이를 엿볼 수 있는 자전적 산문들만 주로 관심 대상으로 삼아 왔을 뿐 '연구'라는 제하의 이 자료를 관심에 두지 않았기 때문이다.

이 자료는 1960년 5·16 직후 교수자격심사용 논문으로 제출된 글이다. 당시 이미 대학 강단에 서 있는 교수들 중 학위가 없는 사람들에게 교수 자격요건을 갖추게 하기 위한 방편으로 문교부에서 논문을 제출케 하여 이를 심사하여 자격을 부여토록 하였는데, 여기에 제출된 심사용 논문이었다. 장서에서 현재 국립중앙도서관 소장의 등사본 간행물로 "기증, 단기4293년 9월 19일, 교수자격심사위원회"라는 고무인이 찍혀 있는 것이 이를 뒷받침한다.

그런데 여기에 제출된 이 연구물은 정작 논문이라기보다는 신화적 상상력으로 가득한 열일곱장의 이야기체 서사시의 느낌마저 드는 글이다. 이는 미당 문학의 본령인 본격 시도 아니고 또 의도적으로 쓴 자전적 산문도 아니지만 그의 시정신의 지향점을 가늠하게 하는 글이다. 더구나 한창 필력이 왕성할 45세 때 '연구'라는 이름으로 그 주제로 '신라'를 잡아 그가 젊은 시절 심취하여 읽었던 『삼국유사』와 『삼국사기』의 독서경험을 바탕으로 그 신라의 정신을 나름대로 밝히고 재구하여 보고자 하는 의지가 드러나고 있음을 알 수 있다. 즉 신라인들의 사고와 정서, 생활 등을 신화적 상상력으로 풀어 오늘날 우리의 사고와 대비시킴으로써 선인들의 가르침과 슬기를 배우게 하고자 한 점을 읽을 수 있는 글이다.

따라서 이 자료는 그 문학적 성격 규명의 필요성 까지 제기되는 자료적 가치가 충분한 글이라고 볼 수 있다. 그동안 미당의 저작물로 간행되었던 시전집이나 자전 산문전집이나 그 외 '창작과 비평사'에서 간행한 아동문학류 서적 그 어디에도 간행되지 않을 법한 글임은 어쩌면 당연한 것이었는지도 모른다.

5년 전 지난 2001년 필자가 이 자료의 가치와 의미를 인지하여 그 문학적 성격을 밝히는 글을 발표한 바 있는데 이 논문을 인용한 몇몇 인용 글을 본 기억도 있다. 그 후 무관심한 채로 지났고 아직 이 자료가 어디에도 공개되어 나온 것을 보지 못했다.

앞서 말했듯이 본서에 싣는 글들의 바탕 논조가 생태주의와 신라정신 그리고 노장사상 등이어서 미당선생님의 이 『신라연구』라는 자료에서 읽을 수 있는 신라정신의 정체는 이 글들의 내용과 궁극적으로 닿아 있는 것들이기에 함께 싣고자 하는 이유가 되기도 하였다.

끝으로 본서에 이 자료를 함께 싣기까지는 동국대 윤재웅교수와 선생님의 실제이신 서정태님의 호의적 뜻이 없었으면 불가능한 일이었다. 윤교수님은 선생님의 자료 저작 관련 자문 역을 책임 맡고 있으면서 선생님 만년의 그 애틋했던 경험을 비롯, 이미 선생님의 새 발굴 자료 공개 경력을 갖고 있기도 하다. 이번에 본인의 어려운 청을 받아 성사시켜 준 후의에 고마운 마음을 이 글로나마 대신하고자 한다. 아무튼 두 분의 좋은 뜻이 아니었다면 본서의 간행이 제대로 뜻을 이룰 수 없었을 것이다. 다시 한번 지면을 통하여나마 감사의 뜻을 전한다.

우리 시의 신라정신과 노장의 생태주의

제1부

우리 시의 신라정신과 노장의 생태주의

Ⅰ. 신라시학의 원리와 노장사상
-향가작자의 노장적 성격인 심재心齋·좌망坐忘·상덕上德을 중심으로-

1. 서론

신라 때에 시학이 존재했느냐라는 물음에 대한 답을 위하여서는 많은 논설이 필요하다.

우리의 전통적인 문화의 맥락 속에서 언어는 다분히 불안한 지위를 지니고 있었기 때문이다. 신라 향가의 관점에서 볼 때 이 점은 더욱 그러하다. 이러한 언어관은 비단 우리뿐만 아니라 동양 문화의 전통이라는 관점으로 거슬러 올라가도 마찬가지다. 이러한 동양의 언어관은 『노자』 첫 구 '도가도비상도 명가명비상명道可道非常道 名可名非常名'에 함축되어 있다. 여기서 도의 본질은 언어로 표현될 수 없을뿐더러도 그 자체는 항상 드러나지 않는 성질을 가진 다분히 은일적인 개념으로 파악된다. 이 점은 신라 향가의 문학적 상징성이나 그것이 지어진 배경이야기와 관련지을 수 있다. 다시 말해 향가의 시학적 원리가 노장사상의 도·무위·자연과 연관시킬 수 있는 단초를 갖고 있다는 것이다.

향가와 그 배경설화에는 당시를 살던 사람의 마음과 행동이 지덕지성至德至誠[1]일 때에 그들의 소망이 스스로 이루어지곤 했던 현상들이 나타나 있는데 삼국유사 '감통感通'편의 '월명사도솔가조月明師兜率歌

---

1) 『삼국유사』 권제5, 感通 第七 月明師 兜率歌條 '月明之至德與至誠'에서

條'와 '융천사혜성가 진평왕대조融天師彗星歌 眞平王代條'가 그것이다. 이들 이야기는 인간의 마음이 지덕하고 정성이 지극하면 보이고 드러나지 않은 가운데 무위의 상태에서 저절로 어떤 일이 이루어진다는 신라인들의 세계관의 표출이다. 인간적 삶이 지성이면 감천의 결과로 나타난다는 세계관의 언어적 표현이 향가와 그 배경설화의 논리 속에 들어 있다. 이 점은 노장사상에서 말하는 무위와 자연이라는 은일성의 논리 속에서 이루어진다는 것이다. 아울러 이러한 노장적 논리는 앞서 말한 두 편 외에도 찬기파랑가 소재 '경덕왕 충담사 표훈대덕조景德王 忠談師 表訓大德條'에서도 나타난다.

이 글은 이러한 이야기 속의 향가와 그 배경설화 속 작가의 정신과 행위를 중심으로 노장적 논리를 밝힘으로써 이것이 신라 향가의 한 시학적 원리라는 사실을 밝히는 데에 목적이 있다. 이런 향가와 그 배경설화에 나타난 신이적 현상들을 주술적 힘 또는 마력2)이라고도 볼 수 있지만 당시의 비과학적인 시대에는 극히 소박한 인간적 삶의 현실적 관점에서 보아 일연의 분류대로 '신주神呪'이며 '감통感通'이고 '피은避隱'과 '효선孝善'으로 볼 수밖에 없었던 그 이면의 원리를 이른바 신라 향가의 시학적 원리라고 한다면 이를 노장사상의 개념과 관련지어 해석해 보는 것도 문학 해석의 한 방법인 것이다. 가령 '감통'이라는 주제 이면의 추상적 원리로서 이를 작용케 한 힘을 쉽게 주력呪力, 마력魔力으로 본다면 이것을 노장의 개념으로 말하면 스스로(自) 그러한(然) 상황에서 생기는 힘 곧 무위자연의 힘인 셈이다. 이런 논리가 향가와 그 배경설화 속 등장인물들의 행위 양식에 스며 있다는 점을 밝혀 보고자 하는 것이다.

---

2) 임기중, 〈신라가요에 나타난 주력관〉(『신라가요연구』, 정음문화사, 1986)에서 신라가요와 원시종교, 무속과 불교의 습합에 있어 주력의 실체 등 전반에 걸쳐 밝히고 있다.

2. 노장의 이상적 인간형과 그 기준

이 글에서 논의의 요점은 향가와 그 배경설화에 나오는 작자의 인품이 노장사상에서 말하는 이상적 인간형인 진인, 성인, 신인이기 때문에 신통력을 발휘할 능력을 갖출 수 있다는 것이다. 그런데 이러한 신통력 역시 막연히 도인의 경지에 이르렀기에 가질 수 있다는 것이 아니라 인간으로서 할 수 있는 지덕지성에 의한 결과와 이의 정점에서 오는 이상적 인간의 경지에 이르렀을 때 이들 인물의 주변에서 일어날 수 있는 현상이라는 점을 밝혀보고자 한다.

따라서 노장사상에서 말하는 이상적 인간은 어떤 것이며 또한 이는 어떤 상황에서 도달할 수 있는 것인지를 밝힘으로써 향가와 그 배경설화 속에 등장하는 인물이 여기에 해당될 수 있는 것인지의 근거를 여기서 마련하고자 한다.

『노자』가 인간적 삶의 이상적 방향을 도의 개념으로 제시하고 풀이하면서 삶의 구체적 현실인 정치의 도에 관한 '방향성'을 제시하고 있다면, 「장자」는 이러한 노자의 사상을 변화무쌍하게 심화 확대시켜 광대무변의 세계를 예시로써 구체화시켜 보여주는데 이를 통하여 정신적 부자유의 질곡으로부터 해탈의 경지로 이끌고 있다. 여기에서 장자가 말하는 이상적 인간형의 모습도 제시된다.

『장자』 '대종사大宗師'편에는 이러한 이상적 인간형의 모습을 지속적으로 보여주고 있는데, 본고의 중심 논의 대상인 향가 속의 인물이나 또는 배경설화 속의 향가 작자들은 바로 이 이상적 인간형의 모습과 유사하거나 또는 이 정도의 경지에 이른 이상적 인간형[3]에 상응한다고

---

3) 장자에서 말하는 이상적 인간형으로는 진인 외에도 聖人, 神人, 至人이 있는데 이들은 거의 같으나 예시의 내용으로 보아 느낌에 약간 차이가 있다. 즉 성인의 경우 시위씨 복희씨 북두성 곤륜산 황하 등과 같은 역대 성인과 천체·만물을 예로 들면서 그 비유가 훨씬 구

볼 수 있다는 것이다. 그런데 이는 최소한 향가 저작 당시 신라 사람들의 세계관4)의 범위에서는 그럴 수 있다는 것이다. 물론 여기에는 신라에 노장사상과 도교가 수용된 이후 당시 사람들의 세계관에 그 영향력이 내재되었을 개연성은 충분하다. 그러나 신라 사람들의 도교적 영향에 관한 문제는 논점에서 벗어나므로 여기서는 각주로 처리한다.5)

장자에서는 이상적 인간의 전제 조건으로 인간적인 최고의 지식이 어떤 것인지와 진인眞人의 생활태도를 다음과 같이 말한다.

> 知天之所爲 知人之所爲者 至矣. 知天之所爲者 天而生也. 知人之
> 所爲者 以其知之所知 以養其知之所不知 終其天年 而不中道夭者
> 是知之盛也. 하늘(자연)이 하는 일을 알고 사람이 하는 일을 알면
> 그것이 지식의 최고이다. 하늘(자연)이 하는 일을 아는 자는 자연 그

체적이며 장엄하다.

4) 여기서 '세계관'이란 이야기의 배경이 되는 시대를 살았던 당대 사람들의 문화양식이다. 가령 두 해의 출현에서부터 사랑하는 이의 죽음에 이르기까지 외부세계의 도전과 위기에 대하여 집단무의식적으로 대응하는 양식이라고 말할 수 있다. (이도흠, 『신라인의 마음으로 삼국유사를 읽는다』, 푸른역사, 2003, 17쪽 참조)

5) 물론 삼국유사에도 노장사상과 도교의 수용에 관한 기록은 여러 곳 있다. 경덕왕(35대, 서기742년 즉위) 때에 '당나라에서 보낸 도덕경을 왕이 예를 갖추어 받았다'는 기록(경덕왕 충담사 표훈대덕조)과, 진평왕(26대, 서기 579년 즉위) 때 釋專光이 '노장학과 유학을 널리 읽었다'는 기록으로 보아 신라의 도교 수용 연대는 최소 진평왕대 까지는 거슬러 올라간다. 뿐만아니라 三國史記 新羅本紀 眞興王37年條의 崔致遠 '鸞郎碑 序'의 "國有玄妙 之道 日 風流… 備詳仙史"의 내용으로 보아 역시 노장과 관련이 있음은 여러 학설에서 주장된 바 있으며 특히 '國有玄妙之道'로 보아 이는 진흥왕(24대, 서기 540년~577년 37 년간 재위) 때에 도교의 노장학이 널리 펴져 있었음을 짐작하게 해 주는 대목이다. 이는 이도흠, '풍류도의 실체와 풍류도 노래로서 〈찬기파랑가〉의 해석'(『新羅學研究』제8집, 위 덕대학교 신라학연구소, 2004.12. 참조) 외에 최치원과 풍류도 관련 다수의 논문들도 이런 견해를 보인다.
따라서 신라 진흥왕 연간 즉 최소 6세기 중반 이후에는 노장적 사고가 신라인들의 사유체 계에 상당히 습합되었을 개연성은 충분하며 이 도교적, 노장적 사유가 향가와 그 작자의 사유에도 영향을 미쳤을 가능성은 얼마든지 있다. 노장사상의 신라 수용과 일반에의 영향 그리고 향가문학에의 반영 여부 문제에 관하여서는 별도의 논의를 요하므로 더 이상의 상론은 생략한다.

대로를 살아가고 사람이 하는 일을 아는 자는 자기 지식이 아는 것으로써 그 지식이 알지 못하는 바를 키워나간다. 이와 같이 하여 그 (지식이) 천수를 다하고 도중에 요절하지 않음이 바로 인간의 지식으로서 가장 뛰어난 것이다.6)

하늘 곧 자연의 하는 바를 알고 이를 삶에 그대로 적용하여 살아가는 방식 곧 '천이생야天而生也'를 터득한 지식이야말로 참다운 지식, '성盛한 지식'이라는 것이고 이러한 지식에 의한 생활태도로 살아가는 것이 이상적 인간인 진인眞人으로서의 삶의 전제조건이라는 것이다. 이를 대종사편의 서문격으로 제시하고 있다. 그런데 이러한 지식의 실행은 구체적으로 어떻게 하는 것인지 그리고 이렇게 행하는 사람 곧 진인은 어떤 사람인지를 보면 다음과 같다.

> 雖然有患 夫知有所待而後當 其所待者 特未定也 庸詎知吾所謂天之非人乎 所謂人之非天乎. 그러나 여기에는 아직 결함이 있다. 무릇 지식이란 의거하는 바 표준이 있은 다음에 비로소 옳은 것이 된다. (그런데) 그 표준이 아직 확정되지 않았다. (나는 자연과 사람을 나누어 말해 왔지만) 내가 말하는 자연(하늘)이 사람이 아닌지, 내가 말하는 사람이 자연이 아닌지를 어찌 알겠는가.
> 且有眞人而後有眞知 何謂眞人 古之眞人 不逆寡 不雄成 不謀士 若然者 過而弗悔 當而不自得也 若然者 登高不慄 入水不濡 入火不熱 是知之能登假於道者也若此. 그러니 진인(眞人)이 있어야만 비로소 참된 지식이 있게 마련이다. (그러면)무엇을 진인이라 하는가. 옛날의 진인은 역경을 거역하지 않았고 성공을 자랑하지 않았으며 아무 일도 꾀하지 않았다. 이러한 사람은 (비록) 잘못을 해도 결코 후회하지 않고 잘 되어도 자랑하지 않는다. 이러한 사람은 (또) 높은

---

6)『莊子』'內篇' '大宗師 第六'

곳에 올라가도 두려워하지 않고 물에 들어가도 젖지 않으며 불에 들어가도 뜨겁지 않다. 이는 (그) 지식이 (세속을 초월하여 자연의) 도리에 도달할 수 있었으므로 그런 것이었다.[7]

이 인용을 통하여 장자가 말하는 이상적 인간형 곧 진인·신인의 구체적 내용과 정도를 가늠할 수 있다. 즉 진인이 표준으로 삼는 지식은 바로 하늘 곧 자연에 의거한 지식이라는 것이며 이런 지식의 소유자는 비로소 사람도 자연이고 자연도 곧 사람으로서 사람이 자연과 다르지 않은 상황이 되었을 때 이 상황 속의 인간이 곧 진인이라는 것이다.

노장에서 말하는 이상적 인간형을 이렇게 보고 앞으로 이 글에서 말하고자 하는 주요 논점은 다음과 같다.

첫째, 향가의 작중인물이나 그 배경설화 속 인물들의 인품과 인물됨이 과연 이 진인·신인과 일치 또는 상통하느냐 하는 점과 둘째, 이야기 속 등장인물의 지덕지성의 마음이 앞서 장자에서 말한 참된 지식 즉 장자가 표준으로 내세운 자연(원래는 하늘)의 이법에 따르는 지식이냐 하는 점이 그것이다.

그렇다면 여기서 지덕지성의 마음은 어떤 것이냐를 알 필요성이 제기되는데, 그것은 바로 『장자』에서 말하는 '심재心齋와 좌망坐忘'[8]의 사유와 상통하며 『노자』의 '상덕上德'[9]과도 상통하는 것이다. 가령 기록상에 나타난 월명의 '지덕지성'은 도솔가를 지어 불러 이일병현을 소멸시키는 영험으로 그리고 동자로 현신한 미륵보살을 감동시킬 정도의 경지에다 이에 왕이 공경하여 품차와 염주에다 추가로 명주 백필을 주

---

7) 앞과 같은 곳
8) '心齋'는 莊子 '內篇' '人間世 第四'에, '坐忘'은 같은 편 '人間世 第六'에 있으며 둘 다 공자(仲尼)와 안회와의 문답식 대화를 통하여 독자를 깨우치게 하는 방식으로 전개되고 있음.
9) 제38장

는 정성을 보일 정도로 드러나고 있다. 일단 이 정도 행위의 결과적 기록만으로 미루어 그 도의 정도를 심재와 좌망의 경지와 상통하는 것으로 볼 수 있는데 그 자세한 논의는 이 글의 중심 논점이므로 점차적으로 이루어질 것이다.

아울러 심재와 좌망의 정신 경지는 어떤 것인지 또 어떤 정신 상태인지 그리고 상덕의 인품 또한 어떤 경지인지 알 필요가 있다. 「장자」 내편 '인간세'에는 병든 나라를 바로 잡기 위하여 위나라에 가기 전에 인사하러 온 안회에게 공자가 교화하는 내용이 문답식으로 전개된다. 여기에서 공자는 다른 사람을 감화시킬려면 먼저 자신이 '심재'를 하여야만 가능하다고 가르치고 있다. 여기에서 말하는 심재란 마음을 하나로 통일하여 귀로써가 아니라 기氣 즉 정신으로 사물을 듣고 있을 때 열리는 공허한 마음으로 도와 합일되는 내적 체험의 상태[10]를 말한다. 여기서 공자는 '재齋'를 하되 '심재心齋'를 하라고 하면서 안회에게, 심재란 먼저, 심신을 깨끗이 하고 부정한 일을 가까이 하지 않는 재계 齋戒 즉 제사지낼 때의 재계와는 구별되는 것임을 상기시키면서 글자 그대로 '마음의 재계(心齋)'임을 가르치고 있다.[11] 그리하여 심재의 상태가 되기 위하여는 귀로 듣지 말고 마음으로 듣고 마음으로 듣지 말고 '기氣'로 들을 것을 권하고 있다. 이때 '기'란 '허'이며 이 '허'가 심재라는 것이다.[12] 즉 깨끗이 비워진 마음을 말하는 것이다.

그리고 좌망도 손발을 잊고 귀와 눈의 작용을 물리친 망각 속에 고요히 침잠하는 마음의 상태로 자아가 심신의 질곡으로부터 해방되어 무한의 도와 합일되는 상태[13]를 말하고 있음을 알 수 있다. 따라서 지덕지성

---

10) 回日 敢問心齋 仲尼日 若一志 無聽之以耳 而聽之以心 無聽之以心 而聽之以氣 聽
   止於耳 心止於符 氣也者 虛而待物者也 唯道集虛 虛者心齋也(內篇, 人間世 第四)
11) 『莊子』內篇 人間世 第四, 안동림 역주 현암사, 1993, p.113 참조
12) 위의 책 p.114 참조

의 마음 역시 다음과 같은 관점에서 심재와 좌망의 정신세계와 다르지 않음을 알 수 있다. 지덕지성의 마음이란 지극至極의 덕德과 성誠이다.

노자에서는 덕의 개념을 상덕上德과 하덕下德으로 구분하여 예, 의, 인보다 높은 최고의 단계로 두면서 상덕을 도와 같은 경지로 보고 있다[14]. 이에 지극한 덕과 성의 마음이란 노장의 이상인 도의 경지와 다름이 아닌 것으로 볼 수 있다. 결국 현실적 인간이 지극의 덕과 성을 다하는 마음이란, 먼저 소원을 세워두고 마음을 깨끗이 비워가는 상태라고 말할 수 있을 것이다. 이는 곧 앞서 말한 심재와 좌망의 상태와 동일한 것이라고 볼 수 있다.

따라서 앞으로 논의될 해당 인물들의 행위와 그 결과적 사건들은 이러한 마음의 결과로 발현되어 나타나는 것으로 볼 수 있는데 여기에 한 가지 전제되어야 할 것이 앞서 말한 당시 신라인들의 세계관이란 점도 염두에 두어야 한다. 아무튼 앞으로 거명될 인물들이야말로 심재와 좌망을 통한 사유와 행위를 하는 인물이며 상덕을 깆춘 인물로 파

---

13) 回坐忘矣 仲尼蹴然日 何謂坐忘 顔回日 墮枝體黜聰明 離形去知 同於大通 此謂坐忘(內篇, 大宗師 第六) 좌망에 대하여 말하고 있는 이 부분은, 안회가 '예악을 잊었습니다(回忘禮樂矣)'라는 말 뒤에 이어지는 설명이다. 이 부분은 유가의 중심사상인 예악을 부정하는 이른바 유가의 형식주의를 거부하는 면이 직접 드러나는 곳이라고 할 수 있다.
여기서 향가와 관련된 하나의 문제가 제기된다. 즉 향가를 유가의 중심에 있는 '제의'의 악가라고 본다면 이를 유가사상을 부정하고 그 사유체계가 다른 노장사상과 관련시킨다는 것은 잘못된 것이 아닌가라는 지적이 그것이다. 이 점에 대하여서는 다음 장에서 논의되겠지만 일단 논점을 정리하면 다음과 같다.
먼저 예악을 잊었다는 말은 유가의 형식을 넘어섰다는 것이지 예악 자체를 부정한 것은 아니다. 유가적 예악에 구애되지 않고 정신의 질곡을 벗어났다는 의미라는 것이다. 이러한 해석에 더욱 타당성을 높이는 것은 노자에서 유가적 개념들과의 관련성을 언급하고 있는 부분(제38장)이다. 여기서 노자는 禮, 義, 仁, 德(下德, 上德) 중에서 예를 가장 낮은 단계에 두고 있는데 이는 덕이 예의 단계를 넘어선 개념이라는 것이지 덕을 부정하는 것이 아니라는 점이다. 여기서 말하고 있는 최상의 덕은 곧 무위자연의 도가 현상화한 것을 말하는 것으로 노자 번역서들의 일반적 견해이다.
14) 『老子』 제38장. 3항의 인용문 참조

악할 수 있다는 것이 본고의 큰 전제이며 이들은 곧 앞서 말한 지식의 표준을 자연[15]으로 삼은 이상적 인간형과 다름이 아니라는 점을 밝히고자 하는 것이다.

아울러 등장인물들이 일으킨 이변적 현상들은 이들이 노장적 관점의 이상적 인간이었기에 가능하였다는 사실은 모두에서 언급했듯이 무위와 자연이라는 노장적 은일성의 관점에서 이해할 수 있다는 점이다. 즉 지덕지성의 마음은 무위한 가운데 저절로 이루어지게 한다는 관점이다. 도는 아무 것도 행하지 않지만 이루어내지 않은 것이 없다는 노자의 관점[16]이 그것이다.

따라서 향가의 저변에 깔려 있는 시학의 원리도 이러한 노장적 '심재와 좌망'이라는 정신적 바탕 위에 서 있다는 것이고 또한 이것은 '무위와 자연'이라는 노장적 은일성의 상황 속에서 이해될 수 있다는 것이다. 이러한 두 가지 원리의 바탕 위에서 향가의 배경설화 속 등장인물들이 일으키는 이변적 현상들을 이해할 수 있다는 것이다.

이러한 노장의 심재와 좌망의 경지는 불교에서도 선禪의 세계와 같은 경지가 있기 때문에 심재·좌망의 경지라고 하여 반드시 노장적 성격이라고 할 수 만은 없지 않느냐는 반론이 있을 수 있다. 이 점에 대하여서는 물론 심재와 좌망이라는 정신적 정점의 상황에서만 보면 불교적 선이나 무아경과 유사하다고 할 수 있다. 그러나 심재·좌망은 이에 이르는 과정의 통로가 불교의 해탈에 이르기 위한 방편 즉 진언이나 경전공부나 참선 등의 접근법과는 전혀 다른 위치인 노장에서 출발하여 무위자연의 과정과 논리에 의하여 도달된 정점이므로 그 출발지와 과정이 본질적으로 다르다. 따라서 이 점은 앞으로 논의될 향가 작자의 사

---

15) 『莊子』 '內篇' '大宗師 第六'의 표현으로는 天 곧 하늘
16) 『老子』 37장, "道常無爲而無不爲"

고와 성향 또는 작중인물의 행위 비유 대상 등의 모든 배경 정황들이 노장적 무위와 자연 그리고 도법자연이라는 원리를 통하여 이르는 도달점이 심재좌망이라는 사실이 논의 과정에서 드러날 것이기 때문이다.

3. 이일병현二日竝現의 소멸과 월명사의 지덕지성

삼국유사 '월명사도솔가'조에 있는 "월명의 지덕지성이 미륵보살을 감동시킬 수 있었으며 조정과 민간에서 이 일을 모르는 이가 없었고 신라 사람들이 시송 류의 향가를 숭상함은 오래 되었는데 자주 천지귀신을 감동시킨 일이 한두 가지가 아니었다(月明之至德與至誠 能昭假于至聖也如此 朝野莫不聞知 王益敬之 … 羅人尙鄕歌者尙矣 蓋詩頌之類歟 故往往能感動天地鬼神者非一)"고 하는 기록에서 본 월명의 '지덕지성'은 이 조목의 큰 주제인 '감통'에 닿아 있다. 그것은 이 속에 노장의 도법자연이라는 원리가 숨어 있다는 점과 연관된다. 앞서 말했듯이 지덕지성이 장자의 심재나 좌망과 상통하고 심재와 좌망의 상태에서 무위와 자연은 이루어지기 때문이며 무위와 자연은 곧 도법이기 때문이다. 즉 심재·좌망과 같이 깨끗이 비워진 고요한 침잠의 마음은 곧 무위와 자연이 이루어진 상태이기 때문이다. 따라서 지덕지성과 상통하는 심재·좌망은 도와 합일되는 상태이며 도는 곧 자연을 따른다는 이른바 도법자연의 경지라고 볼 수 있다. 즉 이러한 상태일 때 비로소 감통이 이루어진다는 것이며 이는 바로 큰 주제인 감통이 되는 것이고 곧 천지귀신을 자주 감동시켰다는 구절로서 기록되고 있는 것이다.

향가를 격 높은 시가로 칭송하는 이유도 이와 같은 노장적 심재와 좌망의 정신적 기반 위에서 이루어진 것이기 때문으로 볼 수 있다. 이런 토대 위에서 이루어진 노래였기에 천지귀신을 감동시키는 결과가 나타났다고 볼 수 있는 것이다. 여기서 천지귀신의 감동은 곧 앞서 말한 도와 합일되는 지덕지성의 상태였기에 가능했던 것이다. 이 논리가 이야기의 바탕에 숨어 있는 일례가 월명사가 등장하는 이일병현 소멸이라는 도솔가의 배경설화이며 도솔가는 이러한 노장적 정신의 논리적 기반 위에 이루어진 것으로 이는 곧 그 바탕의 시학적 원리[17]인 셈이다. 즉 지덕지성의 마음은 자연과 일체가 되어 몰입된 상황 곧 무아의 상태가 된다. 가령 월명이 피리를 부니 가던 달이 멈추었다는 것도 실은 신비로운 피리소리로 인하여 구름과 달에 몰입되어 자연과 일체동화가 된 상황이었다고 볼 수 있다. 피리소리의 신비로움이 천지귀신을 감동시켜 마치 가던 달을 멈추게 한 것처럼 몰입의 경지에 이르렀다는 점을 상정할 수 있다. 이일병현의 소멸도 같은 논리로 볼 수 있는 데 다만 여기에는 신라인 세계관이 중요 모티브로 전제되어야 하는 점이 있다. 이 문제는 일단 이야기의 중심에 있는 월명이라는 인물을 중심으로 풀어나가기로 한다.

월명은 기록에 있는 대로 그 신분이 원래 화랑(國仙)이었다가 후일 승려로 바뀐 인물이었건 아니면 도인의 경지에 이른 인물이었건 어떻든 간에 현실적 자연현상의 결과로 보아 그 정신적 경지가 최고에 이른 인물이었음은 분명하다. 이에 월명사의 신통력을 단순히 주술적 힘

---

17) 노장적 논리를 시적 원리로 볼 수 있는 이유는, 이것이 시적 표현의 일반적 특징인 언어의 일상성 이탈 또는 수사적 표현을 동반하기 때문이다. 가령 자유연상, 비유(은유 metaphor, 유추analogy), 상징 등의 비약적 논리로 이어지는 언어적 기법 등이 그것이다. 다시 말해 심재 좌망 또는 상덕이라는 노장적 논리가 다분히 시적 원리를 함유하고 있는 것은 이와 같은 시적 언어의 특성 곧 초논리성이나 비약 등을 갖고 있다는 것이다. 이 점은 앞으로 논의될 융천사와 혜성가, 충담사와 기파랑 그리고 찬기파랑가에 나타난 노장의 논리와 시학적 원리도 같은 맥락으로 볼 수 있다.

이라고 볼 문제가 아니라고 본다면 이를 최고의 화랑인 국선으로서 도법자연道法自然의 경지에 이른 지덕지성의 마음에서 발현된 힘이라고 볼 수 있다. 즉 심재와 좌망의 경지인 지덕지성의 감통感通에서 이루어졌다고 보는 것이다. 여기서의 감통이란 것도 신이적 힘의 주술이 아니라 심재와 좌망의 경지일 때 실현 가능한 체험의 세계일 수 있다.[18] 이 점은 편찬자 일연이 이 이야기를 신이적 주술적 현상을 주제로 삼은 '신주神呪'편에 넣지 않고 인물의 덕과 성에 초점을 맞춘 이야기들로 구성된 '감통感通'편에 넣은 사실을 통하여서도 방증될 수 있다. 이 사실은 일연이 이 이야기의 주제를 초월적 주력呪力이나 신통력에다 초점을 맞춘 것이 아니라 주인공의 인간적 덕과 성에 의한 소망 성취라는 점에 비중을 두었다는 것을 말하여준다.

여기서 삼국유사 '감통'편 이야기들이 주로 인과응보적 교시성을 강조하기 위한 것이므로 이는 불교적 색채이며 따라서 월명의 지덕지성도 불교적으로 보아야 하지 않느냐는 반론이 있을 수 있는데 이 점에 대하여서는 이렇다. 즉 선한 삶을 권장하기 위한 인과응보적 교시성은 불교만의 논리는 아니라는 점을 들 수 있다. 이는 유교적 전통윤리의 권선징악과도 상통하며 인과응보의 논리 또한 불교와 직접 연관되는 것도 또한 아니기 때문이다.

다음으로 살펴보아야 할 점은 지덕지성의 마음이 감통으로 이어져 어떤 현상을 일으키느냐 하는 것이다. 이 점은 앞 2장에서 언급되었듯이 지덕지성의 마음은 심재와 좌망의 경지와 같은 것이라고 할 때 이것은 노장사상의 핵심[19]인 무위와 자연의 세계와 상통한다는 관점으로

---

18) 여기에 앞서 말한 신라인의 세계관이 전제될 필요가 있었던 것이다. 즉 그들의 세계관에 투영된 노장적 영향력이 그것이다.

19) 도는 자연을 따른다는 것이며, 여기서 자연이란 '스스로 그러하다'라는 세상 만물의 질서라는 관념에서 nature의 개념으로 굳어간 것이다. 노자에서는 道를 무위·자연과 동

보면 설명이 가능하다. 이렇게 되면 개인의 주관적 세계이긴 하지만 천지만물이 제자리로 돌아가는 현상이 나타날 수 있는 것이다.

아울러 여기에 한 가지 전제하여야 할 사항이 당시 사람들의 세계관에 의한 인식이다. 즉 세계의 분열에 집단무의식으로 대응하여 다시 삶의 평형을 이루려는 양식[20]을 세계관이라고 할 때 신라인에게 있어서의 '해'는 임금이다. 이렇게 본다면 이일병현은 두 임금의 출현설로서 이러한 흉흉함에 '숨은 신'으로서의 조력자[21] 역할을 하는 월명이 나타난 것이다. 이 숨은 신으로서의 월명의 역할과 이것의 본질인 지덕지성의 마음은 곧 무위와 자연으로 통하는 코드이자 당시 신라인들의 분열된 집단무의식을 통합시키는 코드였다고 볼 수 있다. 이리하여 월명사는 신라인들의 분열된 세계관에 평온을 되찾게 할 수 있었다. 이에 그는 노장적 인간의 이상형인 眞人이었다고 할 수 있다. 이일병현의 자연현상 소멸은 분열된 집단무의식의 통합으로서 신라인들의 결과적 인식이었던 것이다. 이를 기록에 충실한 입장에서 볼 때 월명사의 심재와 좌망의 경지에 의한 도력 곧 은일적 무위와 자연에 의한 천지만물의 감통으로 괴변이 소멸된 것으로 보고 평온을 되찾은 것이라고 할 수 있다. 물론 이를 두고 당시 경덕왕의 왕권 강화에 대한 반왕당파들의 반발이라는 어수선한 정치적 상황을 잠재우고 평온을 되찾은 것이라고 보는 견해는 당시의 사회적 관점에서 해석한 것이겠지만 이 역시 이일병현 해소라는 기록상의 자연현상에 대한 직접적인 해석은 되지 못한

격으로 보는데 이 노자적 관점에서 인간과 자연과의 관계 그리고 덕의 개념을 보여주는 부분을 인용한다. 여기서 월명사의 지덕지성의 마음과 도·덕의 관련성을 시사 받을 수 있다. 도·덕의 성격 및 그것과 인간·자연과의 관계: 道之尊 德之貴 夫莫之命而常自然(51장), 人法地 地法天 天法道 道法自然(25장). 그리고 덕의 개념은 본문의 인용에서와 같이 인, 의, 예와 비교하여 말하고 있는데서 드러난다.

20) 이도흠 앞의 책 18쪽
21) 이도흠 같은 책 29쪽

다. 결국 이 자연현상의 해석에 대한 문학사상적인 근본적인 답은 위와 같이 볼 수 있다는 것이다.

그런데 여기서 한 가지 제기될 수 있는 문제는 〈제망매가〉를 죽은 누이의 제사의례 때 불려진 제의악가[22]로 볼 때 도솔가 역시 같은 맥락의 의식요로 볼 수 있다는 것이 그것이다. 이렇게 본다면 이는 유가적 질서와 그 사유체계를 달리하는 노장사상과 관련짓는 것이 무리라고 하는 반론에 접할 수도 있다. 다시 말해 '능천지감동귀신能天地感動鬼神'은 제의의 성공을 신명에게 고하는(告神明) 노래를 부르면서 지극정성을 다하는 마음(至德與至誠)을 행하였기에 가능했다라는 것이다. 이 점은 이후 논의될 혜성가의 경우도 같은 반론에 접할 수 있다. 그런데 문제는 향가의 기능이나 성격이 제사의식요라는 점과 도솔가나 제망매가 배경기사의 주인공 월명사의 정신세계의 문제와는 논의의 관점이 다른 별개의 문제라는 것이다. 다시 말해 월명이 행한 제사에서의 재계와 몰입 그리고 피리소리에 의한 달의 정지 등의 신통력을 과연 어떻게 해석하느냐의 문제는 향가의 기능이나 성격과는 다른 문제인 것이다.

그리고 월명의 지덕지성과 유사한 개념으로 노자에서는 '덕'이라는 보다 직접적인 표현으로 언급되고 있다. 여기에서는 덕을 인, 의, 예와 비교하고 있는데 최상의 덕 곧 상덕上德을 무위자연의 도가 현상화한 것이라고 말한다. 다음 구절이 그것이다.

---

22) 최동국교수는 '제10회 국제언어문학회학술대회'(2005.8.18.인천대)에서 다음과 같은 근거로 이와 같은 반론을 제시한 바 있다. 즉 "朱子曰, 頌은 聖德의 형용을 美하여 그 成功을 神明에게 告하는 것이라"고 한 사실을 들고 있다. 이에 '월명사도솔가'조의 "蓋詩頌之類歟 故往往能感動天地鬼神者非一"에서 보듯이 송과 시를 같은 유로 보아 시도 종묘제사의 악가로 볼 수 있다는 점이 그것이다. 본문에서도 논의 되지만, 이 점에 대하여서는, 신명에게 고하는 頌이 반드시 제의악가라는 것은 아니라고 보며 아울러 송이 곧 향가라는 근거도 약하다고 본다.

上德無爲 而無以爲 下德爲之 而有以爲 上仁爲之 而無以爲 上義
爲之 而有以爲 上禮爲之 而莫之應 則攘臂而扔之 故失道而後德
失德而後仁 失仁而後義 失義而後禮 상덕을 가진 사람은 (도에 순
응할 뿐) 하려고 하지 않는다. 그래서 행함이 없다. 하덕을 가진 사람
은 하려고 애쓴다. 그래서 행함이 있다. 인이란 (정치를)행하려 하는
것이지만 (실제로는) 행함이 없다. 의란 (정치를) 행하려 하는 것인데
(실제로)행함이 있다. 예는 (정치를) 하려고 애쓰는 것인데 그래서 (실
제로) 백성들이 예법에 순응하지 않으면 팔을 걷어붙이고 그들을 강
제로 시킨다. 그런 까닭에 도를 잃은 뒤에 인이 소용되며 인을 잃은
뒤에 의가 소용되며 의를 잃은 뒤에 예가 소용되는 것이다.[23]

이상의 내용으로 보아 '예'는 '의'만 못하고 '의'는 '인'만 못하고
'인'은 '하덕'만 못하고 '하덕'은 '상덕'만 못하며 '상덕'은 곧 무위자연
의 도가 현상으로 드러난 것임을 알 수 있다. 따라서 월명의 지덕至德
과 지성至誠의 마음은 노자에 있어 도의 현상顯象인 '상덕上德'이요
장자의 심재와 좌망의 경지에 해당한다고 할 수 있다. 다시 말해 월명
의 지덕은 곧 노자의 상덕과 합치되는 개념이라고 할 수 있다. 따라서
이런 지덕과 지성의 정신과 행위는 곧 앞 장에서 말한 자연을 지식의
표준으로 삼은 노장사상의 이상적 인간의 행위이며 월명은 이런 인간
이었기에 천지감동귀신이 가능하여 신통력이 발휘된 것으로 나타났고
오늘의 과학적 현상과는 무관하게 결과적으로는 당시의 괴변을 잠재울
능력을 발휘한 것이다. 아울러 이러한 노장적 원리가 적용된 문학이 신
라 향가 시학의 원리였다는 것이다.
그리고 또 한 가지 제기될 수 있는 문제는 월명사의 인품을 도솔가
내용의 미륵좌주와 상응하는 불가의 승려로 보는 경우이다. 그렇게 본

---

23) 『老子』 제38장

다면 그를 노장적 이상형으로 보고 있는 이 글의 견해와 어긋나는 모순이 발생한다. 다시 말해 월명사의 접미사 '師'를 두고 불교의 승려(僧)로 본다면 그를 노장의 이상적 인간형으로 보는 관점과는 어긋난다는 것이다. 이 문제에 대하여서는 다음과 같이 설명할 수 있다. 가령 월명사를 아예 불교의 선승으로 단정한다 하더라도 넓은 의미로 보면 선승도 노장의 이상적 인간형인 자연에 합일된 인간에 합치되는 개념이라고 할 수 있다. 요는 월명사의 신분 자체가 종교적으로 어느 쪽이냐 하는 것은 크게 문제 될 것이 없다. 왜냐하면 그의 정신세계의 상태와 그 경지 자체의 문제는 월명을 도교의 상제라고 여기서 단정적으로 주장하지 않는 이상 종교적 색채는 큰 문제거리가 아니라는 것이며 더욱 이 기록상에도 월명은 원래 노장적 성격이 강한 국선지도[24]라고 드러나 있기 때문이다. 아울러 이러한 반론제기가 큰 설득력을 얻지 못하는 것은 월명사의 '師'는 '스승' 또는 '지도자'의 개념이 강하며 반드시 불교의 승려라고 할 수만은 없기 때문이다. 또한 분명히 승려였다면 원광, 영재, 양지처럼 접두사로 '석釋-'을 붙였을 것이기 때문이다.

그리고 도솔가 속의 미륵좌주에 관한 해석은 월명의 이일병현 소멸과 관련되므로 이에 관하여 보기로 한다.

시적 화자인 월명이 '자신의 마음이 담긴 분신인 꽃으로 하여금 미륵좌주를 모시라'고 하는 도솔가의 내용에서 보듯이 미륵좌주는 월명의 정신적 소통 상대자이자 신앙의 대상으로 볼 수 있다. 김동욱은 미륵좌주를 신라의 미륵사상을 단적으로 드러낸 불교성격[25] 이라고 말하고 있지만 김종우는 미륵세존이나 미륵보살과 같은 순불교적인 표현이 아니고 '화랑의 고유한 신관념에다 불교의 화생적化生的인 미륵사상을

---

24) 국선은 풍류, 자연과 밀접한 관련이 있는 노장사상과 닮아 있다.(졸고, 〈화랑정신의 노장사상적 고찰〉,『국제언어문학』, 2002.12, 참조)
25) 김동욱,『한국가요의 연구』(을유문화사, 1961), p.33~61

융합시킨 표현'26)이라고 하였다. 문제는 미륵좌주가 단순한 불교적인 것만이 아니라 '미륵선화彌勒仙花'라는 명칭과도 관련이 있다는 데에 있다. 이는 삼국유사 '탑상' 편 '미륵선화 미시랑 진자사조彌勒仙花 未尸郎 眞慈師條'27)에는 신선을 일컬어 미륵선화라 했다고 기록되어 있는데 이 미륵좌주는 미륵선화와 동격이라는 견해28)에 공감한다. 따라서 미륵좌주는 미륵으로 화신한 국선을 말하는 도교와 불교가 융합된 경지의 신인이었던 것이다. 결국 미륵좌주는 반드시 불교의 미륵보살이 아니라 미륵으로 화신한 국선이었다는 것이다. 다시 말해 도교와 불교가 융합된 경지의 신인神人이었던 것이다. 이렇게 볼 때 국선이었던 월명은 미륵의 화신으로서 역시 국선인 미륵좌주를 빌어 자연의 변괴를 물리쳤던 것으로 이 이야기 전체의 사상적 기저에 노장사상이 배어 있음을 부인할 수 없는 것이다.

4. 융천사의 인물 성격과 혜성가의 시학적 원리

일반적으로 혜성가는 주가呪歌 또는 화랑찬가 등으로 알려져 있다. 여기서 주가를 단순히 주술적 마력이라는 비과학적 신비의 힘을 발휘한 노래라고만 치부하여 버리는 우를 범하지 않기 위하여서는 주가가 발휘한 신비적 힘을 어떻게 과학적으로 논증하여 해석하느냐 하는 점이 먼저 선행되어야 하는데, 그러기 위하여서는 필연적으로 이야기 속

---

26) 김종우, 〈향가문학의 불교적 성격〉, 『신라가요 연구』(정음문화사, 1986), p.207
27) "眞智王代 有興輪寺僧眞慈 每就堂主彌勒像前發願誓言 願我大聖化作花郎 出現於世 我常親近晬容. 得見彌勒仙花也 … 至今國人稱神仙 曰彌勒仙花"에서 보듯이 흥륜사의 승려 진자가 화랑으로 화신한 부처님의 시중이 되게 비는 것, 진지왕이 흥륜사 진자스님의 추천으로 미시랑을 국선으로 받들었다는 내용 그리고 신선을 일컬어 미륵선화라 했다는 기록임
28) 김종우, 앞의 글, 앞의 책, p.207

의 중심인물인 그 작자의 인물의 성격이 함께 논의될 수밖에 없다. 여기서 융천사의 인물됨을 어떤 관점으로 보느냐의 문제는 이 이야기의 사상적 배경 논의로 이어지게 되고 이 문제는 결국 혜성가의 시학적 원리에 어떻게 작용하고 있는가의 논의로 이어지는 것이 논지 전개의 자연스러운 순서일 것이다.

인간의 마음이 지덕지성이면 천지귀신도 감동하여 소망이 저절로 이루어진다는 논리는 합리적 과정이 생략된 매우 비과학적 논리이지만 여기에 앞서 말한 대로 지덕지성의 마음은 노장사상의 심재나 좌망과 다름이 아니다 라고 하는 조건이 들어가면 이 논리는 노장적 관점에서 주술적 힘의 정체를 풀이할 수 있는 단서가 마련된다. 이 관점을 혜성가의 배경설화와 관련하여 본다면 이 이야기의 중심인물인 융천사가 심재나 좌망을 이룰 수 있는 인물인가의 여부가 혜성가의 주력을 설명하는 근거가 될 수 있다는 점이다. 이 사실은 혜성가 창작 당시 신라의 주변정세와 신라인의 세계관 논의에서 언급되면서 사상적 배경 논의로 나아갈 것이다.

그러면 배경이야기 속에서 혜성가로써 혜성의 변괴를 소멸시키는 결과에 대하여 타당성 있는 풀이를 위하여서는 당시 신라인들의 세계관도 전제되어야 한다고 앞서 말한 바 있듯이 이 관점에서 이야기의 내용을 통하여 당시 혜성가의 창작 전후 정황을 추정해 보자면 이렇다.

혜성이 심대성을 범하는 일이 일어나기 전 어느 날 봉화지기가 건달파성[29] 즉 신기루성을 왜군의 선단이 쳐들어오는 것으로 착각하여 봉화를 올렸고 이 바람에 신라에 온통 난리가 났었던 모양인데 나중에 알고 보니 신기루를 보고 착각한 것이었다.[30] 이에 융천사가 이번 혜

---

29) 불법수호의 天樂神이 수호하는 성
30) 이도흠, 앞의 책 p.108~109 참조

성 사건에 이를 다시 상기시키면서 노래에 차용하여 불러 썼던 것이다. 이는 당시 진평왕대의 백제 고구려와의 관계, 잦은 전투 게다가 일본과 백제와의 활발한 문화교류 등이 신라의 불안한 대외 정세에 처해 있었는데[31] 혜성의 심대성 침범도 이의 연장선에서 해석된 것이다. 때마침 일본병까지 침략해 온다는 소식이 들리는 와중에 융천사는 이 혼란을 가라앉히고자 지난날의 건달파 해프닝을 상기시키면서 "전에도 건달파 성을 보고 '왜군도 왔다'고 봉화를 들었던 동해바닷가 변방의 사건이 있었으니 불안해 하지마라"라는 혜성가 앞부분의 메시지[32]를 던졌던 것이다.

이렇듯 융천사는 혜성의 심대성 침범이라는 흉조를 당시 신라 백제 고구려 일본 등 주변국과의 불안한 주변정세와 관련하여 민심의 불안함과 함께 꿰뚫어 읽고는 이를 지난날 신기루 해프닝을 상기시키면서 이를 노래 혜성가에 담아 부름으로써 하늘의 질서를 다스리는 능력을 가진 인물로 볼 수 있다. 여기서 하늘의 질서란 당시 신라인들의 세계관으로 보아, 혜성과 심대성을 왕권에 도전하는 세력과 왕을 상징하는 것으로 보아 이들의 대립이 해소되는 과정을 말하는 것이었다. 이는 당시 신라 시대 성수星宿(별자리)의 이변은 대부분 왕실의 병이나 죽음 등 왕실의 위기, 외적의 침입이나 반역 등의 국가적 병란 그리고 주요 관직자의 죽음 등을 암시한다고 볼 수 있는데,[33] 이 중 혜성의 출현이 높은 비중을 차지하고 있는데 이를 국가적 위기로 인식한 데에는 이론의 여지가 없다. 따라서 융천사는 이러한 천체질서라는 상징적 모습으로 나타난 당시 신라 내부의 권력질서의 위기나 왜군 침입이라는 국가

---

31) 최성호, 〈혜성가연구〉, 『신라가요연구』, 정음문화사, 1986, p.370

32) 舊理東尸汀叱 / 乾達婆矣遊烏隱城叱肹 良望良古 / 倭理叱軍置來叱多 / 烽燒邪隱 邊也藪耶

33) 이를 살펴 본 글로 이연숙, 『新羅鄕歌文學 硏究』, 박이정, 1999, p.123~130을 들 수 있다.

적 위기를 읽어내는 혜안을 가진 인물로서 대중의 추앙을 받는 인물로 추정할 수 있음은 분명하다. 따라서 혜성변괴의 소멸은 신라인들의 분열된 집단무의식의 세계관[34]이 통합되는 결과였던 것이고 이를 가능하게 한 것도 역시 융천사가 당시 대중들의 정신적 지도자였기 때문이었던 것이다.

이러한 당시 신라인의 세계관을 통하여 읽어낸 현실적 사건들이 '문학적'형태로 기록되면 다른 여러 기록[35]에도 나타나듯이 성수星宿의 이변 즉 혜성의 심대성 침범이라는 상징적 장치로 나타나게 된 것이다. 그러므로 그 문학적 기록인 '융천사혜성가 진평왕대融天師彗星歌 眞平王代'의 주인공으로서 융천이라는 등장인물 역시 최소한 천체질서에 나타난 흉조를 국가적 현실과 관련하여 읽어내는 혜안을 가졌으면서 이를 통하여 지난 과오를 거울삼아 현재에 닥친 위기와 불안을 자연스레 해소시키는 능력의 소유자로 보아 무방한 것이다.

그렇다면 융천사라는 인물의 성격을 구체적으로 어떤 관점에서 어느 정도 경지의 인물로 보느냐 하는 점과 그 능력은 어떻게 하여 발현될 수 있었는지에 관한 그의 인물됨의 정도는 일단 혜성가를 포함하는 짧은 기록 몇 줄에 나타난 사건과 행위 결과를 토대로 유추할 수밖에 없고 아울러 이와 유사한 사건과 행위 결과를 보여주고 있는 여타 향가 작자인 월명·충담과의 비교를 통한 유추적 논증도 적절한 방법이다.

이렇게 볼 때 그도 월명이나 충담과 마찬가지로 기록에 나타나듯이 제5, 6, 7의 세 대장 화랑이 이끄는 무리의 풍악행에 혜성 출현의 변괴

---

34) 신라인의 세계관과 연관시켜 볼 때 동쪽에서 가장 큰 별 심대성은 중국을 중심으로 볼 때 곧 신라의 왕이다. 따라서 혜성이 이 심대성을 범하는 흉조는 신라 왕의 위기라는 징조였고 곧 신라인들의 세계관의 분열이었다.

35) 신라 시대 '星宿의 이변'이 나타난 삼국사기, 삼국유사의 여러 기록들로서, 위와 같은 곳 참조

를 소멸시킨 화랑의 최고지도자인 국선이면서 정신적 지도자였음을 일
단 상정할 수 있다. 월명·충담도 최고지도자로서 국선이었듯이 융천
역시 동격으로 보는 데에는 무리가 없다. 즉 혜성가와 그 배경이야기라
는 문학적 기록의 관점에서 융천은 최소한 천체질서를 아울러 읽어내
는 혜안을 가졌으며 원융무애의 마음을 가진 인물이라는 것이고 이름
이 융천인 것은 그 증빙이 아니냐 하는 것이다. 이 원융무애의 마음은
월명이 '지덕여지성至德與至誠'하여 '능천지귀신감동能天地鬼神感動'
하게 한 마음과 상통하는 것이라고 볼 수 있다. 물론 융천의 경우 월
명의 경우처럼 인물에 관한 구체적 기록은 없지만 혜성가를 부르며 심
대성 침범의 변괴를 잠재우는 결과를 낳게 한 바 그 근원은 융천사의
지덕지성의 마음에서 비롯되었음을 짐작할 수 있다. 다시 말해 앞 장에
서 밝힌 월명의 이일변괴 소멸의 경우와 같은 맥락으로 파악할 수 있
다는 것이다. 이 점은 '월명사도솔가'와 함께 '감통'이라는 같은 주제
하에 넣어놓은 일연의 편찬의도에서도 간접적으로 읽을 수 있다. 따라
서 월명의 지덕지성의 마음과 마찬가지로 융천의 원융한 마음은 바로
원융무애의 정신적 경지를 일컫는 것으로 바로 장자의 심재와 좌망의
정신과 같은 경지라고 할 수 있고 이 경지에서 혜성 변괴의 소멸도 가
능하였던 것이다. 즉 융천의 혜성변괴 소멸이라는 발원 하에 이루어 가
는 마음의 재계(心齋)는 무위·자연의 도와 합일되는 경지를 이루어
내고 이렇게 되면 발원도 저절로 이루어지게 되는 것이다. 이렇듯 무위
·자연의 도와 합일되는 경지에서 소망이 저절로 이루어지게 되는 것
이고[36] 이러한 바탕 위에 혜성가의 시학적 원리가 서 있는 것으로 이
해할 수 있다. 다시 말해 혜성가는 지덕지성의 마음으로 얻어지는 심재
와 좌망의 경지 위에 이루어진 문학이었던 것이다. 이렇게 볼 때 이를

---

36) 아울러 노장사상을 현상적 발현의 모습을 은일성이라 한 근거도 여기에 있다.

노래한 융천사는 도와 합일되는 경지를 이루어 내는 인물로서 노장적 성인으로 볼 수 있을 것이다.

더구나 그가 월명과 마찬가지로 화랑의 최고 지도자[37]로서 국선이었다는 점은 노장적 성격이 강한 인물임을 뒷받침한다. '국선'의 '선'이란 원래 노장사상이 종교적 세계로 나아간 최고 경지를 말함이요 '풍월', '풍류'라는 말은 종교적 이상인 선의 세계에 이르기 위한 방법적 개념이다. 이 방법이 곧 '풍風', '월月', '류流'와 같이 '자연'을 통한 행동양식으로 이루어진다는 것이다. 따라서 화랑의 별칭으로 쓰였던 풍월, 풍류[38] 등의 용어는 그들이 주로 "상마이도의 혹상열이가악 유오산수 相磨以道義 或相悅以歌樂 遊娛山水"[39]함으로써 자연 유람을 통한 심신수련을 주된 행동양식으로 삼았던 것에서 유래한 것으로 이는 곧 노장사상의 기저라 할 수 있는 낙천적 인생관을 보여주는 근거가 된다.[40] 특히 이러한 풍류라고 하는 화랑의 행동양식은 장자의 '소요逍

---

37) 융천사가 세 화랑과 차별되는 최고지도자로서의 국선이었음은 첫째, 금강산행을 하던 세 화랑이 행동을 멈추는 가치판단의 부재 상황에서 융천사가 자연스레 그 길을 제시하여 위기를 해소한 화랑의 지도자다운 모습이 그것이다. 둘째, '화랑의 무리 세 사람'에 대한 해석에서도 알 수 있다. 즉 '제5거열랑, 제6실처랑, 제7보동랑 등 화랑의 무리 세 사람'(第五居烈郎 第六實處郎 第七寶同郎等 三花之徒)은 단순히 세 명의 화랑이 아니라 이들 휘하의 낭도집단을 거느린 화랑단위부대의 지도자라는 것이다. 그것은 세 화랑의 '무리'라고 한 것과 이들 이름 앞에 붙인 '제5', '제6', '제7'이라는 서수를 보아 알 수 있다. 이들 세 화랑을 중심으로 한 단위부대는 화랑에 따라 차이가 있지만 진평왕 당시 화랑도라는 이름으로 조직정비가 이루어지는 등 화랑제도가 가장 왕성했던 점으로 미루어 한 화랑 휘하에 대략 천명의 낭도를 거느리고 있었다는 설이 있다.(이도흠 앞의 책, p.98) 그렇다면 이 세 화랑이 거느린 무리는 약 3천명 정도를 상정할 수 있다. 이렇게 볼 때 융천사의 신분과 일반 화랑과의 차별성 정도를 짐작할 수 있다.

38) 화랑의 무리에 관한 별칭으로는 선랑, 풍월주, 풍월도, 풍류도, 국선도, 현묘지도 등 다양한데 이에 대하여서는 별도의 논의를 필요로 한다.

39) 『三國史記』, 新羅本紀 第四條, 眞興王 37年

40) 화랑정신의 노장사상적 요소에 관한 자세한 논의로 졸고 '화랑정신의 노장사상적 고찰', 국제언어문학 제6호, (2002.12)를 참조바라며 이 중 '낙천적 인생관'도 그 근거 요소의 하나로 본 것인데 이는 p.136~137을 참조 바람. 그리고 노장사상이 원래 낙천적 인생관을 바탕으로 하고 있으며 이에 관한 철학적 논의는 박이문, 『老莊思想』(문학과지성

遙'의 방법적 개념이기도 한데 이것은 가치관 개념의 한 '이념'[41]으로써 인생의 의미와 목적이 무엇이냐에 대한 대답에 해당되는 말이다. 즉 인생은 소요이며 그 행위 방법이 풍류라는 것이요 구체적 행위는 곧 가악과 유오산수라는 낙천적 인생관으로 드러났던 것이다. 따라서 이러한 노장사상을 기저로 하여 행동양식으로 형성된 것이 신라의 화랑정신이며[42] 화랑의 최고지도자인 국선 역시 노장적 성인의 요소가 다분하다고 할 수 있다.

5. 충담과 그 노래의 주인공 기파랑의 인품

'경덕왕 충담사 표훈대덕景德王 忠談師 表訓大德'조 뒷부분에 붙여진 충담의 노래 찬기파랑가는 일연이 '기파랑 찬미가'라고만 하여 소개하는 것으로 끝난다. 그러나 이 노래는 왕이 이미 알고 있은 것으로 기록되어 있고 그 작중인물은 작자 충담이 숭모할 정도였다는 점에서 논의를 요한다. 즉 노래의 주인공 기파랑은 왕이 "기파랑을 찬미한 사뇌가의 뜻이 매우 높다"[43]고 한 것으로 보아 이미 알고 있으며 찬미의 대상이 될 정도의 인물이었음을 알 수 있다. 그런데 여기서 주목하고자하는 것은 기파랑의 인물됨의 정도가 이 노래의 내용으로 보아 자연과 혼융일체적 모습을 보이고 있다는 점인데 이는 노장사상의 이상적 인간형인 '성인聖人'[44]을 닮고 있다는 것이다. 노래의 내용을 통하여 그

사, 1980) p.110~131에서 상론되고 있다.
41) 노장사상에서 '소요'를 가치관 개념의 한 이념으로 보는 데에 대한 보다 자세한 논의는 박이문, 위의 저서 p.110~131을 참조 바람
42) 이에 대한 자세한 논의는 필자의 위 '졸고'를 참조 바람
43) 『三國遺事』, 권 제이, 紀異 景德王 忠談師 表訓大德, "朕嘗聞師讚耆婆郎詞腦歌 其意甚高"

이유를 살펴 본다.

〈찬기파랑가〉의 전4구는 인물 기파랑을 등장시키기 위하여 '달'과 '흰 구름'과 '푸른 시내' 등의 하늘과 땅 그 사이의 자연을 배경으로 제시하고 있는데 이는 천지자연을 무대로 이와 융화된 활달하면서도 도인다운 삶을 살았던 기파랑의 인품을 나타내기 위한 것이다. 다음 후4구는 전4구의 '구름', '달', '시내'라는 천체와 자연을 배경으로 기파랑을 등장시킨[45] 후 그의 인품의 정도를 보이고 있다. 그 표현을 '푸른 시내의 조약돌'[46]이라는 은유로 드러낸다. 이 부분을 두고 흔히 이 노래의 문학적 완성도와 우수성을 말하기도 하는데 그 이유로 은유라는 표현상의 문제를 들 수 있겠지만 알고 보면 그 은유적 '의미'이다. 실은 그 은유적 의미로서 기파랑의 인품이 노장적 성인의 모습으로까지 상승되고 있기 때문이라는 점이다.

기파랑은 전4구에서 열어젖히며 나타난 달의 모습으로 흰구름 좇아 떠가는 개관화된 모습으로 등장한다. 그리고 그 아래 푸른 시내를 배경으로 등장하고 있다. 이것이 후4구에 와서는 하늘의 달과 구름 그 아래 시내의 조약돌같은 원만무애의 변형된 모습으로 등장한다. 천체인 달과 산수의 조약돌에 비유되면서 천지자연과 혼융일체된 배경과 함께 등장하는 점이 이미 노장사상의 이상적 인간인 성인의 모습을 일단 일단 가정할 수 있는데 이는 장자에서 서 말하는 성인의 모습을 통하여 볼 때 실증으로 대체될 수 있을 것이다.

장자에서는 성인의 모습을 다양하게 나타내고 있는데 앞 2장에서 논

---

44) 앞의 주 3)에서 말했듯이 여기서는 이상적 인간형의 모습이 진인과 달리 훨씬 구체적이고 장엄하여 '성인'이라고 하였음.

45) 〈찬기파랑가〉 "耆郎矣兒史是史藪邪"(三國遺事, 券第二, 景德王 忠談師 表訓大德 條)

46) 〈찬기파랑가〉 "逸烏川 理叱磧惡布"

의한 지식의 정도나 정신적 경지 또는 생활태도의 구체적 측면 외에도 비유적 묘사를 통한 포괄적 인품의 모습을 표현하고 있는 곳들이 있다.

> 自以比形於天地 而受氣於陰陽 吾在於天地之間 猶小石小木之在
> 大山也(스스로 몸을 천지에 의탁하고 기를 음양에서 받는다. 내가 천
> 지 사이에 있는 것은 마치 자갈이나 작은 나무가 큰 산에 있음과 같
> 다)[47]
> 計四海之在天地之閒也 不似礨空之在大澤乎 計中國之在海內 不似
> 稊米之在太倉乎(사방의 드넓은 바다조차도 천지 사이에 있다는 점을
> 헤아려 보면 마치 작은 구멍이 커다란 못 속에 있음과 같이 않겠소. 중
> 국도 사해로 둘려진 안에 있다는 것을 헤아려 보면 돌피알이 커다란 창
> 고 속에 있음과 같지 않겠소)[48]
> 且彼方跐黃泉而登大皇 无南无北 奭然四解 淪於不測 无東无西
> 始於玄冥 反於大通(장자는 이제 땅의 황천을 건너 하늘에 오르려
> 한다. 남쪽도 북쪽도 없이 사방에 거침없이 두루 미치면서도 짐작도
> 할 수 없는 심원한 경지에 머물고 서쪽도 동쪽도 없이 그윽히 깊은
> 데에서 비롯되어 드넓은 자연의 작용으로 돌아가네)[49]

예시에서 보듯이 4차원의 세계에 있어 사물의 범위와 크기, 시간의 범위가 정해진 한계가 없을 정도로 무한대로 상상력이 확대되고 있음을 알 수 있다. 이른바 도가적 상상력, 구체적으로는 장자적 상상력이라고 할 수 있는데 여기서 주목되는 것은 이 상상력이 주로 천지와 자연을 무대 배경으로 거침없이 펼쳐지는 특징을 갖고 있다는 것이다. 성인의 조건도 이러한 무대와 배경적 조건 속에서의 모습과 사고의 폭이

---

47) 『莊子』第十七 '秋水'편
48) 위와 같은 곳
49) 위와 같은 곳

함께 어우러져야 한다는 점을 알 수 있다. 위에서 보았듯이 기파랑은 바로 이러한 조건을 보여주고 있다는 것이다. 즉 달의 모습에 겹쳐지기도 하고 시내의 조약돌에 비유되어 나타나기도 하는 기파랑의 모습이 그것이며, 아울러 사고의 폭 또한 기파랑의 '마음의 끝'[50]이라는 향가 구절의 표현같이 무량무변의 개념으로 확대되어 있는 것에서 알 수 있다. 즉 기파랑의 '마음의 끝'이 어디까지인지 알 수 없지만 '시적 화자는 그 곳까지 좇아가고자 한다'는 찬기파랑가 제8구의 표현이 그것이다. 이렇듯 거침없이 확대되어가는 장자적 상상력이 찬기파랑가의 시학적 원리로 작용하고 있다는 점에서 노장적 논리는 역시 향가

그리고 기파랑의 성품도 그의 비유로 등장하는 달이나 조약돌의 원만무애한 심상으로 겹쳐지듯이 바로 노장사상이 추구하는 이상적 인간형의 모습으로 보여진다. 「노자」의 다음 구절을 보자.

> 挫其銳 解其紛 和其光 同其塵 湛兮似或存 吾不知誰之子 象帝之
> 先((도는)예리한 것을 꺾고 어지러운 것을 풀며 그 광선을 부드럽게
> 하여 티끌과도 함께 하지만 그 맑음이 항상 그대로 존재하는 것과
> 같다. 나는(도라는 것이) 누가 낳은 것인지 알지 못한다. (그러나) 그
> 象은 상제보다도 먼저 있었던 것이다)[51]

도의 성격을 말하는 과정에서 도를 이룬 사람 즉 성인의 조건이 이런 요소들을 갖추어야 하는 것이어야 함도 보여주고 있다. 그것은 원만무애圓滿無碍한 것이라는 점이다. 즉 여기서는 천지를 주재하는 상제의 이미지로 비유되고 있지만 이는 곧 노장적 이상형의 인간이며 원만

---

50) 향가 〈讚耆婆郎歌〉의 "心未際叱肹"의 구절은 중세어로 "마ᅀᆞᆷ믜 ᄀᆞᆺ홀"로 풀이하는 데에는 거의 이견이 없다.

51) 『老子』 제4장

무애의 인간과 다른 것이 아니다.

이어서 마지막 두 구절에서는 시적 화자의 숭모의 정이 드높은 잣나무 가지로 옮아가는 장엄함으로 마무리되고 있는데 여기에서 작중인물 기파랑은 모든 고난의 서리를 슬기로 헤쳐나간 '지체 높은 화랑'[52) 곧 앞서 논의한 '국선'의 수준이었음도 알 수 있다.

그리고 기파랑의 인품에 관한 또 다른 방증으로는 그 작자인 충담의 승려로서의 인물됨의 정도와 지위를 통한 간접적인 면이다. 그것은 왕이 충담을 만나기 전에 먼저 만난 다른 고승 한 명을 물리치고 자신을 대신하여 백성을 다스려 편안히 할 노래를 청하였고 충담도 이에 흔쾌히 응하여 노래를 지어 바쳤고 곧 이어 자신의 왕사로 봉할 정도의 인물이 충담이었다는 점인데, 여기서 시사하는 바는 바로 경덕왕이 처음 충담을 보았을 때의 안목과 그 교감이다. 과연 충담 이전의 승려를 물리치고 이은 충담과의 면접과 안민가의 청탁 그리고 이에 응한 충담에 대한 왕사 책봉 등 일련의 일들이 시간 공간적 간격이나 거리가 여기서 기록하는 내용 그대로 일회적 단일 사건 이상의 의미를 갖는다는 점이다. 앞서 논의하였듯이 삼국유사의 기록은 역사적 사실보다 역사적 사실의 문학적 기술의 관점으로 보아야 한다는 점은 주지의 사실일 것이다.

다시 말해 경덕왕이 충담을 왕사로 봉하고 충담이 이를 사양하기까지의 시간 간격은 정확히 알 수 없지만 어느 정도의 간격이 있다고 볼 수 있다. 경덕왕이 충담과 만나기 이전에 만난 한 승려를 '위의있는 승려가 아니다'라고 하여 돌려보내고 다시 미륵세존에게 다공양을 하고 오는 충담을 면접하면서 다담을 하고 또 안민가의 작시와 왕사 책봉 등의 과정이 일련의 단순 사건과 과정으로만 해석하여서는 안 된다는

---

52) 〈찬기파랑가〉 끝구인 "花判也"를 '화랑에 대한 존칭 호격'으로 보는 데에 학계의 견해가 거의 일치한다.

것이다. 그것은 왕이 굳이 먼저 번 승려는 물리치고 다구가 든 앵통을 진 남루한 모습의 충담을 맞이한 것은 충담을 위의 있는 승려로 파악한 왕의 혜안에 것이라고 볼 수 있고 이러한 시간적 간격을 통하여 충담과 왕과의 의미 있는 교감이 이루어졌다는 것이다. 왕의 충담에 대한 왕사 책봉과 충담의 사양 장면 역시 즉흥적인 것이 아니라 시간적 간격이 있은 후의 일이며 왕의 충담에 대한 인정과정과 마찬가지로 통한 충담의 인품을 짐작하게 하는 대목이다. 특히 충담이 왕사를 거절하는 마지막 부분은 『노자』 38장에서 말한 '상덕'이라 할 만하다. 자세한 논의는 생략한다.

결국 충담이 숭모했던 기파랑이나 이 노래의 작자인 충담 본인이나 모두 노장적 이상형의 인물로 볼 수 있다는 것이다. 물론 충담의 경우 간접적 방증을 통하여 인품의 정도를 보는 것에 불과했지만 그의 소작인 〈찬기파랑가〉가 가진 시적 원리는 왕과의 교감 등으로 미루어 볼 때 그의 높은 경지가 발현된 것이라고 볼 수 있다. 따라서 노장의 '성인' 기파랑의 '마음의 끝'을 좇은 충담의 인품이 곧 이 이야기와 〈찬기파랑가〉의 원리이며 그 시학적 원리로 작용했다는 것이다.

6. 맺음말

결국 신라의 문학이 이두라는 불완전한 표현수단과 문자언어의 불안한 지위 속에서도 향가라는 우수한 문학적 성취를 이루고 있는 것은 그 배경설화에 숨어 있는 노장적 논리가 그 시학의 한 원리로 작용하고 있기 때문이다. 이러한 향가와 그 배경설화 속 이야기의 원리는 현실적 인간의 지덕지성의 마음과 행동의 결과 천지자연의 감응이라는 인과응보라는 표면의 교시성 속에 숨어 있다고 할 수 있다. 그 원리는 노장사상의 무위·자연의 은일성이었던 것이다. 여기서 인과응보란 현실적 인간들에 대한 교시성을 강조하기 위한 장치이며 반드시 불교적 논리만은 아니고 특히 지덕지성의 마음과 상응하는 향가 작자들의 노장적 심재와 좌망에 의한 결과적 산물로 그 저변에는 자연과 무위가 깔려 있다는 것이고 그 결과 소원이 이루어질 수 있다는 것이다.

이 점은 삼국유사의 편찬자 일연이 '월명사도솔가', '융천사혜성가'를 '감통'이라는 주제에 넣은 이유에서도 드러난다. 즉 단순한 신통력이나 초월적 힘이 아니라는 편찬자 일연의 의도에서 시사되고 있다는 것이다. 이는 등장인물들인 향가의 작가들이 노장에서 말하는 이상적 인간형인 진인·성인의 경지에 이른 인물이었기에 마치 주력적 능력을 가진 것처럼 보인 것에 불과하다. 이들의 '지덕지성의 마음'은 장자에서 말하는 '심재心齋'와 '좌망坐忘'의 경지이고 노자의 도의 실천행인 '상덕上德'이었다. 이것이 '능천지감동귀신能天地感動鬼神'하게 한 것이다. 따라서 월명과 융천사의 이러한 마음에 의한 소망성취가 '감통'이었던 낸 것이다.

따라서 향가의 저변에 깔려 있는 시학의 원리도 이러한 노장적 '심재와 좌망'이라는 정신적 바탕 위에 서 있다는 것이고 또한 이것은 '무위와 자연'이라는 노장적 은일성의 상황 속에서 이해될 수 있다는 것이다. 이러한 두 가지 원리의 바탕 위에서 향가의 배경설화 속 등장인물들이 일으키는 이변적 현상들을 이해할 수 있다는 것이다.

따라서 이상의 내용을 구체적으로 정리하면 다음과 같다.

첫째, 월명사도솔가에서 이일병현의 소멸은 월명의 지덕지성의 마음에서 이루어졌으며 이 마음이 신라인들의 분열된 세계관에 집단무의식으로 대응한 코드였다. 이 마음은 곧 『장자』에서 말하는 '심재'와 '좌망'의 사유와 상통하는 것으로 무위·자연의 도에 해당되는 정신세계였던 것이다. 월명의 이 '지덕'은 『노자』에서 '상덕'이라는 보다 직접적인 말로 언급되어 이를 뒷받침한다.

둘째, 융천사가 혜성의 변괴를 소멸시킨 것도 그의 원융한 마음에 의한 화랑들의 결과적 인식이었고 분열된 세계관의 합일이었다. 여기서 원융한 마음은 바로 원융과 '무애'의 정신으로서 곧 장자의 심재와 좌망의 경지에 해당하는 것이다. 이러한 작자의 정신이 반영되어 표출된 것이 〈혜성가〉이며 그 바탕의 노장적 사유가 곧 '융천사혜성가'의 시학적 원리인 것이다.

셋째, 〈찬기파랑가〉 속의 주인공 기파랑의 인품이 자연과 혼융일체된 경지의 노장적 성인이라는 것이다. 여기서 기파랑을 숭모하는 작자 충담 역시 왕이 안민가를 청할 정도의 왕사로서 이 점은 왕의 조력자로서의 숨은 신 곧 국선으로서 노자가 말한 상덕의 인품을 소유한 인물이었다. 결국 기파랑과 동등의 인물이었다는 점이다.

이상에서 논의한 향가 작자와 작중인물 외에도 삼국유사의 '신주神呪', '감통感通', '효선孝善', '탑상塔像'편을 비롯한 곳곳에 천지귀신 감동과 비논리의 신이적 이변을 보이는 이야기들이 있는데 이 역시 견강부회의 개연성이 없는 것은 아니나 위와 같은 노장사상의 논리로 해석의 가능성은 충분하다. 다만 본고에서 논의된 향가와 그 작자들의 경우는 앞서 논의된 대로 노장적 논리에로의 해석을 비교적 타당성 있게 세울 기록과 근거를 가진 것들로써 다른 이야기들을 대표하는 것이라고 할 수 있다. 즉 위에서 말한 본고 외의 다른 이야기들도 시대 배경에 따라 시간적 간격이 약간씩 차이는 있으나 사상적 문화적 흐름이 면면히 이어졌던 신라라고 하는 동일 왕조 하에서의 이야기들이라는 점, 더구나 일연이라는 동일 편찬자에 의하여 수집 편찬 기록되었다는 점 등의 정황적 조건 외에 내용의 주제상에서의 교시성이나 구조적 의미 등의 맥락에서 볼 때 이상에서 논의한 노장적 논리와 동일한 관점으로 해석될 가능성을 충분히 갖고 있다는 것이다.

Ⅱ. 화랑정신의 노장사상적 요소
― 화랑 출신 향가작자의 배경설화와 향가를 중심으로 ―

1. 서론

신라화랑의 풍습에 도교적 요소가 있다는 점은 일찍이 일제 때 일본인 학자 미시나 아카히데(三品彰英)가 '화랑습속과 도교의 습합'이라는 부분적 언급[1]이 있은 이후 국문학의 차원에서 본격적 연구가 시작된 이래 많은 연구자들에 의해 신라 화랑의 정신을 유儒·불佛·선仙 삼교가 융합된 것[2]이라던가 랑불郎佛의 융합[3]이라는 설은 이미 일반적으로 알려진 사실이다.

본 논문은 삼국통일의 원동력이 되기까지 하나의 이념적 결집체라고 할 수 있는 신라 화랑도의 정신을 도교의 사상적 근저인 노장사상과의 관련성을 해명하여 봄으로써 동양정신의 한 원류인 노장사상이 오늘날 생태계 파괴의 한 대안으로서의 거대담론으로 각 분야에서 논의되고 있는 오늘날 이들 화랑의 정신 역시 이 노장사상적 요소를 내포하고 있음을 논증함으로써 이 정신이 자연친화적 생태정신의 일단으로 연결

1) 三品彰英, 『신라화랑의 연구』, 이원호 역, 집문당,1995
2) 金凡父, 〈풍류정신과 신라문화〉(『한국사상』 3집(1960.3)). 최삼룡, 『한국문학과 도교사상』, p.71에서 재인용
3) 崔喆 <찬기파랑가 설화고>, 『신라가요연구』, 정음문화사, p.194, 김종우, <향가문학의 불교적 성격>, 같은 책, p.206~207, 216

짓는 근거를 마련하고자 하는 것이 본고의 궁극적 목적이다.

신라 화랑의 모임을 풍류도 국선도라고 별칭한 것은 여러 문헌에서 나타나 알려져 있고[4] 이 풍류·국선 등의 용어는 그 자체가 이미 신선사상의 근원인 노장사상을 내포하고 있다는 근거가 된다. 본 논문은 이를 착안점으로 시발한다. 그리고 이를 논증하기 위하여 화랑 출신 향가작자의 배경설화와 화랑이 등장하는 향가의 문학적 해석을 통하여 이들 화랑의 정신에 배어있는 노장사상의 요소를 밝히고자 한다.

이 글에서 논의하고자 하는 화랑 이념은 그 시기를 물론 신라 삼국 통일의 중심이념으로 역할하고 있을 당시의 정신을 대상으로 한다. 즉 화랑의 이념이 통일 이후에 향락적인 산수유오山水遊娛 중심으로 변질되기 이전까지 청년집단의 건전한 기상이 살아 있을 당시 까지를 말한다. 가령 향가 작가로 널리 알려져 있는 화랑 출신 승려 충담·월명·융천·신충 등이 승려로 귀의한 것도 화랑정신의 타락에 대한 회의 때문[5]이며 이후 불교가 신라의 중심이념으로 자리 잡는 것도 이리한 이유 때문이었다는 점은 그 동안 신라사연구에서 알려져 있는 사실이다.

---

4) 『삼국사기』, 『삼국유사』 고려 때 패관문학가인 이곡의 『동유기』, 『패관잡기』, 『해동고승전』(三品彰英 앞의 책, p.49) 그리고 조선 홍만종의 『해동이적』(최삼룡, 『한국문학과 도교사상』, p.56에서) 등이 그것이다.

5) 최철, 〈찬기파랑가 설화고〉, 박노준, 〈안민가 연구〉 참조.
   화랑의 타락은 심지어 석영재의 우적가에 나타난 도적의 정체도 몰락한 화랑의 무리였다는 견해가 그것이다.(박노준, 〈우적가에 나타나는 도적의 본체〉, 『어문론집』 제16집, 고려대학교 국어국문학연구회, 1975)

2. 화랑출신 향가 작자의 행적으로 본 관련성

『삼국사기』 '신라본기 제4 진흥왕(37年 春)조'에

> 두 여자 源花의 질투로 인하여 해산된 후에)다시 아름다운 남자들을 뽑아서 곱게 단장하고 화랑이라 이름하여 이를 받들게 하였는데 그 무리들이 구름같이 모여들었다. 그들은 서로 도의를 연마하고 혹은 가악을 즐기면서 산수를 찾아다니며 유람하는데 먼 곳이라도 다니지 않는 데가 없었다(其後更取美貌男子 粧飾之 名花郎以奉之 徒衆雲 集 或相磨以道義. 或相悅以歌樂. 遊娛山水 無遠不至)[6]

라고 한 것은 물론 이후 화랑들의 주된 행위가 산천 섭렵과 가무유 오였다는 점은 화랑설화를 전하는 많은 문헌기록에서도 확인된다. 그런 데 최소한 통일 이전 화랑들의 행위 즉 산수유오와 가무의 본질은 곧 그들의 자연친화 정신의 발현이요 심신수련의 방편으로서의 이른바 '풍 류'였다는 사실을 간과해서는 안 될 것이다. 문제는 이러한 풍류정신이 최상의 경지로 발현된 것이 선이고 이것이 종교화 된 것이 도교로서 곧 노장사상에 근저하고 있다는 점이다.

물론 화랑의 실천덕목으로는 현좌충신賢佐忠臣, 종차이수從此而秀, 양장용졸良將勇卒, 유시이생由是而生[7]과 삼미三美와 오계五戒 등이 있다.[8] 그러나 이 글은 어디까지나 옛 문헌에 산재해 있는 화랑출신 향가 작자와 관련된 배경이야기 그리고 향가의 시적 읽기를 통하여 발 견되는 노장사상의 요소를 살펴보고자 하는 것으로 삼국사기나 삼국유

---

6) 『삼국사기』 신라본기 제4조 진흥왕 37년
7) 『삼국사기』 권4, 진흥왕37년 춘조
8) 이에 대한 자세한 언급은 류해춘, 〈화랑제도의 정착과 화랑관련 향가〉(『신라학연구』 제3집, 위덕대학교 신라학연구소,1999) 참조

사의 문헌에 드러난 화랑정신의 본질을 밝히려는 것이 아님을 미리 밝힌다.

1) 국선·풍월의 근거와 노장사상

신라 화랑의 노장사상적 요소로는 맨 먼저 꼽을 수 있는 것은 화랑에 관한 여러 가지 별칭에서이다. 화랑의 무리를 초기의 여성 화랑인 원화도를 비롯 선랑·풍월주·풍월도·국선도 등9)이 그것으로 여기에 공통적으로 선仙, 풍風, 월月의 글자가 들어있다는 점에서 그렇다. 화랑의 별칭은 이 외에도 삼국사기에 등장하는 최치원의 '난랑비鸞郞碑의 서序'10)에 '현묘지도'라는 말이 등장하는데 이 역시 이와 같은 도교적 맥락으로 이해할 수 있다. "우리나라에 현묘한 도가 있다. 이를 풍류라 하는데 이 교를 설치한 근원은 선사仙史에 상세히 실려 있거니와 …모든 일을 거리낌없이 처리하고 말을 아니하면서 일을 실행하는 것은…"이라는 구절이 그것인데 여기의 내용으로 보아 현묘지도 역시 풍월과 동일시되는 말로 이해할 수 있고 여기에 나오는 풍류라는 용어 역시 같은 궤에 놓이는 말로 볼 수 있다. 이로 보아 화랑의 정신은 그 자체에 신선사상이 투영되고 있음을 알 수 있다.11)

화랑의 다른 명칭에 등장하는 이러한 말들에서, 선仙이란 곧 노장사상이 종교적 세계로 나아간 최고경지를 말함이요 풍월, 풍류라는 말은 종교(도교)적 선의 세계에 이르기 위한 방법적 개념이다. 이 방법이 곧

---

9) 삼국유사, 삼국사기 이후의 화랑 관련 풍습을 기록한 고려사 관련 문헌
10) 삼국사기 신라본기제4 진흥왕 37년
11) 원래 仙은 神仙의 약자로서, 신선이란 도를 닦아 인간세상을 떠나 자연과 벗하여 살면 늙지 않고 영원히 산다는 상상적인 이상적 인간을 말하는 것임. 즉 자연과 일체가 된, 자연과 합일된 상태의 인간으로서 도교에서의 이상적 경지를 이룬 인간 곧 도사를 일컬음.

'월月'이나 '류流'와 같이 '자연自然'을 통한 행동양식으로 이루어진다는 것이다.

따라서 화랑의 선仙·풍風·월月·류流와 같은 글자는 '선'이라는 이상 세계의 경지가 설정되고 여기에 도달하기 위한 방법으로서의 '풍', '월', '류'와 같은 자연을 통한 인간의 행동양식에서 이루어진다는 도교와 노장사상적 관점에서 이해될 수 있다는 것이다.

그리고 화랑들이 주로 가무와 오락을 그들의 주된 행동양식으로 삼으며 산천을 두루 찾아 자연을 통하여 심신단련을 행하였음은 화랑들의 행동 지침이 바로 노장사상의 낙천적 인생관[12]의 바탕 위에 서 있음을 보여주는 단적인 예라고 할 수 있는데 이에 대하여서는 다음 항에서 논하기로 한다.

아무튼 화랑의 별칭은 그 말 자체로서 이미 도교적 요소를 갖고 있음은 당연한 사실이다. 그렇다면 다음의 문제는 이러한 화랑의 이칭으로 대용되던 말에 공통적으로 들어있는 '풍월'이나 '(국)선'이라는 글자가 종교로서 도교의 사상적 근거가 되고 있는 노장사상과 어떤 관련을 가지고 있느냐 하는 점이고 이에 관한 해명은 곧 화랑정신의 노장사상의 요소를 증명하는 관건이었음을 알 수 있다.

2) 월명·충담·융천의 신분과 노장사상

이러한 화랑의 별칭은 여러 관점에서 노장사상의 근거가 되듯이 노장적 요소는 향가 작자의 신분을 구명함으로써 그 근거를 마련할 수 있다.

이는 먼저 도솔가·제망매가의 작자 월명사 관련 이야기(三國遺事 卷第五 月明師 兜率歌條)에서도 발견된다. 월명은 승려이기 이전에

---

12) 필자의 앞 글, 〈신라정신의 노장사상적 성격〉 참조

일찍이 화랑으로서 당대의 국선이었다. 二日의 괴변을 물리치기 위한 경덕왕의 부름에 답하여 그가 "신승단속어국선지도臣僧但屬於國仙之徒"라고 하면서 "지해향가 불한범성只解鄕歌 不閑梵聲"이라고 말한 것에서 증명된다. 물론 10대 후반의 젊은 시절 화랑이었다가 불법에 귀의한 예가 다른 화랑에게서도 나타나듯이[13] 월명사의 경우도 마찬가였고, 동시에 당시 불교가 생활 속에 일반화되어 있던 시대적 분위기로 미루어 생활 양식은 승려와 다름없었기에 스스로 지칭하기를 '승'이라고 했으며 유사의 편찬자 일연 역시 반드시 불법에 귀의한 순수 승려가 아니었을지라도 '대덕'이라는 표현을 쓰고도 있다. 결국 김종우의 말대로 '랑·불의 융합'적 신분으로 보는 것이 정확할 듯싶다.[14] 그리고 '도솔가' 중에 "미륵좌주彌勒座主 뫼셔라"라는 구절과 그 배경 이야기(三國遺事 卷第二 塔像第四 彌勒仙花 未尸郞 眞慈師條)에 나타나는 '미륵선화彌勒仙花'에 관한 해석이다. 이를 김종우는 미륵보살의 회신을 미륵선화로 보았으며 국선을 미륵의 화신으로 생각한 것은 랑·불의 융합과정에서 나온 것이라고 보고 미륵선화의 내연적 의미로 신선사상이 들어있다고 하였는데 필자 역시 이 견해를 공감한다. 다만 '랑·불의 융합'에서 '랑'의 사상적 실체가 무엇이냐는 점인데 그것은 다름 아닌 노장사상이라는 점을 부가하고자 한다. 다시 말해 화랑의 정신과 그들의 행위 양식은 그 자체가 도교의 바탕철학인 노장사상과 그 발현이었다는 것이다.

이러한 점은 신라 시학의 원리 즉 향가를 쓴 작자의 정신세계가 장자의 철학이나 선학과 병행하고 있다는 주장[15]과도 같은 맥락에 놓인

---

13) 이 경우는 월명사 외에도 융천, 충담, 신충 등의 향가 작자들도 같은 예에 해당한다는 견해가 일반적이며 그 대표적인 글이 박노순의 〈안민가 연구〉, 김종우의 〈향가문학의 불교적 성격〉이 그것이다.
14) 보다 정확히 말하면 화랑 출신으로서 후일 승려가 된 사람을 말한다.

다. 그것은 향가의 작자가 대부분 화랑 출신이었다는 사실에서 바로 화랑정신은 노장사상에 닿아 있다는 논리적 연계가 성립된다.

이러한 점은 안민가 찬기파랑가의 작자 충담사 관련 이야기에서도 나타난다. 충담 역시 월명과 마찬가지로 승려이기 이전에 화랑 즉 국선 지도國仙之徒였다는 점은 그동안의 연구를 통하여 두루 알려졌거니와16) 특히 삼국유사의 편찬자 일연은 '석釋'과 '사師'를 확연히 구별해서 사용했는데 가령 양지良志·영재永才·원광圓光 등에게는 '석'자를 앞세웠고 충담을 비롯 월명·융천 등에게는 이름 뒤에다 '사'자를 붙였는데 순수 승려일 때에 한해서만 '석'자를 화랑이자 승려였던 경우는 '사'를 붙여 화랑의 본보기이자 지도자적인 신분과 승려신분의 양면성17)을 고려하여 쓴 것이다.

그리고 석일연의 삼국유사 기술태도에서도 화랑 개인 신분으로서의 충담의 입장과 '사'로서의 공적인 입장을 고려한 흔적이 드러난다. 즉 안민가와 찬기파랑가는 같은 충담의 작으로서 먼저 저승으로 간 동료 화랑 기파랑에 대한 개인적 흠모의 정과 인품의 훌륭함을 노래한 것이기에 먼저 지어졌음에도 불구하고 왕명을 받아 치국과 백성의 안녕을 위하여 지은 안민가를 우선시하고 그 배경의 내력까지 상세히 전하였으니 화랑의 지도자(師)로서의 신분을 고려한 것이라는 점이다.

삼국유사 권2 경덕왕 충담사 표훈대덕조에서 보이는 삼국유사 기술

---

15) 원광대 김진국교수는 '한국적 시학의 주체적 정립을 위한 모색'(한민족어문학회 전국학술대회, 2001년 5월 26일, 대구모산학술회관, 논문모음집, p.29)이란 글에서 우리의 최초의 시학적 원리인 신라시학은 향가와 여기에 얽힌 이야기에서 찾을 수 있다고 말하면서 이것을 삼국유사 월명사조, 찬기파랑가조, 영재우적조 등의 향가와 배경설화에서 찾아 다섯 가지로 정리하고 있다. 높은 안목과 식견이라 여겨진다.

16) 대표적인 논문으로 조지훈의 〈新羅歌謠硏究論攷〉(『민족문화연구』 1집)과 박노준의 〈安民歌硏究〉(국문학연구총서, 『新羅歌謠硏究』, p.394~402)를 들 수 있다.

17) 박노준 〈安民歌 硏究〉(『新羅歌謠硏究』, 정음문화사. 국문학연구총서1, 1986), p.395~396 참조. 그리고 이 점은 김종우의 '랑·불의 융합'이라는 말과도 같은 것이다.

상의 이러한 구조는 월명사의 두 작품 제망매가와 도솔가에서도 같은 방식으로 나타난다. 즉 개인적 정회를 읊은 제망매가가 먼저 지어졌음에도 왕명에 의한 도솔가를 앞세워 이에 대한 배경이야기까지 곁들인 것이 그렇다는 것이다. 아울러 이 점은 월명·충담의 개인적 추모가인 제망매가·찬기파랑가 모두 배경설화를 기록하지 않은 채 뒤로 돌려 전하고 있음에서도 뒷받침된다고 하겠다.[18]

아무튼 화랑의 지도자로서 충담의 면모는 동료이자 먼저간 화랑의 사표였던 기파랑의 모습을 그림으로서 그의 개인적 정회와 읊음과, 아울러 표훈대덕으로 하여금 상제와의 교섭을 통하여 기파랑과 같은 훌륭한 경덕왕의 후사(후일의 혜공왕)를 발원한 대목[19]과 후비 '만월부인 滿月夫人'에게서 태자를 얻는 과정 그리고 표훈이 상제로부터 하늘과 사람사이를 함부로 왕래하여 천기를 누설하지 말라는 경고를 듣는 대목 그리고 만월부인의 태자 잉태 등의 일련의 이야기[20]는 모두 도교정신의 표출 그 자체이다.

여기서 표훈의 상제와의 교류에서 인간세상에서 선계와 이루어지는 천기는 함부로 누설될 수 없음의 이치라는 점에서 그 천기는 도의 경지에 이르러서만 가능하다는 말이 된다. 이는 곧 도를 깨친 표훈과 같은 큰 대덕 스님만이 이러한 일을 행할 수 있게 한 경고와 함께, 후왕 혜공왕의 탄생과 실정에 이은 나라의 어지러움 등 일련의 이야기는 모두 도교에 있어 신인神人인 상제가 상정되어 있기 때문이다. 이러한 일련의 이야기의 중심에 화랑이었던 기파랑과 충담 그리고 대덕 표훈

---

18) 최철 〈찬기파랑가 설화고〉, 『동악어문론집』 제10집(1977) 참조
19) 이 부분을 두고 최철은 '찬기파랑가 설화고'(동악어문론집 제10집, 1977, 『신라가요연구』, 정음문화사, 1986)에서 기록으로 전하지 않는 찬기파랑가의 배경설화를 경덕왕의 후사와 관련된 혜공왕의 출생담이라고 주장하고 있다.
20) 王一日詔表訓大德曰 朕無祜 不獲其嗣 願大德請於上帝而有之 訓上告於天帝 … 訓欲下時 帝又召曰 天與人不可亂 今師往來與隣里 漏洩天機 今後宜更不通

등이 놓여 있고 이 이야기(『삼국유사』 충담사 표훈대덕조)의 첫머리에 왕이 예를 갖추어 도덕경을 받았다(德經等 大王備禮受之)는 사실은 앞세우고 있다는 사실은 경덕왕 충담사 표훈대덕조의 이야기 모두가 바로 노자 도덕경의 도교와 관련되는 일연의 의도를 생각게 하는 부분으로 곧 이 이야기의 저변이 도교사상을 바탕으로 하고 있음을 암시하고 있음을 보여 주는 부분이 아닌가 한다. 특히 왕이 화랑 충담을 왕사王師로 봉하려 했다는 점 그리고 후사를 위하여 도교의 신주神主인 상제와의 교류를 명하는 점 등은 이야기 자체가 도교의 바탕 위에 서 있다는 것이다.

그리고 융천사의 혜성가에서 융천사의 신분에 관해서는 다음의 같은 두 가지를 유추할 수 있는데, 첫째 융천사 역시 화랑으로서 월명사나 충담사와 똑 같은 승려였다는 점과, 둘째 그렇지 않으면 최소한 배경설화 속의 세 화랑과 함께 놀(同遊) 정도로 가까운 사이였다는 점이다.[21] 이유는 기록의 내용으로 보아 융천사는 세 화랑(三花之徒)과 멀리 떨어진 장소에 있다가 문득 나타난 인물도 아니었고 또는 세 화랑의 부름을 받고 와서 혜성가를 지은 것도 아니었다. 즉 그는 세 화랑과 함께 '유풍악遊楓岳'하다가 '작가가지作歌歌之'한 것이다. 따라서 융천사 역시 국선으로서 승려였을 개연성이 크다고 하겠다.

물론 이러한 배경설화 속에 드러난 노장사상은 이 이야기 속의 핵심인 노래 자체를 통해 더욱 극명히 드러나는데 다음 장에서 논하기로 한다.

따라서 이상의 논의를 요약컨대 월명·충담·융천 등의 향가 작자들은 그 신분이 원래 화랑이었다가 점차 불교 승려로 깊이 기울어 간 랑·불 융합의 화랑 지도자였다는 것이다. 따라서 이들이 화랑 즉 국

---

21) 박노준, 앞의 논문, 앞의 책, p.398 참조

선이었다는 사실은 앞 항에서 말했듯이 그들의 활동 양식이 기본적으로 산천자연을 배경으로 가무유오를 통한 심신수련 등에서 노장적 요소를 갖고 있었다는 것이다. 화랑 신분으로서 그들의 행적에서 유추할 수 있는 구체적 노장사상의 요소는 다음 장에서 노장의 이론 언급과 함께 하기로 한다.

3) 상마이도의相磨以道義 · 상열이가악相悅以歌樂 · 유오산수遊娛山水와 노장의 소요와 풍류

화랑집회의 근본적 기능은 역서 앞서 『삼국사기』 신라본기 제4 진흥왕(三十七年 春)조의 "혹상마이도의 혹상열이가악. 유오산수 무원부지或相磨以道義 或相悅以歌樂. 遊娛山水 無遠不至"라는 부분에서 단적으로 드러난다.

화랑들이 주로 가무와 오락을 그들의 주된 행위로 삼으며 산천을 두루 찾아 자연을 통하여 심신단련을 행하였던 화랑도의 행동 지침은 바로 노장사상적 인생관의 바탕 위에 서 있음을 보여주는 대표적인 예라고 할 수 있는데, 그것은 다름 아닌 소요라는 개념에서 잘 설명된다. 이 소요의 방법적 개념이 곧 우리에게 익숙한 '풍류'라는 것이다.

원래 노장사상에서의 '소요'란 원래 가치관 개념의 한 '이념'으로서 바로 인생의 의미나 목적이 무엇이냐 라는 데에 대한 대답에 가름되는 말이다. 인생은 소요이며 이의 행위 방법적 용어로는 풍류라는 것이요 그 구체적 행위는 곧 가악과 유오산수라는 낙천적 행위로 나타났던 것이다. 다시 말해 노장사상의 소요는 삶의 인생관이 극히 낙천적이라는 점을 말하는 것이다. 기독교나 불교의 인생관이 내세를 위하여 현세에서의 수행과 고苦를 감내한다고 하는 비관적인 것이라는 점에 비한다면, 가무오락과 유오산수를 통한 심신연마를 이루는 현세적이며 낙천적 인생관을 보이는 노장사상과는 극히 대조적이라 할 수 있다.

화랑의 무리가 상마이도의 혹상열이가악 유오산수相磨以道義 或相悅以歌樂 遊娛山水를 그들의 주된 행위와 의식의 양식으로 삼고 있는 것도 이런 맥락에서 파악된다. 가무 오락의 낙천적 행동양식은 곧 화랑 정신의 바탕이 곧 이러한 낙천적 이념에서 나온 노장적 소요와 현세적 세계관의 자연스런 표출이었던 것이다. 아울러 이 점은 노장사상의 지락(至樂)과도 상통한다. 즉 노장사상의 풍류는 문자 그대로 바람처럼 흐르는 속에서 즐기는 것으로 여기서 곧 지락이 나오기 때문이다.

이러한 관점에서 볼 수 있는 예로 혜성가의 작자 융천사 관련설화[22]에서 세 화랑의 풍악행 유람과, 혜성 출현으로 심대성을 범하려는 흉조 후 혜성가를 지어 부르고 나니 왕이 기뻐하고 다시 유람을 행한 사실로 미루어 혜성 출현의 천체 변괴는 금강산행 유오산수와 관련되고 있는 점을 들 수 있다. 즉 세 화랑이 금강산행 유오산수의 행동을 시도한 것과 융천사가 혜성가를 지어 부른 일은 혜성 출현을 잠재우는 역할에 상호 관련되어 있다는 것이다. 그것은 융천사가 국선으로서 화랑의 최고 지도자임과 거열랑 실처랑 보동랑 세 화랑과 함께 모두 상마이도의와 유오산수의 행동양식을 갖는 노장적 화랑의 정신을 갖고 있었기 때문이다. 다시 말해 혜성 출현의 소멸은 혜성가의 주술적 위력 때문이라기보다는 이들 화랑의 '상열이가악'이나 '유오산수'를 통하여 이루어진 선풍을 통하여 자연스레 이루어진 것이라 하겠다. 이 때의 선풍이란 무위와 자연 그리고 소요의 행위에서 이루어지는 도의 경지와 상통하는 것으로 볼 수 있다. 자세한 논의는 뒤에서 하기로 한다.

---

22) 『三國遺事』 ‘卷第五 融天師彗星歌 眞平王代’의 “第五居烈郎 第六實處郎 第七寶同郎 等三花之徒 欲遊 風岳 有彗星犯心·大星 郎徒疑之…”에서 보듯이 세 화랑의 풍악행 유람이 나온다. 화랑도의 주된 행위 양식으로 相磨以道義·相悅以歌樂·遊娛山水 無遠不至였음은 익히 아는 바이지만 이와 같은 행동양식은 노장사상의 소요와 풍류라는 낙천적 세계관을 갖고 있었다는 점이다.

3. 향가 작품과 그 배경설화에서 : 찬기파랑가와 안민가 배경설화의 소요유逍遙遊

신라 화랑정신에 있어 노장사상의 요소를 논함에 있어 또 하나 주목되는 것은 향가 작품 속에 화랑이 작중인물로 등장하는 찬기파랑가이다. 여기서 작중인물의 인물됨과 삶의 배경이 시적 변용에 의하여 높은 문학적 성취를 이루어 내고 있는 점은 널리 알려진 사실이다. 충담의 〈찬기파랑가〉는 『삼국유사』 같은 조 같은 이야기 속에 전하는 〈안민가〉보다 먼저 지어졌는데도 불행히도 안민가와는 달리 배경설화를 갖고 있지 않아 지은 동기와 내력 등을 정확히는 알 수 없다.23) 그러나 저승길로 먼저 간 동료 화랑의 인품을 찬양 추모한 이 노래의 내용에서, 그리고 이에 앞세워진 안민가와 그 배경설화는 지은이가 화랑이었다는 점에서 노장사상과의 관련성이 있을 개연성이 있으며 또한 검토 가치가 있다고 본다.

먼저, 충담은 화랑 출신으로서 훌륭한 삶을 먼저 살고 간 기파랑의 인품에 대한 숭모의 정이 어느 정도였는지는 노래의 내용에서 충분히 드러난다. 앞서 말했던 『삼국유사』 충담사 표훈대덕조에 나타났듯이 경덕왕이 충담으로 하여금 안민가를 짓게 하기 전에 그가 '기파랑을 찬양한 사뇌가를 지은' 사실을 알고 그것이 '과연 그 뜻이 매우 높지 않느냐'고 물은 점(朕嘗聞師讚耆婆郎詞腦歌 其意甚高 是其果乎) 등으로 미루어 왕은 이미 충담과 그의 찬기파랑가를 알고 있었고 동시에 기파랑이 나라에 큰 역할을 했던 비중이 큰 인물이었다는 점과 훌륭한

---

23) 물론 이에 관한 전후 사정으로 미루어 유추할 수 있는 여러 가지 정황은 있고 이 부분에 대한 연구가 최철의 〈찬기파랑가 설화고〉(『신라가요연구』, 정음문화사, 1986, 국문학연구총서1)가 그것이다. 여기서 찬기파랑가의 배경설화를 경덕왕의 후계였던 혜공왕의 출생담이라는 설을 주장하고 있는 점은 앞의 주 19)에서 밝힌 바와 같다.

인품의 소유자임도 이미 알고 있었다는 점이 드러난다. 이렇듯 큰 인물이었던 기파랑을 칭송하는 노래를 지은 인물이었기에 왕이 앞서 나타난 고승을 물리친 것은 당연한 것이었다고 할 수 있다. 백성을 평안하게 할 의무를 가진 왕으로서 이를 이루게 할 방도를 찾는 중 이를 실현할 대덕으로 찬기파랑사뇌를 지은 전력의 충담을 택한 것이다. 아무튼 찬기파랑가의 작중 인물인 화랑 기파랑은 경덕왕이 인정하고 선택하여 왕사로 봉할 정도의 대덕이었던 충담이 찬양한 고귀한 인물이었고 국가적으로도 비중이 컸던 인물이었음이 분명하다.

아무튼 논의의 초점은 작중 인물이 '화랑'이었다는 점[24]이고 노래 내용으로 미루어 생전의 인물됨의 비유와 행적이 은유된 노래의 내용을 통하여 노장사상적 요소를 함의하고 있다는 점인데 이를 살펴보기로 한다.

여기서 찬기파랑가를 내용상 크게 세 부분으로 나누어 표현수법과 함께 통석을 가하여 보면 다음과 같다.

전4구(첫 구-네째 구)는 인물 기파랑을 등장시키기 위하여 먼저 '달'과 '흰 구름'과 '푸른 시내'[25] 등의 천·지·자연을 배경으로 제시한다. 그 이유는 이러한 천지자연을 무대로 또는 이와 융화되어 활달하면서도 도사다운 삶을 살았던 기파랑의 인품을 제시하기 위한 배경설

---

24) 기파랑의 인물에 대하여서는 여러 설이 있는데 화랑, 우주신 또는 창조신, 승려의 세 견해가 그것이다.(이임수, 〈찬기파랑가〉『새로읽는 향가문학』, 아세아문화사, 1998, p.210~211 참조)
    여기서 지은이 충담의 신분을 두고도, 왕의 물음에 대한 충담의 대답이 남산 삼화령의 미륵세존께 차를 드리고 오는 길이라고 한 점에서 스님 또는 최소한 불가와의 인연을 가진 인물임은 분명하다. 그러나 앞 장에서 언급했듯이 이름의 뒤와 앞에 붙이는 '사(師)'와 '석(釋)'의 차이로 보아 충담은 화랑출신으로 볼 수 있고 이에 대한 논의는 화랑이 후일 승려로 변신하게 되는 연유와 관련지어 선학들의 연구를 통하여 널리 알려진 사실이므로 여기서는 논외로 한다.
25) 이 구절의 향찰해독은 '모래 가른(김완진, 이임수) 나루터(홍기문, 이임수)'로 보는 견해가 있으나 이 역시 '강' 또는 '시내'와 관련되는 것은 마찬가지다.

정이라고 할 수 있다.

다음 후4구(다섯째 구 - 여덟째 구)는 전4구의 자연을 배경으로 하여 여기에 '기파랑의 모습(耆郞矣兒史)을 등장(是史藪邪)'시킨다. 그런 다음 정작 그의 인물됨의 표현에 이르러서는 '逸烏川 조약돌'이라는 숨긴 비유로 드러내면서, 시적 자아는 이와 같은 '마음의 끝(心·未際叱肹)까지 따르(逐內良齊)고자' 하는 시적 형상화를 이루어 흠모의 정을 노래의 저변으로 숨기어 스미게 하는 문학적 완성을 이루어 내고 있다.

그리고 마지막 낙구(落句)(아홉·열 째 구)에 이르러 감탄사와 함께 감정은 절정에 이르고 있으나 역시 '잣나무 가지 높(栢史叱枝次高支好)'고 '서리 모르실(雪是毛冬乃乎尸)'이라는 표현으로 숨긴 비유의 수법에서도 절정의 시적 감응에 이르도록 하고 있다.[26]

이상의 내용에서 보아 먼저 화랑의 지도적 인물[27]인 기파랑의 등장 배경 부분부터 예사롭지가 않다. 달의 나타남과 흰 구름과 함께 떠가는 그 아래 '푸른 시내(또는 강)'를 무대로 등장한다. 곧 천체의 하나인 '달'과 그 배경인 구름과 그 아래의 시내를 아우르면서 이를 배경으로 등장하는 기파랑은 이미 초인의 분위기를 다분히 갖고 있다. 특히 '하늘'의 달과 구름과 함께 땅의 시내에 등장하는 점은 더욱 그렇다. 이는 도교의 이상적 인간인 진인眞人 또는 신인神人인 상제上帝를 떠올리게 한다. 이런 한편 현실적으로 보면 기파랑은 화랑이었기에 이들의 활동 배경이 주로 천지자연 곧 산천이었음은 당연한 것이다. 이런 점들이 곧 노장사상에서 말하는 소요유逍遙遊의 배경이라는 것이다. 인생은

---

26) 이상 원문 향찰의 해석은 주로 그동안의 설을 종합하여 재해석한 이임수의 글(〈찬기파랑가〉, 『새로 읽는 향가문학』, 아세아문화사, 1998)을 주로 참조 하였으며 그 외 일반적인 통석을 따랐음을 밝힌다.

27) 왕이 기파랑의 존재를 알고 있었다는 점과 향찰 원문상의 '花判也'의 해독을 '화랑의 장'으로 할 때의 가능성, 그리고 기파랑의 인물을 신격으로 보는 견해 등으로 미루어 볼 때.

낙천적인 것이며 유유히 거닐며 소요하는 것이라고 할 때 그 분위기와 배경이 이렇듯 천지자연 곧 산천이었음은 당연한 것이다.

여기에다 후4구에서 기파랑의 인품이 일오천逸烏川[28]의 조약돌(혹은 물자갈, 시내가의 자갈)에 비유되고 있음도 역시 이러한 노장적 초인의 모습을 연상하게 한다. 달·구름·시내·(그곳의)조약돌로 이어지면서 기파랑의 인품을 형성하는 일련의 시적 분위기가 그렇다는 것이다. 그리고 시적 화자(또는 충담)는 그의 정신을 따르겠다고 한 것이다.

그리고 마지막 낙구에서는 하늘 높이 솟은 잣나무 가지처럼 높은 기파랑의 정신을 기리고 있다. 그러면서 (날씨의 추움에도) 서리를 모르던 그를 칭송함으로써 역시 같은 맥락의 해석이 가능하다. 즉 전4구에서 기파랑의 등장 배경에 하늘의 달과 구름이 설정되었듯이 마지막 2구에서도 소나무와 달리 이보다 더 하늘 높이 솟은 잣나무를 내세우면서 기파랑을 은유하고 있는 데에서 그의 우뚝 솟은 존재임을 말하고 있다. 이 점은 기파랑의 인물됨을 앞서 말했던 신인神人적 존재 곧 이상적 인간으로 보는 것과도 부합되며 아울러 현실적 인간으로 본다고 하더라도 우러름을 받는 존재임에 틀림없다고 할 수 있다. 이것은 「장자」에 등장하는 다양한 인물들[29] 중 이상적 인간형 즉 성인聖人·지인至人·진인眞人이라고 볼 수 있다.

이상의 논의를 종합해 볼 때 작중 인물인 화랑 기파랑은 노장사상에서 말하는 이상적 인간형에 해당한다고 볼 수 있고, 현실적 인간이라 하더라도 노장사상의 기본 배경인 천지자연과 함께 하는 높은 존재로

---

28) 은하수 또는 지명과 관련한 고유명사 등 해석이 여럿이므로 원문 그대로 써도 무방한 부분이다.

29) 『장자』에는 다양한 인물들이 등장하는 데 크게 두 종류의 인물군으로 나눌 수 있다. 하나는 일상적 인간이고 다른 하나는 이상적 인간이다. 일상적 인간은 중인(衆人)·서인(庶人)이라는 용어로, 이상적 인간은 성인(聖人)·지인(至人)·진인(眞人) 등의 용어로 지칭하였다.

볼 수 있는 것이다. 다시 말해 도의 경지에 이른 사람이었던 것이다. 노자의 무위와 자연의 정신이 확대 심화된 장자의 정신에서 일상적 인간은 마치 '천지 사이의 작은 돌멩이와 조그마한 나무가 큰 산에 있는 것과 같은'(吾在於天地之間 猶小石小木之在大山也, 『장자』 '추수秋水'편) 보잘 것 없는 유한한 존재로 주어진다. 장자에서의 이런 관점은 천체를 배경으로 등장한 기파랑의 인물됨에서도 나타난다. 따라서 이럴 때의 기파랑은 일상적 인간이 아닌 이상적 인간형으로 간주되고 있다. 또한 기파랑의 현실적 활동무대로 등장한 푸른 시내나 은하수[30]는 노자의 자연과 장자의 우주적 세계관을 그대로 갖고 있다 하겠다.

이렇듯 기파랑의 인품됨과 그의 등장배경 활동무대 등의 사실들로 볼 때 기파랑의 정신 즉 화랑의 정신은 노장사상이 한 축이 되어 이루어졌다고 할 수 있다.

그리고 『삼국유사』 같은 조 〈안민가〉의 배경설화에서 또 하나 간과할 수 없는 부분이 있다. 바로 경덕왕이 충담을 만나기 전에 나타난 큰 스님(大德)의 행동 즉 '상양이행徜徉而行'이다. 여기서 '상양'이란 천천히 걸으며 배회한다는 뜻으로 곧 장자 사상의 핵심인 '소요유'와 그 뜻이 닿아 있다는 점이다. '소요'란 인생의 목적에 대한 답이요 낙천적 인생관을 드러낸 하나의 '이념'으로서 노자의 종교적 개념인 '무위'의 한 방법이다.[31]

그런데 여기서의 대덕이 불교 성직자로서의 스님인지 아니면 남산 삼화령의 미륵세존에게 차를 공양하고 오던 길의 충담과 같은 신분인 화랑으로서 불법과 연을 맺고 있는 양면성의 존재였는지 알 길은 없다. 다만 여기서 알 수 있는 것은 경덕왕 당대에 대덕大德으로 표현된 신

---

30) 원문의 '逸鳥川'
31) 필자 논문, 〈신라정신의 노장사상적 연구〉, 『국어국문학』 제123호(1999.3), p.200. 여기서 '무위'와 '소요'는 양면일체성의 개념으로 파악한 바 있다.

분은 주로 앞서 언급했던 석釋보다 사師의 성격이 강하다는 점이다. 그것은 먼저 온 대덕에 이어 나타난 충담 역시 '승려'(僧)로 표기하고 있을 뿐 아니라 복장도 장삼을 입고 있었는 데에도 실은 화랑출신으로서의 승려 신분이었기 때문이다. 이 사실은 월명사 역시 왕(경덕왕) 앞에서 '신승臣僧은 국선지도에 속해 있어 향가만 알 뿐 범패는 익숙치 못하다'고 한 말에서도 잘 증명된다. 화랑의 신분 '국선'이지만 스스로를 '승'이라고 말하고 승려로서 알아야 할 범패에 능하지 못하다고 한 사실에서 당시에는 덕 높은 화랑들에게 '승', '대덕'이란 표현이 일반화되고 있지 않았나 하는 점이다. 만일 그렇지 않으면 편찬자 일연이 '국선'을 '승'이나 '대덕'이란 용어를 구별 없이 혼용하여 쓴 것이던지 둘 중의 하나임은 확실하다. 어떻든 불교의 승려라기보다 노장적 성격이 짙은 화랑의 신분이 강하다는 점은 분명하다.

따라서 충담보다 앞서 나타난 '대덕'의 신분 역시 화랑으로 보아 무리가 없을 것이고 그가 한 '徜徉而行'의 행위는 노장사상의 소요유의 개념과 부합되는 것이다.

4. 화랑출신 향가 작자의 성향과 도

지금까지 화랑과 관련된 향가와 그 배경설화 중심으로 노장사상의 소요, 풍류, 소요유 등과의 관련성을 살펴보았다. 여기서는 노장사상의 핵심이라 할 수 있는 '도'의 개념을 중심으로 이와 관련하여 화랑출신 향가 작자들을 중심으로 논의하고자 한다.

도는 노장사상에서의 철학적 개념의 용어이다. 노장사상을 흔히 노장철학이라고 하는데 이때 단연 먼저 언급되어야 할 개념이 이 '도'의 문제이다.

『노자』에 도와 자연에 대해서 그리고 이 둘의 관계를 말하고 있는
것에는 다음과 같은 구절들이 있다.

道可道非常道 名可名非常名(1장)
道之尊 德之貴 夫莫之命而常自然(51장)
人法地 地法天 天法道 道法自然(25장)
天地任自然 無爲無造 萬物自相治理 故不仁也(5장)

이 구절들에서 보듯이 도의 본질은 이름 붙일 수 있는 것이 아니고
(이름 붙일 수 있는 도는 영원한 도가 아니다) 또한 작위하지 않고 '스
스로 그러한(自然)' 어떤 것으로 곧 '도법자연道法自然(도는 자연 곧
스스로 그러한 것을 따른다)'이란 말로 축약된다. 이런 것으로 보아
'도'란 용어는 다분히 철학적인 개념이다. 그렇다면 자연 곧 스스로 그
러하다는 것은 무엇이냐. 이에 대한 답이 바로 '무위'라는 것이다. 즉
작위나 인위를 행하지 않는 것 곧 무위라는 것이다. 아무 것도 행하지
않는 것이 곧 최선의 행위라는 것이고, 행하지 않지만 그에 의해서 이
루어지지 않은 것은 아무 것도 없다라는 『노자』 제37장의 "도상무위이
무불위道常無爲而無不爲"가 바로 그것이다. 따라서 '자연' 곧 '스스로
그러한 것'은 바로 무위인 것이다.

그런데 이러한 철학적 본질로서 '도'의 개념은 '자연'과 '무위'에 의
해 구체화되고 '소요유'에 의해 실천된다. 따라서 도는 무위 · 자연 ·
소요유와 모두 연결되어 있다.

이렇게 볼 때 범성梵聲에 익숙치 못한 국선지도였던 월명이 도솔가
를 불러 두 개의 해가 나타나는 괴변을 소멸시켰던 일, 피리소리로써
달을 멈추게 하고 지전을 서쪽으로 날려 보냈던 일, 융천사의 노래로써
혜성의 괴변을 없애고 왜병을 물리치는 일, 모두 도의 경지에서만 이루

어질 수 있는 현상들이다. 그런데 월명이 반드시 산화공덕의 불교적 성격의 노래 즉 도솔가를 불렀어야만 괴변이 사라졌겠는가. 그렇지 않으면 도솔가가 아니었더라도 다른 어떤 주술적 성격의 노래를 불렀어도 두 해의 괴변은 분명히 사라지지 않았겠는가 하는 가설이 성립될 수 있다. 이렇게 본다면 두 해의 괴변을 물리친 것은 도솔가가 아니라 월명사였다는 것이고, 월명사가 화랑으로서 도법자연의 경지에 이른 인물이었기 때문이라는 것이다.

이 점은 월명이 두 개의 해가 나타는 괴변을 없앤 것뿐만 아니라 피리를 불어 가던 달을 멈추게 하기도 하고 망매의 제사 후 지전을 서쪽으로 날려 보내는 등의 여러 가지 초인적 능력을 보이는 것을 보아서도 알 수 있다. 삼국유사도 "천지귀신을 감동시킨 일이 한두 가지가 아니었다(往往能感動天地鬼神者非一)"고 기술하고 있는 것은 그가 바로 이러한 경지에 이른 인물이었기 때문이다. 물론 이러한 일들을 두고 불교의 주력적 성격32)으로 보는 것도 합당한 주장일 수 있다. 그러나 도솔가 내용의 미륵좌주彌勒座主라는 말은 단순히 미륵세존彌勒世尊이나 미륵보살彌勒菩薩과 같은 순불교적인 표현이 아니고 랑·불융합의 과정에서 이루어진 한 독특한 용어라고 하는 김종우님의 견해33)에 공감한다. 이 사실은 '『삼국유사』 권제3 탑상 제4 미륵선화 미시랑 진자사조'에서도 여기에 나오는 '미륵선화'를 두고도 불교와 도교을 화랑화한 표현이라고 본 것34)역시 같은 맥락으로 이해될 수 있기 때문이다.

---

32) 가령 혜성가에서 침노한 왜병이 물러갔다는 등의 내용으로 미루어 호국불교로서의 주력적 성격의 노래라고 하는 주장 등이 대표적 예다.(최성호, 〈혜성가연구〉, 『신라가요연구』, 정음문화사, 1986)

33) 김종우, 〈향가문학의 불교적 성격〉, 『신라가요연구』, 앞의 책, p.207 참조

34) 여기서 '彌勒仙花'의 '仙'자를 두고, 김영태님은 이를 무조건 신선으로 보아서는 안되고 미륵을 가리킨 것이라고 하며 불교적 미륵사상으로만 해석하고 있는데(김영태, '彌勒仙花考', 동국대 『佛敎學報』 3·4집) 이는 극히 단순논리라 할 수 있다. 이는 바로

이상의 논의를 통하여 통일 이전 신라 화랑의 정신은 그들이 남긴 행적 뿐만 아니라 향가 작품을 통하여 볼 때 노장사상의 근본인 '도'의 정신이 스며 있다는 것이다.

5. 맺음말

이상의 논의를 통하여 신라 화랑의 정신에서 노장사상적 요소를 알 수 있는 것은 첫째, 화랑의 무리에 대한 별칭으로 선랑·풍월주·풍월도·국선도·현묘지도 등의 용어를 쓰고 있기 때문이다. 즉 선仙, 풍風, 월月의 글자가 공통적으로 들어있다는 것인데, 선이란 노장사상이 종교적 세계로 나아간 최고경지를 말함이요 풍월, 풍류라는 말은 종교(도교)적 선의 세계에 이르기 위한 방법적 개념이다. 이 방법이 곧 '월月'이나 '류流'와 같이 '자연自然'을 통한 행동양식으로 이루어져야 한다는 것이기 때문이다. 그리고 현묘지도 역시 신선사상이 투영된 말이기 때문이다.

둘째는, 융천·월명·충담 등 주요 향가 작자들의 신분 규명을 통해서이다. 이들은 젊은 시절 화랑이었고 그들의 지도자로서 적어도 왕이 인정하는 당대의 유명한 화랑이자 승려였다. 그것은 같은 승려였을지라도 양지良志·영재永才·원광圓光 등의 불교 승려의 이름 앞에는 '석釋'자를 붙인 것과는 달리 이름 끝에 '사師'자를 붙여 구분하고 있는 편찬자 일연의 기술태도에서 알 수 있다. 따라서 이들의 신분이 화랑 즉 국선이었다는 사실은 앞 항에서 말했듯이 그들의 활동 양식이 기본

같은 논문에서 미륵선화란 彌勒大聖이 化身한 화랑을 가리킨 것이라고 말하고 있기 때문이다. 즉 본고에서는 화랑은 불교적 사상과 혼용된 것만이 아니라 노장사상 곧 신선사상을 가졌다는 점을 말하려는 것이기 때문이다.

적으로 산천자연을 배경으로 가무유오를 통한 심신수련 등에서 노장적 요소를 갖고 있었다는 것이다. 아울러 화랑들의 이러한 행동 양식이 노장사상의 도와 소요 등 낙천적 인생관과 깊은 관련을 갖고 있다는 것이다. 가령 그들의 행동양식이라 할 수 있는 상마이도의相磨以道義 혹 상열이가악或相悅以歌樂 유오산수遊娛山水 등에서 보듯이 '도의', '가악', '유오·산수' 등이 이를 뒷받침한다.

셋째, 찬기파랑가의 작중인물인 기파랑의 인품 분석과 안민가의 배경 설화를 통해서이다. 즉 작중인물 화랑 기파랑은 노장사상 특히 장자에 나오는 인물형 중 진인·성인·지인에 해당하는 이상적 인간형으로 볼 수 있고, 현실적 인간이라 하더라도 노장사상의 기본 배경인 천지자연과 함께 하는 높은 존재로 볼 수 있다. 구름과 달을 배경으로 등장하여 푸른 시내(또는 모래 나루)에 나타난 점, 잣나무 가지처럼 우뚝 솟은 존재로 표현되고 있는 점들을 이유로 들 수 있다. 이상의 독해로 미루어 기파랑은 도의 경지에 이른 사람으로 까지 볼 수 있기 때문이다.

그리고 넷째, 노장사상의 기본개념인 도와 화랑정신의 관계이다. 즉 화랑출신 향가 작자의 성향에서 도의 정신을 발견할 수 있다는 것이다. '도'란 이름 붙여질 수 있는 성질이거나 작위로써 이루어질 수 있는 것이 아니라 '스스로 그러한(自然)' 가운데 또는 '아무 것도 행하지 않음(無爲)'으로써 이루어지게 하는 영원불변의 철학적 개념이다. 다시 말해 이것은 '자연'과 '무위'에 의해 구체화되고 '소요유'에 의해 실천된다. 가령 범성梵聲에 익숙치 못한 국선지도였던 월명이 도솔가를 불러 두 개의 해가 나타나는 괴변을 소멸시켰던 일, 피리소리로써 달을 멈추게 하고 지전을 서쪽으로 날려 보냈던 일, 화랑으로서 승려였던 융천사가 노래로써 혜성의 괴변을 없애고 왜병을 물리쳤던 일 등은 모두 도의 경지에서만 이루어질 수 있는 현상들이다. 이런 점들은 화랑이자 승려였던 그들의 행위가 어떤 주술적 마력을 발휘한 것이라기 보다는 무위와 자연의 이법에 따른 즉 도법자연의 실행에 의하여 천지귀신이 스스로 움직인 자연현상으로 보아야 할 것이다. 이는 찬기파랑가의 작중 인물인 기파랑을 노장적 신인의 존재로 보는 견해에서도 나타난 점이라 하겠다.

이상의 정리 내용으로 보아 신라의 화랑 출신 향가작자의 배경설화와 그리고 그 향가의 내용을 살펴 본 결과 신라 화랑정신의 바탕에는 노장사상이 짙게 배어 있다는 것이다.

Ⅲ. 신라정신의 노장사상적 성격

- 서정주 시를 중심으로 -

1. 서론

미당시에서의 신라정신과 관련된 논의는 이미 1970년대 김종길과 미당 본인 간의 논쟁이 뜨거웠던 적이 있었다. 이렇듯 지난 시절 한번 걸려진 주제를 두고 하필이면 21세기의 이 벽두에 새삼 또다시 이 신라정신을 거론하느냐 하는 점이다. 그것은 21세기 전 인류의 공통 화두로 거론되고 있는 환경문제 나아가 생태주의적 사고의 확산이라는 맥락에서 볼 때 신라정신은 이와 무관하지 않기 때문이다.

미당이 신라에 관심을 가지게 된 것은 그가 6·25 동란 중 허무와 절망으로부터 재기의 의지를 키우면서 삼국사에 관한 문헌을 읽으면서부터로 알려져 있는데[1], 미당이 이렇게 된 것도 실은 이미 그 이전의 젊은 시절 중앙불교전문학교에 입학하여 초대 교장이었던 석전 박한영 스님 문하에서 수학하면서부터 이미 그 모태가 준비되어 있었던 것으로 볼 수 있다.

그의 일대기가 기술되어 있는 미당 자신의 글들의 각 부분들에는 당시 그의 정신세계의 일단들이 잘 드러나 있으며 특히 그의 문학관을

---

[1] 그리고 이때 그는 삼국유사 삼국사기를 '한문 재수 겸해서 카드에 베끼고 관주를 치고 하며' 꼼꼼히 읽었다고 하며, 논어 맹자 등 유교 경전들도 거의 흡수하다시피 하였다고 한다.

결정짓는 운명적이라고 할 수 있는 몇 사건들이 나타나는 데 이러한 일들과 이를 있게 한 6·25를 전후한 역사의 소용돌이가 '신라'로 대표되는 그의 독특한 문학세계를 형성시키는 데 결정적 계기가 된 것으로 보인다.[2]

따라서 미당에게 있어 신라는 그의 문학 생애에 있어 6·25 이후부터의 끈질긴 화두였고, 아울러 이것은 역사적 의미의 신라라는 개념에서 파악될 그런 외연적 성질의 것이 아니라는 점이다. 이것은 미당이 가지고 있는 나름대로의 문학적 사유체계로서 이 바탕 위에 그의 시작품도 구현되고 있기 때문이다. 동시에 이 신라정신도 기본적으로는 시라는 하나의 언어적 형상물을 통하여 의미가 생성되어 상징성을 드러내고 있기 때문이기도 하다.

이렇듯 미당의 시에서 여러 의미를 생성해 내고 또 시작품으로 형상화시키는 바탕이 되고 있는 이 신라정신의 정체를 밝히는 일이야말로 미당시의 본질에 접근하는 핵심이라고 할 수 있다.

그동안 미당이 시에서 이 신라정신에 관한 논의는 부분적으로 있었지만 대부분 논자의 직관에 의한 단견이던지 또는 전체 연구의 수행을 위한 과정으로서의 논의들이었고 이것을 본격적인 주제로 취급된 것은 소수의 비평적인 몇 편의 글에 불과하다.[3]

---

2) 참고로 이러한 것이 직접 드러나는 부분들을 보이면 다음과 같다.
　『미당자서전2』(민음사, 1994), pp.223~224, 252~256, 268~274, 286~297, 314~318.
3) 1994년 12월에 간행된 『미당 연구』 뒤에 실린 〈미당 연구 논저 목록〉에는 242편의 글 제목이 실려 있다. 거기에는 누락된 것이 더러 있을 것이고, 그 이후에 발표되었을 논문까지 추정하면 이보다 더 많을 것으로 여겨진다.
　이 중 신라정신과 관련된 것이 표제어로 등장한 것만 보면 다음과 같다.
　이철범, 〈신라정신과 한국전통론 비판〉(자유문학, 1959.8), 문덕수, 〈신라정신에 있어서 영원성과 현실성〉(현대문학, 1963.4), 김윤식, 〈역사의 예술화─신라정신이란 괴물을 폭로한다〉(현대문학, 1963.10), 김학동, 〈신라의 영원주의─신라초를 중심으로〉(어문학 24집, 1971.4), 김재홍, 〈신라정신과 사랑의 영원주의〉(서정주론의 부분임) 등이 그것이다. 여기서 문덕수와 김윤식의 글은 논쟁성이 있는 것으로 문덕수는 "신라정신의 영원성은 현실을 떠난 이데아

따라서 이 글은 기존의 논의들을 참고로 하여 미당의 시와 그의 시 사상의 한 요체를 이루고 있는 신라정신의 정체를 노장사상을 중심으로 살피면서 이와의 연관성을 위해 그 전제적 고찰로 샤머니즘과 불교 사상에 관해서도 살필 것이다.

이 신라정신에 관해서는 김학동의 논문 〈신라의 영원주의 - 신라초를 중심으로〉[4] 이후 일반적으로 영원주의 영생주의 정도로 알려져 있으나 이는 초기 시집 『신라초』를 중심으로 한 불교나 샤머니즘의 측면에서 본 것이고 이를 노장적 관점으로 보는 것은 또 다른 시각이라고 할 수 있다. 미당의 시와 그의 문학사상에는 분명히 노장적인 면이 다분하다. 따라서 이 점을 밝히기 위하여 노장사상의 핵심적 개념인 '도'와 '무위' 그리고 여기에 장자에서의 한 중심개념이라고 할 수 있는 '소요'를 중심으로[5] 살펴보고자 한다.

의 세계에서 구현되는 것이 아니라, 역사와 문명을 갖고 있는 현실세계에서 구현되고 있다는 점에서(미당 자신은 이를 신라인의 지성이라고 말함) 샤머니즘의 현실성과 유교적 현실주의도 공존한다"는 논리를 향가를 예시하면서 주장한 데 반하여, 김윤식은 "신라정신을 밝히는데 향가를 가지고 이를 현실성의 논리로 해석하는 것은 무리"라는 반론이었음.

이 외에 미당에 대한 총체적 연구를 수행한 논문들 중에서 나름대로 체계적인 맥락 속에서 논의를 전개시키고 있는 글이 1996년 고려대학교 박사학위 논문인 양금섭의 〈서정주시 연구〉인데 여기서 미당문학의 시기 중 "제3기 실험과 결실"이란 제하에 "「신라초」, 신라정신과 윤회" 부분에서 『삼국유사』나 『삼국사기』 등의 문헌적 근거를 제시하면서 고찰하고 있는데 이는 실증적 관점에서 역시 불교적 성격에서 벗어나지 않고 있다.

4) 『어문학』 24집(한국어문학회, 1971.4)
5) 박이문, 『노장사상』(문학과지성사, 인문예술총서6, 1990), p.23
   이강수, 『노자와 장자』(길 출판사, 1997) 및 『도가사상의 연구』(고려대학교 민족문화연구소, 1984) 참조.
   여기에서 박이문은 도는 노장사상의 철학적 측면을 나타내는 중심개념이고, 무위는 종교적 측면을 드러내는 중심개념이며, 소요는 노장의 이념이라고 말하고 있다. 본고의 방법론은 여기에 도움 받은 바 크다.

2. 전제적 논의

1) 신라정신의 시적 상징성

이어령이 6 · 25 이후 시단의 상황을 단평하는 자리[6]에서 서정주의 시를 두고 "신라라는 것은 사막에서 쓰러진 사람들이 흔히 목격할 수 있는 신기루거나 녹지의 환각일 것이다 신라란 언어만 있고 실체가 없는 놀라운 환상의 성일 수 있다"고 한 말처럼, 신라정신이란 당시 신라인들의 사고방식과 세계관으로서 현대인의 그것과는 사뭇 다른 것이었다는 사실을 미당은 오늘날 그의 문학적 언어로 구현코자 한 것이다. 동시에 이것은 그 구현에 의해 형성된 하나의 사유체계라고 볼 수 있다.

이에 그 사유체계의 논의 이전에 이것이 구체적인 작품에서는 어떤 형상으로 드러나는지 볼 필요가 있다. 이미지리가 신라정신이라는 통합된 모습으로 상징되는 시작품 하나를 본다.

> 뭇 벌과 나비들이 어우러져 날라드는
> 新羅山野의 자욱한 꽃밭 위에
> 언제나 이를 구버보고 게시던 크낙한
> 꽃 한송이가 피어있다고 생각하는 것은
> 얼마나 큰 기쁨인가.
>
> 그 지닌 향기는 너무도 높아, 어느
> 벌 나비도 다을수없는 곳에
> 으젓한 꽃 한송이가 호올로 피어있었다고 생각하는것은
> 얼마나 큰 기쁨인가.
> 自身의 사랑을 위하여서는

---

6) 『한국전후문제시집』, 신구문화사, 1965, '전후시에 대한 노오트 二章', p.325

그 서러운 영혼의 位置에
다만 별 바래기 瞻星臺를 이룩했을 뿐이면서도……

한낱 풀꽃같은 계집애의 외오침에도
늘 귀 기우려 救援의 손을 뻗치시고,
나라 안의 홀어미와 홀애비들에게는
그들의 외로움을 달래여 柴糧도 보내시고

당신은 그가 누군줄도 모르면서도
당신이 그리워 미쳤다는 志鬼와 같은 사내에게는
당신의 수레 뒤를 뒤따르라고도 하시고,

또 그가 石塔아래 잠이 들어 누었으면 그 混濁한 가슴위에
그 尊嚴한 聖骨王者의 팔찌도 벗어 놓으시고

항시 빙그레 웃으시고,
유-모러스 하시고,
맨 뒤에 이승을 하직하실 날도, 묻히실 하늘도,
미리미리 유리속처럼 환하게 아시던 님!

오- 千三百年은 오히려 가까웁네.
善德女王같은 이가 이나라에 살고 있었다고 생각하는 것은
얼마나 큰 기쁨인가.
                                  -〈善德女王讚〉 전문

　이 시에서 시적 화자의 메시지는 선덕여왕에 대한 숭앙과 흠모의 마음이지만, 이것은 시인이 은연중 선덕여왕의 예지叡智와 혜안慧眼 나아가 그녀가 영생靈性과 영통靈通도 함께 갖추었음을 말하려는 의도까

지도 갖고 있음을 알 수 있다. 이러한 작품 내적 진실이 시적 퍼스나로는 '찬양'으로 표현되고 있는 것이다. 이러한 영적인 성질 또는 영적인 통합은 이미 그 자체가 샤머니즘과 불교와의 관련성을 내포하고 있다.

그녀는 '크낙한 꽃 한송이'로 비유되었기에 감히 '벌 나비도 닿을 수 없는 곳'에 있었고, '자신의 사랑'을 하늘을 향하는 '영혼의 위치'에다 두면서 '별 바래기 첨성대'도 이루고, 민초들의 소리에까지 귀기울여 '구원의 손을 뻗치'고, 여성이었던 자신을 그리워하다 미쳤다는 '志鬼와 같은 사내'에게는 '당신의 수레를 뒤따르라고도' 하고, 그러면서 신라산야를 항시 '굽어보면서' 또 '빙그레 웃으시는' 모습, 마침내 죽음과 묻힐 하늘까지 훤히 내다본, 이 모두가 그녀의 영통 때문이었다. 이러한 영성과 영통을 미당은 신라의 시적 상징으로 나타내고자 했던 것이다. 이러한 영통은 오늘날과 같은 서구의 과학과 합리주의의 분화된 사고방식에서는 나올 수 없는 것이다. 이것은 천·지·인의 혼융과 그리고 자연과 인간의 합일이라는 통합적 사고방식에서만 가능하다는 미당의 사상이었던 것이다. 신라정신을 '자연'과 '무위' 그리고 '도'라는 개념으로 연관지을 수 있는 단초도 실은 여기서 마련된다고 할 수 있다.

2) 샤머니즘과 노장사상의 관계

미당 시에서의 샤머니즘의 요소는 이미 알려진 사실인데 이것은 특히 그의 시에서는 기법적인 면에서 주로 차용되고 있다. 가령 시 〈花蛇〉에서 '돌팔매를 쏘면서 뒤쫓는 것은 우리 할아버지의 아내가 원죄적 인간 이브이기 때문에 그러는 것이 아니'라고 해놓고는 갑자기 '석유 먹은 듯 석유 먹은 듯…'이란 돌발적 상황으로 전환되고 있는 것은, 이 말 자체에 내포된 극심한 갈등의 화해를 위한 기법적 처리 방법이다. 즉, '석유를 먹고' 망아적 신열神悅 상태로 진입되는 것으로 취하고 있는 점이 그렇다.[7] 석유는 과거 궁핍하던 시절에 몸 안의 기생충인 회충을 잡기 위하여 약 대신에 아이들에게 먹이기도 하였는데 이를 먹고 나면 눈이 노래지고 정신이 몽롱한 상태로 되기도 하는 것인데 이런 시대를 살아온 미당으로서는 여기서 이런 시적 발상을 얻었을 법하고 또한 이는 망아적 경지에 이른 무당의 엑스터시ecstasy와 비슷한 정신상태라고 할 수 있다. 말하자면 우리식 무속 곧 토속적 샤머니즘의 방식으로 화해를 이루고 있다는 것이다.

그리고 이러한 돌발적 무의식의 상황으로 이끌어 내는 미당의 시들은 대체로 이러한 논리가 통한다고 보여진다. 그 예로는 다음과 같은 시들에서 더 들 수 있다.

목아지여/ 목아지여/ 목아지여/ 목아지여//
멀리 서 있는 바다ㅅ물에선/ 亂打하여 떠러지는 나의 종ㅅ소리.
— 〈행진곡〉에서

돌이! 돌이! 돌이! 삭은 재 다되어가는 돌이!
— 〈신라의 상품〉에서

괜찬타, ……/ 괜찬타, ……/ 괜찬타, ……//
끊임없이 내리는 눈발속에서는/ 山도 山도 靑山도 안끼어 드는 소리. ……
— 〈내리는 눈발속에서는〉에서

그리고 다음의 시에서는 자연과 합일된 경지를 넘어선, 접신된 무당의 모습으로 까지 보이고 있다.

---

7) 갈등의 화해를 이와 같은 우리의 토속적 소재로서 그리고 같은 기법적 방식으로 처리하고 있는 시들로는 이 외에도 『화사집』의 〈대낮〉, 〈麥夏〉, 〈입마춤〉 등이 있다.

몸살이다 몸살이다
모두가 몸살이다

저 거센 바람에도 가느다란 바람에도
끊임없이 구비치는 대수풀을 보아라

몸살이다 몸살이다
틀림없는 몸살이다.

몰려왔다 몰려갔다 구을르는 구름들
뼛속까지 스며드는 금빛 햇살 보아라

몸살이다 몸살이다
끝없는 몸살이다.

—〈무제〉전문

　'대수풀', '구름', '금빛햇살' 등의 소재에 감정이입이 아닌 인간의 영혼이 전이된 듯한 시상을 갖고 있다. 그것도 '구름' '대수풀' 등이 몸살과 신열을 앓고 있는 것은 시적 자아가 여기에 동일시되어 있는 것이다. 이것은 바로 만물에 신이 깃든 것으로 보는 무당의 정신세계와 일치한다.

　미당 자신이 누차 말하고 있는 영통靈通과 혼교魂交라는 그의 시정신의 저변에는 만물과 인간의 교감 곧 영적인 통합이 이루어지는 샤머니즘이 있다는 것이다. 이 점은 미당 자신도, 김종길이 자신을 두고 '영매자靈媒者'니 '접신술가接神術家'니 하며 비꼬는 말에 답하면서, 눈에 보이는 현상에만 집착하고 죽음과 삶 그리고 고대와 현대와의 사이에 장벽을 쌓는 삶의 모습이 문학과 역사를 하는 사람의 바람직한 태도일까라며 반박하는 말 속에서 이를 인정하는 사고관을 보이고 있으며 "영통이라는 것은 다만 불교에만 있는 것이 아니라, 고대로부터 오는 종교에는 공통되는 것으로, 이것이 역사 참여의식을 긴밀히 하여 영원성이라는 것을 우리에게 실존케 하는 것"[8]이라고 말하면서 자신의 이러한 사고관을 말하고 있다.

사실 샤머니즘을 오늘날 과학의 입장에서 보면 얼핏 전근대적인 미신과 불분명과 정서의 뭉치가 뭉클거리는 미개명의 상태로 볼 수도 있다. 그러나 한편으로 보면 이것이야말로 과학정신에 의해 분화된 사고체계가 아닌 자연의 상태로서의 인식체계인 것이며, 미당 시문학에서의 신라정신 역시 이와 같은 것이다. 미당 시의 이러한 샤머니즘적 자연관은 곧 노장적 세계관의 한 단초를 제공하고 있다. 노장사상에서의 도라는 것은 자연과 밀접한 관련이 있기 때문이다.

3. 신라정신과 노장사상과의 관계

앞의 논의를 통한 미당의 신라정신은 포괄적으로 다음과 같이 정리될 수 있다. 자연과의 합일과 천리의 순종, 영통과 혼교의 영생주의와 영원주의 그리고 인간과 자연 또는 인정과 의지가 혼융된 사상의 통합적인 인식방법으로서의 신라인들의 사고방식이 그것이다. 그렇다면 신라정신의 샤머니즘에서 노장사상과 연계되는 단서를 앞서 보았듯이 여기선 이러한 신라정신과 노장사상의 주요 개념과의 관계를 살펴본다.

---

8) 서정주, '내 마음의 현황' 『서정주문학전집5』(일지사, 1972), p.285.

1) 道와 신라정신

먼저 노장사상의 '도'와 신라정신과의 관계이다. 노장사상에서의 도는 존재적 개념이고 이 존재는 제일의로 자연을 꼽는다.[9] 즉 미당의 신라정신에 있어 자연과의 합일과 천리에의 순종이란 곧 노장사상에서의 존재적 관점으로서의 도의 개념인 '자연', 그것과의 합일을 말한다. 이 때 존재적 관점으로서의 도란 자연 곧 '스스로 그러하다'라는 자구 그대로의 뜻처럼 그냥 그대로 있는 존재라는 뜻이다. 다시말해 작위나 인위를 가하지 않은 존재의 본질을 가리키는 말이기 때문에 곧 존재적 관점인 것이다.

노장사상의 핵심인 도는 곧 자연이라고 했는데 노자에서 자연에 관한 언급을 보면,

悠兮 其貴言 功成事遂 百姓皆謂 我自然
[(군주는) 조심하여 그 말을 중히 여기고 함부로 말하지 말아야 한다. (훌륭한 군주는 무위의 정치를 하므로)공을 이루고 일을 성취하여도 백성들은 알지 못하고 '다 내가 저절로 그렇게 되었다'고 말한다. 노자 17장]
人法地 地法天 天法道 道法自然
[사람은 땅을 따르고, 땅은 하늘을 따르고, 하늘은 도를 따르고 , 도는 '자연'을 따르네. 노자 25장]
道之尊 德之貴 夫莫之命而常自然
[도가 높고 덕이 귀한 것은 명령하지 않아도 항상 '스스로 그러하기' 때문이다. 노자 51장]

이상의 자료들을 가지고 노자가 말하는 자연의 개념은 자연과학의

---

9) 박이문, 앞의 책 p.33~35 참조

대상으로서의 사물은 물론 모든 무정유정물의 변천과 동작까지 포괄되는 개념이다. 나아가서 이것은 영원불변의 본성 곧 진리 그 자체이기도 하다. 즉 하늘과 땅 흙과 물과 공기 등 있는 그대로의 자연적 사물은 물론이고 나아가서는 궁극적으로 이들을 존재하고 변화하도록 하는 도의 본성을 '자연'이라고 본 것이다. 도법자연道法自然이란 말 그 자체이다. 그런데 사실 이 '자연'이란 천지만물을 존재하고 움직이게 하는 도의 본질적인 성향을 묘사한 것으로 자구 그대로 '스스로 그냥 있는 것' 또는 '자연스러운 것'을 가리킴에 지나지 않는다.[10] 이 때의 자연이란 자연과학적 대상으로서의 자연도 바로 이러한 도의 본질적인 성향에 가장 가까운 것이므로 물론 이것까지 포함되는 개념이다.

그런데 '스스로 그냥 있는 것'이란 이를 존재론적 관점에서 보면 다름 아니라 이름이 붙기 이전의 것이란 뜻과 마찬가지다. 이름을 붙인다는 것은 언어적 의미를 부여한다는 것인데, 도의 관점에서 보면 이 언어라는 것은 오히려 존재의 본질을 가릴 뿐이므로 자연이란 곧 언어 이전의 존재라는 것이다. 이와 같이 볼 때 '무명 천지지시 유명 만물지모無名 天地之始 有名 萬物之母'(『노자』 제1장) 즉 '무명'은 천지의 시작이요 '유명'은 만물의 근원이다라는 노자의 말이 이해되는 것이다. 천지라는 말로 서술되는 존재 일반은 이름이 없는 상태, 즉 언어로 인위적인 명칭이 붙기 이전의 상태이며, 이름이 사물에 붙여짐으로 여러 가지 현상들이 개별적으로 존재하는 것으로 나타나는 것이다.

결국 미당이 신라정신에서 말한 자연과의 합일, 천리天理에의 순종이란 '스스로 그냥 있는 것'이라는 '존재적 본질'의 자연 그것에 충실

---

10) 노자의 도에 해당하는 것으로 장자에서는 주로 주체적 대상으로서 비유적인 용어를 쓰고 있는데 이를테면 大鵬, 大宗師, 소부 허유… 그리고 이상적 인간형으로 聖人, 至人, 眞人 등이 그것이다.

하라는 노장적 도법자연과 부합되는 것이다.

그리고 이 점은 무엇보다 미당 자신의 글을 직접 보면 확연히 드러난다.

어떤 사람이 딸을 가졌었다.

길삼하는것, 꽃가꾸는 것, 낮 들일 밤 풍류(風流) 다 가르치어, 말 달리기, 활쏘기, 매사냥질 까지도 다 가르치어 시집갈 나이만큼 되었었다.

몸뚱아리 어느 곳에도 병은 깃들지 못하게 하여, 四肢는 무엇을 하기에도 자유로왔고 머리의 윤ㅅ기, 눈의 촉기도 벌써 길찰대로 길차 있었다.

그래, 그 이상은 아무도 더 가르칠 수 없는 — 이 계집아이의 검은 밤 풍류가 여울져 흐른 다음에, 이 계집아이의, 손끝 꽃밭에 밝은 어느 아침에, 애비는 헐 수 없이 그 곁에 끌리어 가듯이 가 다가서서 말을 하였다.

"인제는 아무것도 아가, 더 가르칠 것 없다. 신선이나 되기 전에는…."

하여 계집아이는 이날로 집을 나서서 그의 마음이 항아리에 아직도 모자라는 것을 더 채우기 위해서 먼 험한 산으로 갔다. 그의 먹을 것을 위해서, 또 고향집과의 소식을 서로 통하기 위해서, 한 마리의 영악한 매(鷹)가 그의 길동무로 그를 따랐다.

하여, 그가 잘못 보는데는 매가 보고, 매가 잘못 찾는 데는 그가 찾고 하여 그가 일찍이 겪어 보지 못한 맑고도 그윽한 곳에 와서 그만 깜빡 집에 돌아가는 걸 잊어버리고 말았다.

다만 그의 친구 매가 드물게 이 젊은 수행자(修行者)의 멀쩡함을 그의 부모에게 전할 따름이었다.

오래 지낸 뒤에, 돌아오지 않는 딸에게, 아버지는 다시 그의 마음을 편지로 써서 매 발에 매달아 보냈다. —

"인제부터는 아가, 매가 날라가 멎는 곳을 찾아서 아조 네 집을 해라"

사람에게서 水位와 같이 무엇이 불어오르는 것밖에는 더 잴 줄 모르
는 아버지의 뜻을 알아, 딸은 그 글을 받는 길로 곧 손등 위에 매를
날렸다.
그리고는 또 그 뒤를 따라 또 어느 峻嶺의 짙푸른 곳에 이르러 무성
한 잎사귀들을 헤치고 그의 숨결을 거기 있게 하였다.
여기서부터 이 여인의 목숨을 사람들은 神仙이라 하였다.
　　　　　　　　　　　　　　　　　－〈新羅硏究 第 五 章 神仙〉 부분

한 인간이 신선이 되는 과정을 서술하면서 이러한 경우를 신라 때의
예화를 통해 논증하려는 의도를 가진 글이다. 그런데 여기서 중요한 것
은 인간이 자연과 합일되어 풍류를 다 알고 나면 신선이 된다는 사실
이다. 이렇듯 미당은 자연에 동화되어 합일의 경지에 이른 인간을 선이
라고 했고, 이때 신선은 노장사상을 종교적 관점에서 의미 부여시킨 개
념이며 여기서 도교라는 종교로 발전하게 되는 것이다.

2) 무위無爲와 신라정신

다음은 노장사상에서 '무위'의 개념이다. 이도 역시 자연과 상통한다.
즉 자연스러운 행위와 대립되는 개념으로서의 '인위'라는 말에서 의미
가 획득되는 말이기 때문이다.[11] 그러나 '무위'는 '위'라는 글자에서 암
시되듯이 '도'라는 철학적 개념으로서보다 인간이 따라야할 행위에 관
한 궁극적 원칙을 말하는 것이다. 근본적으로 어떻게 살아야 하는가의
문제에 대한 해답이 바로 무위이다.[12] 爲無爲라는 말 그대로 아무 것
도 하지 않는 것이 하는 것이다라는 행위 규범으로서의 개념이 강하다.
따라서 종교적 성질이 강하다고 볼 수 있다.[13]

---

11) 무위의 상대적 개념이 人爲 또는 作爲라면, 자연의 상대적 개념은 不自然으로서 이는
　　모두 도와 어긋나는 것이다.
12) 박이문, 앞의 책, p.89 참조.

그런데 어떻게 살아야 하느냐의 문제는 비단 종교의 문제에 그치는 것이 아니라 윤리에서도 찾아볼 수 있다. 종교나 윤리는 다같이 인간이 살아가야 할 길을 제시한다. 그러나 윤리는 공동체의 구성원들과 함께 살아가는 데서 필연적으로 생기게 되는 여러 가지 이해타산의 갈등을 조절하기 위해 각 인간이 취해야 할 행위를 가리킨다. 그리고 삶의 행위 규범을 구체적으로 제시한다. 그러나 종교는 인생의 삶의 문제에 대하여 어떻게 태도를 취하느냐하는 문제를 가르친다. 이렇듯이 종교는 초윤리적이다.

따라서 노장사상에서의 '무위'는 이러한 윤리적인 규범을 제시하는 것이 아니라 오로지 윤리 규범을 초월하여 제거하는 데서만 가능하다고 여긴다. 이러한 길을 노장은 우환으로부터의 해탈이라고 말한다. 이런 관점에서 본다면 노장의 무위가 해탈로 실현될 수 있다는 논리가 성립되면서 그 도달점이 불교적 이상태랄수 있는 '해탈'과 도교에서 '무위'의 실현방법으로서의 해탈이 만난다고 할 수 있다. 물론 이는 불교와 도교라는 근본이 다른 데서 출발한 것이지만 이것이 신라정신이라는 통합적 인식 방법과 혼융의 세계관 속에 용해되어 만난다는 것이다. 이 부분에 대하여서는 일단 구체적 논증이 필요하므로 여기서 더 이상의 논급은 생략하기로 한다.

3) 소요逍遙와 신라정신

다음은 노장사상의 이념적 측면[14]이라 할 수 있는 소요와 신라정신

---

13) 무위 즉 '아무 것도 하지 않는 것'은 곧 '스스로 그냥 있는 것'이라는 자연의 개념과 다를 바가 없는 데도 굳이 이 둘을 구분하는 이유도 바로 이 때문이다. 자연은 존재로서의 철학적 개념이라는 것이다.

14) 여기서의 이념이란, 한 개인이나 사회가 각기 그들의 삶의 방향을 정하고 조직하는 데 불가피한, 그리고 실제로 무의식적이나마 언제나 전제가 되어 있는 세계관 또는 가치관을 의미한다.

의 관계이다. 소요는 주로 장자의 개념이다. 장자는 그 '逍遙遊' 첫머리에 "北冥有魚 其名爲鯤 鯤之大 不知其幾千里也. 化而爲鳥 其名爲鵬, 鵬之背 不知其幾千里也, 怒而飛 其翼 若垂天之雲, 是鳥也. 海運則將徙於南冥. 南冥者 天池也"[북녘 바다에 물고기가 있다 그이름을 곤이라고 한다 곤의 크기는 몇 천리나 되는지 알 수가 없다. (이 물고기가)변해서 새가 되면 그 이름을 붕이라 한다 붕의 등 넓이는 몇천 리나 되는지 알 수가 없다 힘차게 날아오르면 그 날개는 하늘 가득히 드리운 구름과 같다 이 새는 바다 기운이 움직여 대풍이 일 때 (그것을 타고) 남쪽 바다로 날아가려 한다 남쪽 바다란 곧 천지를 말한다]라 하였다.

여기에 나타난 거침없는 사유의 자유는 가령 미당의 앞서 인용한 『신라연구』〈제5장 신선〉에서도 나타난다. 즉 계집아이가 매鷹와 길동무 되어 집을 나서 산으로 준령으로 다니다가 신선이 된다는 논리가 그것이다. 박혁거세의 어머니 사소(娑蘇: 西鳶山 또는 仙桃山神母)도 이러한 신선 중의 한 사람이었다.

소요유란 구속 없는 절대 자유의 경지에서 노니는 것을 말하는데, 이는 한 개인이나 사회가 각기 그들의 삶의 방향을 정하고 조직하는 데 불가피한 세계관 또는 가치관으로서의 이념15)의 관점으로 본 개념이다. 다시말해 인생의 의미가 무엇이냐 또는 인생의 목적이 무엇이냐라는 물음에 대답으로서의 개념인 것이다. 장자는 이에 대한 대답을 인생을 하나의 놀이, 하나의 산책, 하나의 소요로 본다는 것이며 이것은 곧 참다운 지락16)이라는 것이다. 물론 여기서의 산책 곧 소요는 삶의 정신적 부자유와 질곡으로부터 벗어나는 가치관으로서 이는 도법道法

---

15) 박이문, 『노장사상』p.107
16) 『莊子』外篇 제18장에 의하면 至樂은 궁극적으로 無爲의 경지에서 얻어질 수 있다고 함

으로서의 자연自然에 이르렀을 뻬 또는 도법으로서의 자연 속에서 함께 이루어지는 것이므로 궁극은 한 곳에서 만난다. 다만 이것은 이 용어들을 대하는 우리들의 인식의 차이일 뿐이다.[17]

이 때의 지락은 우리의 일상적 행복의 조건 향락의 조건인 부귀 장수 명예 등으로부터 초월하는 것[18]이 그 조건이다.

그러므로 노장은 향락과 행복의 철학자이고 낙천주의 철학자이다. 즉 노장은 이러한 낙천주의적 '행복'에 삶의 가치를 둔 하나의 이념이었다.

그렇다면 노장에서의 이러한 소요는 신라정신에 있어서는 어떤 것과 연관되는 것인가를 본다. 그것은 일단 구속없는 자유의 경지에서 '노니는' 낙천적 삶의 자세를 신라정신에서도 먼저 찾을 수 있다는 것이다.

> 狼山 밑 새말 사람 百結이는 가난하여 주렁 주렁 주렁 주렁 옷을 지어(기워 : 필자) 입은게 매추 래기꿰미를 매여단 것 같대서 사람들이 그리 이름지어 불렀다.
> 그러나 그에겐 오래 두고 익귀온 슬기론 한 채의 거문고가 있어서 밤낮으로 마음을 잘 풀어갔기 때문에 가난도 앞장질러 서지 못하고 뒤에서 졸래졸래 따라 다녔다.
> 그래서 나날이 해같이 되루일어 물같이 구기잖게 살아 갔었다.
> 그러다가 어느 해 섯달 그믐날 저녁은 이웃집 좁쌀방아 찧는 소리에 마누라의 배가 그만 깜박 솔깃해
> "좁쌀…"이라 한마디를 드뇌였더니, 거문고가 울리어 이걸 썻어서 또 다시 물같이 흘러내렸다. ─三國史記 卷四八列傳八 〈百結先生〉 條─
>
> ─〈新羅硏究 第九章 가난〉 전문

---

17) 노장사상에서의 자연, 무위, 소요 등의 개념들이 모두 이렇다고 할 수 있다.
18) 『莊子』 제18 至樂 참조

백결선생은 거문고와 더불어 '밤낮으로 마음을 잘 풀어갔기 때문에' 보통 사람들이 苦라고 여기던 가난에 초연했음은 물론이고, 그래서 가난이 앞장서지 못하고 오히려 뒤에서 졸래졸래 따라다닐 수밖에 없었다는 것도 바로 이러한 삶의 자세 때문이었던 것이다. 이것뿐이 아니라 신라연구의 내용을 보면 모든 소재들을 간단한 서사구조로 이끌어 가는 과정에서 삶을 긍정적으로 보면서 인위적이지 않은 무위와 지락으로서의 반염세주의적인 소요의 낙천적 자세가 들어있음을 발견한다. 가령 신라연구 '제4장 별'에서도 보면 "우리 앞마당의 번잡煩雜이 아무리 열熱하고 또 시끄러운 것일지라도, 우리 뒤안의 꽃밭의 등명燈明과 같이 별은 또 늘 우리 배후에, 두상頭上에, 저부底部에 싱그러히 자리 잡고 있어야 할 일이 아닐까. 우리의 혼탁混濁하고 여릿한 방황彷徨 뒤에 우리가 찾아야할 고향故鄕의 처녀나 또 총명한 눈을 가진 어린 것들과 같은 맛으로 끝끝내는 그래도 우리에게 있어야 할 것이 아닐까……"고 하면서 융천사의 향가 '혜성가'에서의 왜구를 물리치게 한 미신스러운 혜성 곧 별의 의미를 신라인의 '생활필수품'으로까지 여기는 자세를 보이고 있다.

미당의 이러한 신라정신은 앞서 말한 노장사상의 소요의 개념과 부합된다. 그것은 불교에서 삶이 근본적으로 고통이라고 전제한다거나 기독교처럼 세상을 근본적으로 타락된 것으로 보는 염세주의적 태도가 아닌 낙천주의적 관점이라는 점에서도 그렇고, 아울러 구체적으로는 소요유의 '거님(逍遙)'과 '노님(遊)'의 얽매임 없는 자유의 모습이 그의 시에서나 신라연구를 통하여 사고의 유영遊泳으로 확인되기 때문이다.

노장사상과 도가道家 그리고 도교[19]는 삼국시대에 우리나라에 들어

---

19) 노장사상인 道家와 종교로서의 道敎는 구별된다. 도가는 노장의 철학을 중심으로 형성된 학파를 가리키며, 도교는 학파가 아니라 노자를 도교의 교조로 삼고 이 사상을 중심

와 신선과 풍류를 숭상하는 사조를 일구어 내었다. 우리나라의 신선사상은 단군이 아사달에서 신선이 되었다는 단군설화 속에 이미 나타나 있다. 삼국 가운데서도 특히 신라에서 선풍(仙風)이 흥성하였다. 그것은 명산대천을 찾아 몸과 마음을 닦고 연마하였던 집단인 화랑을 '국선國仙'이라고 추앙했던 것을 보면 신라의 선풍이 어느 정도였는지 짐작할 수 있다.[20]

따라서 미당이 말하고자한 신라정신은 이것까지 포함된다고 할 수 있다. 그것은 그의 신라연구에 나타난 자연에 대한 인식태도에 그대로 나타나 있다. 그는 『신라연구』의 1장에서 4장까지를 천지, 구름, 해와 달, 별, 구름 그리고 8장을 산천이라는 제재로 설명하면서 신라의 정신은 이러한 자연의 신령함을 생활 속에서 구체적으로 느끼며 사는 것이라고 하였다.

결국 신라정신은 일반적으로 알려진 불교사상만이 아니라 노장사상도 강하게 혼용되어 있다는 것을 알 수 있다. 불교사상보다는 오히려 이것이 신라의 젊은이에게 호연지기를 길러내었고 동시에 이것이 삼국통일의 밑바탕이 되었던 화랑정신의 토양을 제공하기도 한 것이다.

신라에는 통일 이전에 이미 종교적 성질의 '도교'가 전래되어 상류층을 중심으로 널리 퍼져 있었다는 사실이 몇몇 기록을 통해서 확인되는[21] 것을 보아도 실제 고대국가 신라의 정신의 바탕에는 노장사상이

으로 형성된 종교를 일컫는 것이다.

[20] 이강수 『노자와 장자』(도서출판 길,1997), p12~13 참조

[21] 『三國史記』 卷第 44 列傳 第4 金仁問條에 김인문이 "多讀儒家之書 兼涉莊老浮屠之說"(여기서 儒라는 일반적인 '선비'를 가리킴)고 한 것을 보아도 신라의 화랑을 비롯한 지식층들은 도가사상이 그들의 교양의 하나였음 짐작할 수 있고, 三國史記 卷第9 新羅本紀 第9 孝成王條에도 도교를 널리 숭상했던 황제로 알려진 당나라 현종이 신라에 사신을 보내면서 가거든 경서(道德經)의 뜻을 잘 가르쳐 주라고 하는 대목이 나오기도 한다.
그리고 金志誠이란 사람이 썼다는 경주 甘山寺 彌勒菩薩造像記에도 "性諧山水 慕莊

들어 있었음은 분명한 사실이고 이는 결국 미당의 신라정신 그것이라는 점이다.

아울러 이를 뒷받침하는 더 좋은 예는 화랑도의 또 다른 명칭을 국선도國仙道, 풍류도風流道, 현묘도玄妙道라고 불렀던 것을 들 수 있다. 여기서 '선', '풍류'는 노장의 도교적 기풍을 보여주는 용어이기 때문이다. 선은 노장사상의 최고경지를 말함이요, 풍류는 선의 실행을 위하여 자연을 통하는 방법을 일컫는 것이기 때문이다.

이로써 앞서 말한 불교의 삼세인연설 또한 윤회전생설을 바탕으로 한 영원주의 영생주의는 신라정신에 있어 하나의 세계관이라면 노장사상으로서의 도와 무위 소요는 삶의 현실에 관여하여 그 양식과 태도를 결정짓는 데 크게 작용한 사상이요 종교요 이념이었던 것이다.

4. '존재'적 자연으로서의 '도'와 미당시

노장사상의 중심개념은 도이다. 노자는 도를 자연으로 보고 있다. 도법자연道法自然 곧 도란 자연을 따른다 라는 것이다. 이때의 자연은 물리현상 뿐만아니라 인위적으로 변화되는 것을 제외한 모든 변천동작 즉 스스로 그냥 있는 모든 것 즉 존재일반을 가리키는 총칭이다. 도란 노자의 첫 구절 "도가도비상도 명가명비상명道可道非常道 名可名非常名"(도라고 말할 수 있는 도 곧 이름붙일 수 있는 도는 영원한 도가 아니며 이름 붙일 수 있는 이름은 영원한 이름이 아니다)처럼 이름이 붙기 이전의 것이란 뜻이고 언어로 표현되기 이전의 '스스로 그러한'

老之逍遙 志重眞宗 希無著之玄寂…"이라 한 것만 보아도 노장사상이 신라인들에게 널리 알려져 있었음을 알 수 있다.(『한국문학의 사상적 연구』, 태학사, 동국대학교 한국문학연구소, p.56~57, 66~67. 참조)

것(이는 곧 '자연'이란 말로 대치된다)이라는 개념이므로 이는 곧 철학에서 말하는 존재론적 개념인 것이다.

따라서 존재는 언어에 앞서는 언어 이전의 것이고 또한 언어적 성질의 것이 아니라는 것이다.[22) 도는 자연이요 자연은 언어이전의 존재라는 것이다. 이러한 노자의 철학은 32장에서 '도상무명道常無名' 즉 영원한 도는 이름이 없다고 하였고, 41장에서는 '도은무명道隱無名' 즉 도는 숨어서 이름을 붙일 수가 없다고 하였다. 도에 대한 노자의 이러한 관점은 장자莊子에서도 마찬가지이다. "전자소이재어荃者所以在魚 득어이망전得魚而忘荃, 제자소이재토蹄者所而在兎 득토이망제得兎而忘蹄 언자소이재의言者所以在意 득의이망언得意而忘言(외물 제26 外物 第二六)" 곧 통발이란 것은 물고기를 잡기 위한 것이지 물고기를 잡고 나면 잊혀지는 것이고 마찬가지로 올가미는 토끼를 잡기 위해 필요한 것이지 토끼를 얻고 나면 올가미는 잊혀지고 마는 것이듯 언어란 여기서 통발이나 올가미에 비유되는 것으로서 존재의 의미를 얻기 위한 또는 도를 얻기 위한 방법에 불과한 것이지 존재의 본질은 아니라는 것이다. 이 존재의 본질이 도라는 것이다.

이러한 존재론적 자연관을 보이고 있는 미당의 시를 보자.

> 신라의 어느 사내 진땀 흘리며
> 계집과 수풀에서 그 짓 하고 있다가
> 떨어지는 홍시에 마음이 쏠려
> 뜨그르르 그만 그리로 굴러가 버리듯
> 나도 이젠 고로초롬만 살았으면 싶어라.
>
> 쏘내기 속 청솔방울

---

22) 그래서 道는 궁극적인 실체로서의 '진리'라고 볼 수 있다.

약으로 보고 있다가
어쩌면 고로초롬은 될 법도 해라.
                            ─〈雨中有題〉전문

이 시는, 인간도 자연의 일부이고 또 자연의 모습으로서의 인간이 어떠한 것인지를 보여주고 있다. 이 때의 자연은 일단 물리적 대상으로서의 자연이다. 그러나 '신라의 사내'가 '그 짓' 도중에 떨어지는 홍시 쪽으로 마음이 끌려가 버리는 상태는 이미 인위적 행위를 떠난 무위로서의 자연이다. 사내의 '그짓'도, 홍시가 떨어지는 현상도 모두 자연이고 동시에 성욕이라는 자연현상에서 식욕이라는 자연현상으로 자연스럽게 이동되는 것 또한 스스로 그러한 것이다. 그것은 곧 인위가 없는 무위요 도의 본성 그 자체라고 할 수 있다. 그런데 이 시가 전하는 메시지는 무위라는 행동양식의 제시라기보다는 있는 그대로의 존재가 변화하고 흘러가는 모습 곧 '자연'을 보이기 위한 것이라는 점이다.

따라서 이 '신라의 사내'를 닮고자하는 지은이의 소망은 곧 노장의 자연이요, 이것은 '쏘내기 속 청솔방울' 역시 있는 그대로의 자연 그것에의 동화를 소망하고 또 그런 경지에 근접될 듯한 지은이의 느낌이 술회되고 있다.

아울러 미당시에서 도가적 자연이 존재론적 관점으로 드러나는 시를 본다.

내 마음 속 우리 님의 고은 눈섭을
즈문 밤의 꿈으로 맑게 씻어서
하늘에다 옴기어 심어 놨더니
동지섣달 나르는 매서운 새가
그것 알고 시늉하며 비끼어 가네

                            ─〈冬天〉전문

이 시에서 감상의 촛점을 흔히 우리 님의 고운 눈썹과 동지섣달 날으는 매서운 새에다 두고 이를 유미적 관조의 대상과 승화된 사랑의 열반으로서 관념적인 것이 아닌 신선한 감각적 생명체로 인식된다는 견해[23]를 비롯하여 매 행마다 불교에서의 오관상을 드러낸다[24]는 등 구구한 해석이 있을 수 있다.

그러나 이 시는 지은이의 사유의 자유로운 모습과 이것이 존재적 사물로서 인식되어 가면서 자연스럽게 대상화되어 가고 있는 과정을 보이는 노장적 관점이 드러나고 있기도 하다. '내 마음 속'에서 '님의 고운 눈썹'이 '즈믄 밤의 꿈'으로 '맑게 씻'기기 까지의 과정과, 더구나 여기서 씻기운 '고운 눈썹'을 '하늘에다 옮기어 심'기 까지 사유의 유연한 이동을 볼 수 있다. 이 때 '우리 님의 고운 눈썹'은 '내 마음 속'이라는 지은이의 명상 속에서 나타난 것으로 스스로 생겨난 자연이요 이것은 그 자체로서 하나의 존재적 개념이다. 동시에 이것은 '내 마음 속'의 명상적 상태에서 지언발생적으로 일어난 언어 이전의 한 본질적 존재이므로 또한 노장사상에서의 도道요 이는 곧 자연自然이다라는 것이다. 이른바 도가도비상도道可道非常道이며 도법자연道法自然이라는 것이다.

노장사상에서의 도는 곧 진리이기 때문에 이는 영원불변의 존재이기도 하므로 이 시에서의 '눈썹'은 이에 해당된다고 볼 수 있다. 그러기 때문에 이것은 '즈믄 밤의 꿈으로 맑게 씻을' 정도의 존재가 아니냐는 것이다. 동시에 이것은 '하늘'이라는 가장 이상적 공간에 심기어 질만한 것이기도 하다. 그러므로 '동지섣달의 매서운 새'도 '그걸 알고'는 이것을 '시늉하며'[25] '비끼어 가는' 것이다.

23) 조창환, 〈한국시의 여성편향적 성격〉, 『한국현대시의 운률론적 성격』(일지사, 1988), p.213
24) 김희철, 〈한국현대시의 불교사상연구〉, 『한국문학의 사상적 연구, 하』(동국대학교한국문학연구소편, 태학사, 1982), pp.418~429
25) 여기서 '시늉하다'는 이것(즉 하늘에 옮겨 심기어 있는 눈썹)을 '닮으려고 하며' 또는

그렇다면 '매서운 새'는 무엇인가라는 것인데, 이것은 지은이의 명상 속에서 생겨난 또다른 사유체계라고 볼 수 있다. 그런데 이것은 분명 '동지 섣달'을 나는 '매서운' 것일지라도 '하늘에 옮겨 심어 놓은 고운 눈썹'에는 비껴가는 정도니까 역시 이 '눈썹'으로 형상화되고 있는 본질적 존재에는 못 미치는 것이다. 곧 비본질적 존재이기 때문이다.

결국 이 시에서 '눈썹'은 노장사상에서의 '도'인 것이며 명상과 정관의 마음에서 생겨난 것으로 '자연'이라는 것이다.

아울러 앞서 밝혔듯이 미당의 '『신라연구』제5장 신선'의 내용도 인간사회를 떠나 자연에 동화해 버린 삶을 영위하는 사람을 신선神仙이라 한 것은 노장의 이상적 인간형태인 신선과 일치하는 것으로 신라정신은 노장사상의 자연自然이라는 근거가 되기도 한다.

미당시에서의 이러한 도법자연관은 사실 신화적 세계관을 소재로 취하고 있는 모든 시에 관류되고 있는 사상이다. 이를테면 『귀촉도』, 『신라초』, 『동천』, 『질마재신화』, 『학이 울고 간 날들의 시』 등에 있는 상당수 시들이 그렇다고 볼 수 있다. 다 예거할 수는 없고 가령 〈新羅의 상품商品〉도 그렇다.

여기서 신라의 상품이란 어떤 것인지 바로 그 시 자체에서 서술로 잘 보여준다. 그것은 '언제나 매(鷹)가 그 밝은 눈으로써 되찾아 낼 수 있는 것', '솜같이 가벼운 것', '매의 눈에 잘 뜨이는 마당귀에다 놓여 있다면, 어느 사 간 사람의 집에서라도 언제나 매가 되채어 올릴 수까지 있는 것' 그리고 '제 고장에 살고 있던 때의 일들을 우리의 길동무 매는 그전부터 잘 아는' 그런 것으로서 이는 곧 '솜'이며 신라의 딸들의 '목화밭의 목화꽃이었던 것'이요 또한 신라의 '아들의 못자리에 모였던 것'으로서 '쌀'이었던 것이다. 오늘날처럼 공장에서 대량생산되는 인공 공산

'이것인 체 하며'의 뜻으로 봄이 무방하다.

품이 아니라 있는 그대로의 자연상품이 신라의 상품이라는 것이다.

5. '종교'적 초월로서의 '무위'와 미당시

노장사상에서의 무위란 노자 제63장의 "위무위 사무사 미무미爲無爲
事無事 味無味" 무위 곧 아무것도 하지 않음을 실천하고 아무 일도
도모하지 않음을 일로 삼고 마무 맛도 없음을 맛으로 느끼네 처럼 이것
을 인간의 이상적인 행위규범으로 말하고 있는 것이다. 즉 무위가 최선
의 행위라는 것이다. 그리고 이 무위에서 종교적 면모를 찾을 수 있다
는 것은 바로 이 때문이다. 신앙이란 틸리히Tillich의 말처럼 어떤 특수
한 교리를 믿지 않아도 한 인간이 자기의 삶과 우주 전체 혹은 존재
전체와의 궁극적 관계에 관여할 때 그는 이미 종교를 갖고 있다는 것이
다. 다시 말하면 한 인간이 자신의 인생에 대한 궁극적 의미를 찾고 그
런 것을 믿을 때 그는 넓은 의미에서의 종교인이라는 것이다. 노장이
어떤 특수한 교리를 제시하지는 않지만 그 사상의 핵심으로서 가장 근
본적인 문제는 인간에게 나름대로의 살아 갈 근본적인 태도를 제시하고
있다는 점이다.

그래서 현실적 관점의 행동양식이랄 수 있는 윤리가 아닌, 초월적
관점에서의 행동규범으로서의 초윤리적 종교적 측면이 노장사상의 이
'무위'에 있다는 것이다. 앞서도 말했듯이 이 무위는 현실적 구속에서
벗어나는 해탈로서의 행동양식인 것이다.

"도상무위이무불위道常無爲而無不爲(노자 제37장)" 즉 도는 항상
무위하지만 그에 의하여 이루어지지 않은 것은 아무것도 없다라는 말
역시 마찬가지이다. 역시 이상적인 행위 규범을 제시하고 있는 것으로

서 결국 이는 인간의 경우 욕심 탐심 등의 모두를 버린 초월적 경지에서 가능한 일이다. 그러므로 인간 행위의 궁극적 지향점을 제시하고 있는 것이므로 종교적 측면으로서의 노장사상이라는 것이다.

이런 관점을 드러내는 시 한편을 본다.

하늘이
하도나
고요하시니
란초는
궁금해
꽃피는거라

— 〈무제〉

이 시를 노장적 의미를 드러내어 해석을 가한다면, '하늘이 하도 무위하기에 난초가 꽃피우는 것도 하릴없는 무위로다' 정도로 될 것이다.

이럴 때 하늘과 난초는 전혀 무관한 두 사물로서 '있는 그대로'일 뿐 서로에게 아무런 역할도 작용도 하지 않는다. 널리 알려진 '국화 옆에서'에서의 '소쩍새', '천둥', '서리' 등과 '국화꽃'과의 우주적 협동과 인연을 이루는 모습과는 대조적이다. 그러나 하늘이 아무것도 하는 일 없이 무위 그 자체이니 난초도 하릴없이 저절로 꽃을 피우는 자연발생적인 행위이니 이는 곧 무위인 것이다. 결국 하늘(天)과 난초(地)라는 천지의 두 사물에 의해 무위라는 상징체계를 형성시키고 있는 것이다.

따라서 이 시는 전체시에서 형성된 명상이나 정관靜觀의 분위기를 깔고, 앞서 말했듯이 '무위를 실천하고'의 위무위爲無爲 또는 '도는 항상 아무것도 하지 않지만(그에 의하여) 이루어지지 않은 것이 없다'는 도상무위이무불위道常無爲而無不爲의 모습이 단적으로 나타나고 있다.

이러한 상태는 곧 인간 행위의 궁극적 지향점 또는 이상적인 행위 규범을 제시하면서 하나의 초월적 경지를 보이고 있는 종교적 측면을 드러내고 있는 노장사상의 무위라고 하겠다. 또 다른 시 한 편을 보자.

　　노들강 물은 서쪽으로 흐르고
　　능수 버들엔 바람이 흐르고

　　새로 꽃이 핀 들길에 서서
　　눈물 뿌리며 이별을 허는
　　우리 머리 우에선 구름이 흐르고

　　붉은 두볼도
　　헐덕이든 숨ㅅ결도
　　사랑도 맹세도 모두 흐르고

　　나무ㅅ닢 지는 가을 황혼에
　　홀로 봐야할 연지ㅅ빛 노을.

　　　　　　　　　　　　　　　－〈노을〉 전문

　이 시 역시 무위는 곧 자연이라는 노장적 세계관을 단적으로 드러내고 있다. 인위적이지 않은 자연으로서의 상태 그대로가 곧 무위라는 것을 보여준다. 이 시에서 '노들강 물이 서쪽으로 흐르는 것'과, '능수버들에 바람이 흐르는'것이 그 누구에 의해서가 아니다. 그저 그대로 흐를 뿐이다. 또한 '눈물 뿌리며 이별'하는 인생사도 그 위의 '구름'으로 흘러 자연스럽다. '사랑도 맹세'도 자연이던 인간의 일이던 모두 '흐르는' 것에 귀착되고 있다. 작위作爲나 인위人爲의 상대 개념으로서의 무위의 모습이라는 것이다.

그리고 미당의 '『신라연구』제2장 구름'에서는, 신라인의 '靈性의 구름'
과의 인연을 평범한 일상의 삶으로 여기는 자세를 말하고 있는데 이 역
시 무위의 모습이다.

여기, 한 떼의 구름이 山 위에서 일어난다 하자.
이것을 가끔 바라보는 일은 아조 바쁜 사람 아니면 요새도 더러 한
다.
畵家, 운 客이나, 어린 少年少女들이나, 사람끼릿일에 실패한 남녀
들은 시방도 상당히 많이 바라보고 산다.
그러나 이것을 모시는 일은 요새 사람들은 벌써부터 않고 있지만 신
라 사람들은 그것을 하였다.
좋은 구름이 일어나서 놀고 있으면 그 언저리를 그들은 특별히 맑히
고(맑게 하고: 필자) 그 근방 수풀에선 나무도 찍어내지 않고 구름의
모양 구름의 興을 빌어 다리도 빚어 그런데에 걸었다.
실성닛금(實聖尼師金) 十二年 가을 팔월 구름이 狼山에 일플(일어
남을: 필자) 바래보니 다락같고 향기 그윽하야 오래 쉬지 않거늘 왕
이 가로대 이 반드시 仙靈의 네려 노심이라 하야 福地로 삼고 이
뒤론 사람이 나무 찍음을 금하야 새로히 평양주대교(平壤州大橋)를
이루니라.
— 三國史記 卷三 新羅本紀 三(實聖尼師今)條
그들은 그들의 구름과 사귐을 이 程度로 우리에게 전해 뵈이고 있거
니와 이런 일은 그냥 우리들보단 원시적으로—(요새는 까딱하면 옛일
은 모두 이런 말 딱지를 붙여 얕잡아 보는 버릇이 늘어간다.)—한 술
더 뜬 일이라고 쯤 생각하여 접어버리면 그만일까.
접어둘래야 접어둘 수 없을 만큼 그들의 精神은 우리의 것 보단 豊
盛코 到底코 또 實히 아직도 살아서 우리의 空虛와 우리의 不實을
나무래고 있는 것을 어찌하는가.

神靈인 구름―모든 自然力이 그랬던 것처럼 新羅人에게는 사는 힘
의 한 커다란 原動力이었던 이 靈性의 구름은 오늘도 따분한 우리
들의 背後에, 마치 아득히 잊어버린 어느 찬란했던 아침의 일 (日:필
자)과 같이 휘영청히 걸려서 반편된 우리에게 한정없는 鄕愁를 자아
내게 하고 있다.

미당의 천인합일사상 곧 노장적 자연관과 무위적 사고의 일단이 비교
적 소상하게 서술되고 있는 글이다. 신라인은 구름을 신령神靈으로 보
았고 영성靈性을 가진 존재로 여겼다는 것이며 미당은 이를 믿고 있는
것이다.

자연과 합일되는 삶을 궁극적으로 추구하는 자세는 곧 이들의 믿음
곧 신앙이요 이를 미당은 '영성'이라고 말한 것이다. 이 글에서 보듯이
'선령仙靈'은 바로 그들의 관념적 실체이고 이는 구체적으로는 '구름'
이었던 것이다. 이는 곧 노장에서 삶의 행위 규범이라고 하는 무위의
개념의 일단이다.

6. 낙천적 '이념'으로서의 '소요'와 미당시

무위가 삶의 행동양식으로서 일정한 경지를 노장적 관점에서 일컫는
개념이었다면, 소요는 낙천적 삶의 한 가치관으로서의 개념이라고 앞서
말한 바 있다. 그래서 소요는 산다는 것이 무엇이냐 즉 인생의 의미
또는 인생의 목적이 무엇이냐라는 물음에 답하는 하나의 가치관이라는
것이다. 그러기에 이러한 인생의 목적에 대한 노장의 답은 간단하다.
그것은 소요인데 이것은 고苦가 아니라 락樂이라는 것이다. 기독교나
불교의 비관적 인생관과는 대조적이다. 이 역시 앞서 언급된 바 있다.

그러면 이러한 노장의 소요와 신라정신은 어떤 연관이 있느냐는 것
인데 이는 앞서 논의된 바이다. 노장사상에서의 이러한 소요라는 말 대
신 미당은 풍류라는 말을 즐겨 쓰고 있음을 본다. 구속됨이 없는 정신
의 자유로운 거님 또는 산책 이는 역시 무위에서 가능한 것이고, 동시
에 무위에서의 소요를 보다 현실성 있는 표현으로 풍류라고 한 것이다.
풍류란 문자그대로 바람따라 흐르듯이 즐기는 지락의 모습인 것이다.

　　앞서 본 '노을'이라는 시를 다시 보면, "노들강 물은 서쪽으로 흐르
고/ 능수 버들엔 바람이 흐르고/ 새로 꽃이 핀 들길에 서서/ 눈물 뿌리
며 이별을 허는/ 우리 머리 우에선 구름이 흐르고/ 붉은 두볼도/ 헐떡
이든 숨ㅅ결도/ 사랑도 맹세도 모두 흐르고"인데, 이 시는 전체의 분위
기를 지배하고 있는 것이 무위이다. 그러나 여기에는 또다시 풍류가 있
다. 그것은 '초월적 가치관'이 드러나 있기 때문이다. 왜냐하면 노들강
물이 서쪽으로 흐르는 것, 능수버들에 바람이 흐르는 것, 눈물의 이별
위에 구름이 흐르는 것 모두가 흐름으로서 덧없는 것으로 귀착되기 때
문이다.

　　같은 시에서 드러나는 무위와 소요의 양면일체성 모습은 궁극적으로
는 이 두 개념이 같은 경지에서 일어나는 것으로 다만 다른 용어로 쓰
이고 있는 것은 인식의 다른 면을 표현한 두 말에 지나지 않는다. 즉
삶의 규범이라는 종교의 측면으로서의 무위와 삶의 가치관이라는 이념
으로서의 성질을 드러내는 소요라고 하는 양면일체의 두 개념이 그것
이라는 것이다.

　　미당의 시에는 풍류라는 말이 제목으로 등장하고 있는 시만도 〈풍류風
流〉, 〈신라풍류新羅風流1〉, 〈신라풍류新羅風流2〉 등이 있고 산문도 〈전
주풍류〉, 〈전라도 풍류〉 등 풍류라는 말을 즐겨 썼다. 글자 그대로 '바람
따라 흐른다'는 것이다. 풍류라는 말이 직접 쓰이고 있는 시 한편을 본다.

신라사람들은 무엇이든 그들이 하는 일에 하늘의 빛을 섞어 하기를
좋아했습니다.

新羅 第八代 阿達羅王 때에 바단 옷감을 유난히 잘 짜던 延烏와
細烏 夫婦가 일본으로 가고 나니 신라의 햇빛이 한동안 흐려졌더라
는 이야기가 전해져 내려오고 있는 것도 다 그것을 말하고 있는 겁
지요.

그 햇빛이 흐려지고 있는 걸 못 견디어서 일본으로 연오와 세오를
찾아가 그들이 주는 생명주 한 필을 받아다가 영일만에서 해 앞에 바
쳐 놓고 祭祀했더니 겨우 하늘의 햇빛이 제대로 밝게 비치기 비롯했
더라는 것도 물론 「하늘의 빛도 그걸 빛낼 만한 자의 빛낼 만한 일
을 통해서만 우리한테 와 있는 것이라」는 단군 어룬 때부터의 우리
풍류의 마음을 또 한번 잠시 번뜩 드러내 보이고 있는 것이고…

—삼국유사 권제일, 연오랑 세오녀 조 참고

—〈신라풍류 1〉전문

이 시에서도 시의 외재적 사아는 연오랑 세오녀의 설화 이야기를 전
달하는 것에 그친다. 그러나 작품내적 화자의 의도는 천인합일의 사고
관으로 살아가는 신라인의 풍류정신을 말하고자 한 것이다. '하늘의
빛'을 신라인의 삶에 수용하는 자세였던 것이다. 이는 곧 삶의 가치관
이며 이른바 이념으로서의 풍류였던 것이다.

다음의 시에는 풍류라는 이념으로서의 기능이 아니라 시 자체에서
이념 곧 삶의 가치관이 바로 드러나고 있다.

내가
돌이 되면

돌은

연꽃이 되고

연꽃은
호수가 되고

내가
호수가 되면

호수는
연꽃이 되고

연꽃은
돌이 되고

                -〈내가 돌이 되면〉 전문

구속이 없는 절대 자유의 경지 즉 소요의 모습을 읊고 있다. 가령 『장자』 '제1 소요유'의 첫 번째 얘기, 물고기가 새로 되어 곤이 붕으로 되는 소요의 경우와 유사하다.

7. 맺음말

이상에서 논의한 바 미당의 신라정신은 한마디로 서구적 합리주의와 분화된 과학주의를 부정하는 정신이다. 또한 이것은 인간과 자연, 현실세계와 영적세계, 삶과 죽음 등의 관계를 분화시키고 단절된 것으로 보지 않는 사고방식으로서 통합적 인식 방법으로서의 사고이다. 그런데도 이 속에는 서구적 합리주의의 지혜가 그대로 살아 있다는 것이다. 이러한 사고방식은 신라인들의 생활 속에 살아 있었던 것이며 미당이 신라에 심취한 것도 신라인들의 이러한 슬기 때문이었다고 볼 수 있다. 그래서 미당 자신도 이를 '신라인의 지성'이라고 한 바 있다. 이는 신라인의 자연과의 합일, 천리에 순종하는 사고방식인 것인데 여기서 신라정신은 노장사상의 도와 무위 그리고 소요의 정신과 닿아 있음을 알게 된다. 그리고 이러한 통합적 사고방식으로서의 신라정신은 샤머니즘과 불교정신도 포괄하고 있다는 것은 기존의 논의에서 많이 알려진 사실이다.

그런데 미당의 시정신으로 일반적으로 알려진 이 샤머니즘도 알고보면 서구적 과학정신에 의해 분화된 사고체계가 아닌 자연의 순리가 살아 있는 그대로의 상태로서, 이것은 곧 노장적 세계관과 연관되는 하나의 단초를 제공하기도 하는데, 여기서 신라정신의 노장사상적 측면을 정리하면 다음과 같다.

첫째, 미당의 신라정신은 노장사상의 근본 개념인 도의 다른 이름인 자연과 부합되는 정신이라는 것이다. 신라정신을 통합적 인식 방법으로서의 자연과의 합일과 천리에의 순종이라고 한 것은 곧 노장사상에서의 '도법자연道法自然' 곧 '도는 자연을 따른다'는 것과 일치한다는 점이다. 여기서 자연이란 자연과학의 대상까지 포함하면서 동시에 자구의 뜻 그대로 '스스로 그러한' 존재 또는 그냥 있는 그대로의 존재라는 것으로 언어 이전의 존재라는 개념이다. 따라서 신라정신은 '있는 그대로'라는 존재의 본질로서의 노장사상의 도와 자연이라는 철학적 측면과 닿아있다는 것이다.

둘째로는 노장에서의 무위정신이다. 여기서 무위란 작위나 인위의 상대 개념으로서 있는 그대로의 상태 곧 자연의 상태로 두는 것을 의미한다. 결국 인위를 가하지 않은 자연의 상태로 두는 것 곧 위무위爲無

爲라는 말처럼 '아무 것도 하지 않는 것이 하는 것'이라는 개념이다. 이렇게 본다면 이는 앞서 말한 자연이라는 개념과 상통하는 것이 된다. 물론, 무위는 자연과 양면일체성이므로 그럴 수밖에 없다. 그러나 문제는 무위의 '위'자가 암시하듯이 이것은 행위 규범으로서의 성격이 강하다는 점이다. 도와 자연처럼 존재적 개념이 아니라는 것이다. 즉 인간이 근본적으로 어떻게 살아야 하는가의 문제에 대한 해답으로서의 답이 바로 무위로써 초윤리적 성격의 행위 규범으로서 종교적 성격이 강한 개념이다.

미당의 시에 드러나는 신라정신은 바로 이러한 인생의 삶의 문제에 대하여 취해야 할 행위 규범으로 바로 노장의 무위의 사상을 제시하고 있다는 것이다.

셋째, 노장사상에서 소요의 정신이다.

소요란 인생을, 뜻 그대로 거니는 것으로 보는 낙천적 인생관이 짙게 밴 개념이다. 따라서 이는 노장사상에서 삶의 가치관 문제와 연관되어 있다. 그래서 이념적 성격이 강한 개념이다. 다시 말해 인생의 의미가 무엇이냐 또는 인생의 목적이 무엇이냐라는 물음에 대한 대답이 곧 소요인 것이며 이런 자세가 될 때만이 참다운 지락至樂을 맛볼 수 있다는 것이다.

노장사상에서의 이러한 소요라는 말 대신 미당은 풍류라는 말을 즐겨 쓰고 있음에서 신라정신과 소요는 연관되어 있음을 본다. 구속됨이 없는 정신의 자유로운 거님 또는 산책 이는 역시 무위의 행동양식일 때 나오는 것이고, 이 소요라는 용어가 미당의 시에서는 풍류라는 현실성 있는 표현으로 변용된 것이다. 풍류란 문자 그대로 바람 따라 흐르듯이 즐기는 지락의 모습이기 때문이다.

결국 소요는 삶의 가치관으로서의 이념을 일컫는 개념으로서, 이것은 무위라고 하는 종교적 성격에서의 행동양식일 때의 한 가치관이요, 동시에 도법으로서의 자연에 이르렀을 때 또는 도법으로서의 자연 속에서 함께 이루어지는 것이므로 이 세 요소는 궁극적으로 일체성의 다면적 모습이라고 할 수 있는 것이다.

인간의 사고체계는 옛날로 갈수록 통합적이었고, 인간의 삶의 모습은 문명과 멀어질수록 인위가 덜하고 무위에 가까운 생활양식을 취했다. 동시에 옛 사람들의 사고방식과 생활양식도 있는 그대로의 자연적 존재였고 인위적이지 않은 무위였으며 삶의 가치관 또한 무욕의 낙천적 자세 그대로였다. 이러한 요소들이 바로 미당시에서의 신라정신으로 통합되어 있다는 것이다.

Ⅳ. 현대시의 신라정신과 그 생태주의적 요소

― 서정주, 김춘수, 정일근의 시를 중심으로 ―

1. 현대시 속의 신라정신의 문제

이 글은 우리 현대시에 나타난 고대 신라시대의 정신이 오늘날 폭넓게 논의되고 있는 생태주의의 요소를 어떤 모습으로 내포하고 있는지를 밝히는 데에 목적이 있다.

이를 위하여 먼저 신라 당시 사람들의 일반적인 정신세계와 세계관 즉 '신라정신'의 개념과 '문학적 상상에 의해 형성된 신라정신'의 개념을 살펴보아야 할 것이다. 다음으로 생태주의의 일반적 성질과 그 시적 개념에 대한 논의가 있어야 할 것이다. 그리고는 신라정신이 구체적으로 어떤 면에서 생태주의적 요소를 갖고 있느냐를 논증하는 것이 바른 순서일 것이다.

이렇게 본다면 이 글에서 논의 대상이 될 수 있는 우리의 현대시들은 극히 제한적일 수밖에 없다. 그것은 최소한 신라를 소재로 한 시이거나 또는 신라를 연상시키는 어떤 모티브를 갖는 시라야만이 신라정신을 드러낼 수 있다는 것, 그리고 이 정신이 과연 생태주의적 관점과 자세를 보이고 있는 것으로 그 대상이 압축되기 때문이다. 그래서 이 논의 대상에 들 수 있는 시를 남기고 또는 쓰고 있는 시인으로 서정주, 김춘수, 정일근 세 시인으로 한정했음을 밝힌다. 신라와 관련된 이 분들의 시는 그 모습이 어떠한 형태로 전경화되든 최소한 신라의 정신이 기본적으로 전제되어 있다. 가령 김춘수의 시에 빌려 쓴 처용은 겉으로는 처용설화와 전혀 무관하고 이와 관련된 것이 나타나는 곳은 한 군데도 없다. 그런데도 불구하고 제목을 '처용단장'이라고 붙여 놓은 것은 신라 때의 처용이 인간화 과정에서 겪는 시련을 시인의 성장과정의 고뇌와 시련으로 대치시키고 있는 것이 그 한 예이다. 김춘수 자신의 무의미 시라는 새로운 시 장르의 실험을 위한 회화적 알레고리로 볼 수 있듯이[1] 시의 겉모습이 어떻든 결국 신라의 처용설화와 관련된 신라정신이 없을 수 없다는 것이다.

따라서 이러한 신라와 관련된 우리의 현대시 즉 위 시인들의 시를 중심으로 신라정신이 어떤 면에서 생태주의적 요소를 갖고 있는지를 알아보고자 한다. 이러한 목적을 수행하는 이유는 곧 21세기 벽두인 오늘날 새삼스럽게 웬 신라정신이냐는 물음에 대한 답이 될 것이고 아울러 이 정신에 함의된 생태주의야말로 서구에서 시발된 과학문명에 의해 파괴된 생태계의 복원이라는 인류 전체의 과제를 극복하는 하나의 대안적 이념이 될 수 있다는 점 때문이다.

물론 신라 당대와 같은 고대에는 굳이 신라뿐만 아니라 동서양을 막론하고 사람들의 세계인식과 생활양식이 자연친화적이고 생태적이었지 않느냐는 반론이 있을 수 있다. 그런데 신라정신이라는 문제를 푸는데 있어 하나의 난점은 한국 현대시라는 시인의 문학적 상상으로 투사된 신라정신이란 점이다. 이것은 어디까지나 문명에 비판적인 오늘의 지성이 찾아낸 과거와 자연에 대한 향수의 산물로서 일종의 이념인데 이를 두고 역사적 관점에 의한 비교로써 근거 없는 추상적 반론의 제기는

---

1) 필자 논문, 〈현대시에 나타난 신라정신의 패러디 양상〉, 『한국문학논총』 제24집(한국문학회, 1999.6), pp.179~180

그 시각이 어긋날뿐더러 차원이 다른 문제라고 볼 수 있다. 아울러 이 글을 통하여 굳이 신라와 생태주의를 관련지으려는 것은 분화된 과학 문명이 우리 삶에 습합되기 이전인 신라 당시 사람들의 삶과 정신의 양태들이 훨씬 생태적이었다는 가능성 때문이다. 그것은 과거로 갈수록 인간의 정신과 삶의 양태들이 미분화되고 혼융되어 있었기 때문이리라.

아무튼 우리의 관심사가 여기에까지 미치게 된 데는 물론 오늘날 우리의 생태계가 파괴되어 심각한 수준에 이르렀고 이에 대한 위기를 걱정하기 때문이다. 생태계의 복원이 인류 미래의 화두로 등장한 것은 이것이 파괴되고 오염되었기 때문이듯이, 그렇지 않고 단순한 생태계 그 자체로 존재하고 있다면 이런 명제가 대두되지도 않을뿐더러 우리의 관심과도 거리가 멀 것이다.

따라서 이 글은 우리의 현대시 속에 나타난 신라인들의 세계관과 정신세계의 양태가 이러한 미분화와 혼융의 모습을 드러내고 있는 점들을 찾고 밝혀내어 이를 생태적 요소와 관련지어 가는 방식으로 논지가 전개될 것이다.

2. 문학적 상상으로서의 신라정신과 그 개념

따라서 이 글을 통하여 밝히고자 하는 신라정신은 어디까지나 우리 현대시 속에 나타난 것을 대상으로 하여 신라 당시 사람들의 정신세계를 추론하여 연관지음으로써 드러나는 내용을 말한다. 이에 그 실체는 시라는 문학적 상상을 통하여 드러난 것일 수밖에 없다. 다만 이를 통하여 나타나는 정신의 모습은 문학적 진실로서 역사적 진실과 일치하느냐의 여부는 중요하지 않다.

그러면 먼저 지금까지 여러 문학론자들이 쓰고 논하여온 문학적 상상으로 드러난 것을 알아본 다음 여기서 일반화된 개념에 근거하여 논의를 전개하고자 한다.

우리 현대시에 신라라는 관념태를 맨 먼저 문학에 들고 나온 이가 서정주라는 사실은 일반에 알려진 대로이다. 여기서 서정주의 신라의 개념은 그의 말대로라면 '靈通과 魂交, 三世因緣과 輪廻轉生'이란 말로 요약될 수 있는데2) 이는 그가 젊은 시절 삼국유사나 삼국사기를 읽으면서 나름대로 터득한 상상의 소산물로서 그의 시와 산문들에 투시된 정신체계라고 할 수 있다. 그런 점에서 서정주의 신라정신은 역사적인 과거의 신라에서 발견하여 개인적인 이념의 등가물로서 승화시킨 신라이다.3) 따라서 이것은 그가 고대 신라의 어떤 지혜를 수용하여 자기가 살고 있는 사회와 현실을 투시하여 그것을 넘어서서 창조한 문학적 미의 세계라고 할 수 있다.

서정주가 들고 나온 이 신라정신의 정체를 두고 1960년대 전반기 몇 문학론자들이 말한 견해를 보면, 먼저 문덕수는 샤머니즘의 토대 위에 유교 불교 도교의 삼교가 위일융합한 영원성으로 요약하면서 기존 논자들의 문제점으로 이 영원성은 현실을 떠난 이데아의 세계에서 구현된 것이 아니라 역사와 문명을 갖고 있는 현실세계에서 구현되고 있다는 주장을 폈다. 그러면서 그 예로 향가 '彗星歌'와 '怨歌'를 들면서 여기에 나타난 샤머니즘의 현실성과 유교적 현실주의가 공존한다고 하

---

2) 미당은 그의 산문 〈내 시정신의 현황─김종길씨의 우리 시의 현황과 그 문제점에 답하여
─〉(『문학춘추』, 1964년 7월호)이란 글에서 김종길이 자신을 靈媒者나 接神術家처럼 비난한 데 답하면서 이렇게 말하고 있고, 그 외의 논자들도 그의 이 말과 이를 토대로 다른 문학적 발언에 근거하면서 그 정체를 풀어나가고 있어 이 개념은 이미 일반화 되어 있는 실정이다.
3) 손진은, 〈서정주 시와 신라정신의 문제〉, 『어문학』 제73집(한국어문학회, 2001. 6) p.415~416 참조

였다.4) 이에 김윤식은 불교적 접근 없이 향가를 마치 신라정신의 전부인 양 그리고 신라정신이 순수한 우리 고유의 전통인 양 논지를 펴는 것은 넌센스라는 반론을 펴고, 그것은 역사의 예술화 그 이상도 이하도 아니라고 하였다.5) 결국 이 두 논자들은 역사의 현실성 그리고 예술 속의 정신과 그 영원성이라는 같은 결론을 내면서도 방법론에서 차이를 보인 것일 뿐이다. 그리고 김학동도 신라의 영원주의를 선덕여왕의 지혜, 혁거세의 어머니 사소娑蘇를 예로 들면서 삼세인연설과 윤회전생관이라는 일반론으로 대체하고 있다.

이상 몇 주요 논자들의 말들은 저마다의 설득력은 있으나 결국 현대시에서 신라의 원조격인 서정주의 발언을 좀 더 구체화시키고 확장 해석한 정도의 범위를 크게 벗어나지 않는다. 다만 이 글에서는 신라정신이란 그 범주가 막연한 관념세계나 추상적 허구만은 아닌 고대 신라인들의 샤머니즘적 현실과 유교적 역사성에 의한 현실태였다는 점과 이현실의 생활양식 속에 들어 있는 정신체계로서 토속적 샤머니즘과 불교정신 그리고 도교의 노장사상 들의 요소를 갖고 있다는 점을 말하고자 한다. 이에 대한 논증은 물론 앞으로 논의 과정에서 밝혀질 것이다. 동시에 신라정신은 어디까지나 현대인의 사회현실에 투시되어 문학적 상상에서 구현된 것이라는 점도 간과해서는 안 된다. 그리하여 문학적 상상의 소산인 이 정신의 가치를 알아보고자 하는 것이 이 글의 궁극 목적인 것이다.

따라서 토속적 샤머니즘, 불교정신, 노장사상 이들의 공통점은 모두 오늘의 문명을 낳게 한 서구적 합리주의와 분화된 과학적 사고를 부정하는 동양정신으로 볼 수 있다.6) 물론 이것은 오늘의 문명과 이를 있

---

4) 문덕수, 〈신라정신에 있어서의 영원성과 현실성〉, 『현대문학』, 1963. 4.
5) 김윤식, 〈역사의 예술화─신라정신이란 괴물을 폭로한다〉, 『현대문학』, 1963. 10

게 한 과학적 실용주의 사조가 팽창되기 이전의 정신체계에 대한 향수에서 비롯된 것으로 인간과 자연, 현실세계와 영적세계, 삶과 죽음 등의 관계를 분화시키고 단절된 것으로 보지 않는 사고방식이었다. 그런데 이러한 원시적 사고방식 속에도 여기에 서구적 합리주의의 지혜가 그대로 살아 있었다는 현실성과 과학성을 감안하여 서정주는 이를 '신라인의 지성'이라고 한 바 있다. 신라정신에 관한 위의 논의를 종합 정리하면 다음과 같다.

먼저 통합적 세계관이다. 여기에는 영원성과 현실성 공존의 사고방식이 그 중 하나다. 이는 샤머니즘이나 불교라는 현실적 바탕 위에 이 속에 함의되어 있는 시간적 영속성이 합쳐진 개념으로 죽음과 삶의 연계성 곧 죽음도 삶의 연장으로 보는 영생의 사고방식이다. 그리고 인간과 자연 합일 곧 천인합일의 사고방식이 또 하나다.

다음은 서구적 합리주의와 분화된 과학적 사고를 부정하는 정신이 그것으로 위에서 논의된 대로이다. 물론 이 둘은 한 연장선상의 개념이지만 논의의 편의상 구분한 것이다.

그러면 여기서 이러한 개념은 어떠한 모습의 문학적 상상으로 상징화되는지를 본다.

　　뭇 벌과 나비들이 어우러져 날아드는
　　新羅山野의 자욱한 꽃밭 위에
　　언제나 이를 구버보고 게시던 크낙한
　　꽃 한송이가 피어있다고 생각하는 것은

---

6) 물론 샤머니즘은 우리 조상들에게만 있은 고유의 것은 아니다. 따라서 동양의 정신만도 아니다. 그것은 세계적으로 고대인들의 생활양식에 널리 분포되어 있기 때문이다. 그러나 동양에 없는 것도 아니다. 지역과 민족에 따라 그 양태가 달리 나타나는 토속성을 갖고 있다는 점을 염두에 두고(이후에도 이 글은 이 관점에서 쓰여짐), 여기서는 불교와 노장사상과 함께 편의상 이렇게 칭한 것이다.

얼마나 큰 기쁨인가.

그 지닌 향기는 너무도 높아, 어느
벌 나비도 다을수없는 곳에
으젓한 꽃 한송이가 호올로 피어있었다고 생각하는것은
얼마나 큰 기쁨인가.
自身의 사랑을 위하여서는
그 서러운 영혼의 位置에
다만 별 바래기 瞻星臺를 이룩했을 뿐이면서도……

한낱 풀꽃같은 게집애의 외오침에도
늘 귀 기우려 救援의 손을 뻗치시고,
나라 안의 홀어미와 홀애비들에게는
그들의 외로움을 달래여 柴糧도 보내시고

당신은 그가 누군줄도 모르면서도
당신이 그리워 미쳤다는 志鬼와 같은 사내에게는
당신의 수레 뒤를 뒤따르라고도 하시고,

또 그가 石塔아래 잠이 들어 누었으면 그 混濁한 가슴위에
그 尊嚴한 聖骨王者의 팔찌도 벗어 놓으시고

항시 빙그레 웃으시고,
유-모러스 하시고,
맨 뒤에 이승을 하직하실 날도, 묻히실 하늘도,
미리미리 유리속처럼 환하게 아시던 님!

오- 千三百年은 오히려 가까웁네.

善德女王같은 이가 이나라에 살고 있었다고 생각하는 것은
얼마나 큰 기쁨인가.

　서정주의 시 〈선덕여왕찬善德女王讚〉 전문인데 이 시에서 시적 화
자의 메시지는 선덕여왕에 대한 숭앙과 흠모의 마음이지만, 이것은 시
인이 은연중 선덕여왕의 예지叡智와 혜안慧眼 나아가 그녀가 영성靈
性과 영통靈通도 함께 갖추었음을 말하려는 의도까지도 갖고 있음을
알 수 있다. 이러한 작품 내적 진실이 시적 퍼스나로는 '찬양'으로 표
현되고 있는 것이다. 이러한 영적인 성질 또는 영적인 통함은 이미 그
자체가 샤머니즘과 불교와의 관련성을 내포하고 있다.
　그녀는 '크낙한 꽃 한송이'로 비유되었기에 감히 '벌 나비도 닿을 수
없는 곳'에 있었고, '자신의 사랑'을 하늘을 향하는 '영혼의 위치'에다
두면서 '별 바래기 첨성대'도 이루고, 민초들의 소리에까지 귀기울여
'구원의 손을 뻗치'고, 여성이었던 자신을 그리워하다 미쳤다는 '志鬼
와 같은 사내'에게는 '당신의 수레를 뒤따르라고도' 하고, 그러면서 신
라산야를 항시 '굽어보면서' 또 '빙그레 웃으시는' 모습, 마침내 죽음과
묻힐 하늘까지 훤히 내다본, 이 모두가 그녀의 영통 때문이었다. 이러
한 영성과 영통을 미당은 신라의 시적 상징으로 나타내고자 했던 것이
다. 이러한 영통은 오늘날과 같은 서구의 과학과 합리주의의 분화된 사
고방식에서는 나올 수 없는 것이다. 이것은 천·지·인의 혼융과 그리
고 자연과 인간의 합일이라는 통합적 사고방식에서만 가능하다는 미당
의 생각이었다. 신라정신을 '자연'과 '무위' 그리고 '도'라는 개념으로
연관지을 수 있는 단초도 실은 여기서 마련된다고 할 수 있다.
　따라서 시적 상상으로서의 신라정신은 샤머니즘, 불교정신, 도교의
노장사상의 세 측면으로 나타나는 것으로 요약 정리될 수 있다. 앞서

말했듯이 본고의 주요 논점은 신라라는 소재로써 상징화되어 나타나는 이러한 사상들이 오늘의 관심사인 생태주의의 요소를 갖고 있다는 점이다. 그렇다면 이러한 사상들이 왜 생태주의적 요소를 갖고 있는지를 알기 위하여 먼저 생태주의의 일반적 성질과 이것이 현대시에 어떻게 상징화되고 있는가를 알아볼 필요가 있다. 그리하면 왜 신라정신이 생태주의적 요소를 갖고 있는지의 근거가 마련될 것이기 때문이다. 그런 연후에 신라정신의 생태주의적 요소들을 구체적으로 밝히는 것이 논의의 바른 순서일 것이다.

3. 문학생태학과 그 시적 의미

문학생태학(Literary ecology)이란 용어가 처음 등장한 것은 1974년 간행된 미국 비평가 조셉 미커(Joseph W. Meeker)의 『생존의 희극(The Comedy of Survival)』이라는 비평서에서이다. 우리나라 학계 특히 비평계에서 문학생태학, 생태주의 문학, 녹색문학, 녹색시학, 생명시학 등의 용어가 등장하게 된 것은 삶의 질 문제가 환경오염과 생태계 문제로 이어지면서 이것이 문학에서는 1980년대 후반 페미니즘문학 논의와 맞물리면서 자연스럽게 문학에 흡수되기 시작하였다.[7] 우리나라에서는 90년대초 이념대립구도의 종말과 함께 1990년 『창작과 비평』에서 '생태계의 위기와 민족민주운동의 사상'이라는 기획좌담란을 게재하면서부

---

7) 환경문제나 생명사상은 에콜로지컬 페미니즘(Ecological feminism) 즉 에코페미니즘이라는 이름의 여성 운동에서 1980년대부터 제기되었는데, 1979년 미국 스리마일 섬의 원자력 발전소 사고를 계기로 1980년 600여명의 여성들이 모여 '여성과 지구의 생명 1980년대 에코페미니즘 회의'를 개최하면서 기존의 남성중심 사회의 붕괴를 목표로 한 여성운동과는 다른 국면의 여성 운동이 일어나게 된 것이 그것이다. 즉 생태계의 파괴와 핵에 의한 지구의 멸망 위험은 여성의 신체나 성을 억압해 온 남성이 유지해온 가부장제에 그 원인이 있다고 역설하게 된 것이다.

터 시초가 열리기 시작하여 이후 1991년 8월 환경생태운동시집이란 부제가 붙은 『새들은 왜 녹색별을 떠나는가』라는 합동시집이 간행되고, 이어 대구에서 환경종합무크지 『녹색평론』이 창간되는 등 본격적인 논의와 관심이 일기 시작하였다.

대구에서 1991년 말 『녹색평론』을 창간한 김종철은 그 창간사에서 "오늘날 우리가 경험하고 있는 전대미문의 이 생태학적 재난은 결국 인간이 진보와 발전의 이름 하에 이룩해온 이른바 문명, 그 중에서도 특히 서구적 산업문명에 내재한 논리의 필연적 결과로서 사회적, 인간적, 자연적 위기라는 사실을 명확히 인식하는 것이 무엇보다 중요하다" 라고 하면서 서구중심의 진보와 발전의 논리와 산업문명이 생태학적인 총체적 위기를 초래했다고 진단했다. 그리하여 이에 대한 대안은 "하늘과 땅의 이치에 따르는 농업중심의 경제생활을 창조적으로 복구하는 것과 같은 생태학적으로 건강한 생활을 조직하는 일밖에 다른 선택이 없다"[8]고 단언한다. 21세기가 열리는 이 즈음에 새삼 신라정신을 들고 나오는 것도 여기에 이 생태주의의 요소가 있기 때문이다.

이 생태주의가 특히 시에서는 생태시, 환경시, 생태환경시, 생명시 등의 다양한 명칭으로 쓰이고 있기도 한데 이 문제는 여기서 논외로 한다. 그러면 일단 생태주의의 개념 정리를 위하여 다음의 표를 참고할 필요가 있다.

---

8) 김종철, 〈생명의 문화를 위하여〉, 『녹색평론선집1』(녹색평론사, 1993), p.14

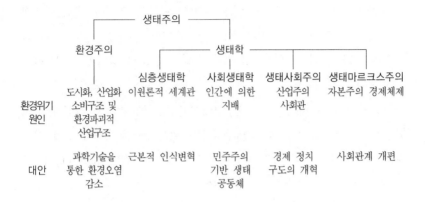

이 분류 자체는 어느 신문 기획 기사9)에서 발췌한 것으로 생태와 관련한 여러 참고문헌들에서 개념들을 종합 정리한 것으로 보아 상당히 신빙성이 있는 것으로 일단 판단된다. 이렇게 본다면 생태주의는 '환경'이나 '생태학'보다 큰 개념으로 '환경주의'를 합쳐서 일컫는 용어에 해당한다고 볼 수 있다.

그렇다면 생태주의는 어떠한 특성을 가지고 있는가? 한마디로 생태주의는 지구 생태계가 부분과 전체, 개체와 환경이 서로 깊이 연결되어 있는 유기적 통일체라는 사실에 깊이 뿌리를 박고 있다. 미국의 환경운동가이며 생태주의자인 배리 코머너(Barry Commoner)는 생태주의의 원칙을 네 가지로 밝힌다. 첫째, 모든 생물은 다른 모든 생물과 서로 깊이 연결되어 있다. 둘째, 모든 것은 어디론가로 자리를 옮길 뿐 이 세계에서 없어지는 것은 아무것도 없다. 하나의 분자에서 다른 분자로 그 모습을 바꾸어 생물체 안의 생명 과정에 영향을 끼치면서 모든 것은 다만 한 장소에서 다른 장소로 옮겨갈 따름이다. 셋째, 이것은 자연이 좀 더 잘 알고 있다. 즉 현재 생물의 조직 또는 자연 생태계의 구

9) 교수신문(81호, 1996. 1. 29) 〈생태주의 기획〉

조는 엄격하게 선별되어 이루어진 것이기 때문에 어떠한 새로운 조직이나 구조도 현재의 그것보다 더 낮지 않다는 의미에서 가장 최선의 상태에 있다. 그리고 넷째, 대가를 지불하지 않고서 얻어지는 것이라고는 아무것도 없다.[10]

따라서 생태주의 시도 이러한 생태계의 질서에 준거한 정신이 반영된 시가 되는 셈이다. 즉 생태주의라는 넓은 개념이 시에 스며 있는 것을 말하는데 이는 포괄적 개념이므로 '생태시', '환경시', '생명시' 등의 하위 개념들을 포괄하고 있는 것이다.

흔히 '생태'와 '환경'을 혼용해서 쓰기도 하지만, 이 두 용어는 그 지향점이 다른 개념에 속한다. '생태'가 총체 그 자체를 지향하는 개념이라면, '환경'은 '주위의 사정이나 상태'라는 의미의 인간중심적인 개념에 해당한다.[11] 다시 말하면, '환경'이라는 용어는 생태학적 세계관에서의 '생태'와는 달리 인간이 자연을 삶의 배경이나 수단으로 생각하는, 인간중심적인 용어인 것이다.[12] 따라서 환경시보다는 생태시가 생태학적 세계관에 입각한 용어라고 할 수 있다. 뿐만 아니라 오늘의 비평용어로도 '생태시'라는 용어가 일반적으로 훨씬 널리 쓰이고 있는 실정이다. 즉 생태시는 범박하게 '생태학'과 '시'의 합성어로서 생태의식을 일깨우고 생태학적 인식을 바탕으로 전개되는 시라고 할 수 있다.

이렇게 볼 때 생태시 뿐만 아니라 인간중심의 관점에 있는 환경시도

---

10) BarryCommoner, 『The Closing Circle: Nature, Man, Technology』(New York: Knopf,1971) pp.41~42 참조. 김욱동, 『문학생태학을 위하여』(민음사, 1998), p.33 재인용

11) '생태'란 용어의 의미를 이렇게 '있는 그대로의 총체'라는 식으로 규정해 놓고 보면 이 말은 노장사상의 중심 개념인 '무위(無爲)' 또는 '자연(自然)'과 상통하는 개념임을 알 수 있다. 즉 '인위적이지 않은' 또는 '스스로 그러한, 있는 그대로의 존재'라는 의미이기 때문이다.

12) 손일, <가이아 세계관과 환경문제>, 『현대의 새로운 패러다임과 인문학』(백의, 1994), p.206 참조

생태주의 시라는 용어에 포괄되는 것이다.

가령 노동시인으로만 알려진 박노해의 시 중에서 〈나는 왜 이리 여자가 그리운가〉라는 시를 보면, "여자없는 벽 속에서 오랜 세월 빛 바래가면 / 여자는 얼굴도 구별도 형체도 사라지고 / 오직 따듯하고 부드러운 흰 살로, 깊고 촉촉하고 아늑한 품으로, / 둥그스름한 젖가슴과 엉덩이 능선으로 안개 속 해처럼 떠오릅니다"라고 전제하고 "여자가 왜 남자보다 키가 작은지 아십니까? / 여자가 왜 남자보다 힘이 약한지 아십니까? / 자궁과 젖가슴을 집중해서 발육시키기 위해서입니다 / 다음 생명을 낳아 기르기 위해 / 키 크는 성장도 싸우는 강함도 멈춰주는 거지요 / 그렇습니다 미래를 낳아 기르기 위해서입니다 / 그래서 여자는 속이 깊고 부드럽고 따뜻하고 강인한 겁니다……// 미래를 낳고 기르기 위해 기꺼이 작아지고 낮아지는 사람아"라고 말한 시가 있다. 차디찬 감옥의 네 벽 속에서 밤을 보내며 여자의 온기를 그리워하다가 여자란 존재를 생명을 잉태시키는, 미래를 낳아 기르는 생명과 미래를 관장하는 생태적 존재로까지 미화시키고 있다. 처음의 '여자'는 단지 인간적 그리움의 대상이다가, 후반부에서는 여자를 그리워하는 것은 생명 잉태와 인간의 미래를 거머쥔 생명을 관장하는 거룩한 존재로서의 '여자'가 그립다고 하고 있다. 생명 자체의 거룩함을 노래한 생명시라 하겠다. 이렇듯 생태주의시의 영역에는 환경, 녹색, 생명 등의 용어 개념들을 함께 총칭한 것이라 하겠다.

따라서 이 글의 목적을 이루기 위하여 앞으로 논의될 시들은 신라와 관련되면서 이상과 같은 생태주의의 요소를 갖고 있는 것이 그 대상이 될 것이다.

4. 신라정신의 생태주의적 요소

이상의 생태주의와 생태주의 시의 개념 논의를 토대로 볼 때 앞서
밝힌 신라정신은 분명 이러한 요소를 내포하고 있다. 그것은 오늘의 생
태계 파괴의 위기를 가져온 직접적 원인이 서구에서 시작된 과학문명
과 이의 과도한 발달 때문이라는 점은 앞서 말한 바 있다.[13] 따라서
이를 항상 뒤에서 따라간 동양 쪽이 서양보다 훨씬 자연친화적 사고와
가까웠던 것이다. 그러다가 생태계 파괴가 심각한 문제로 대두되고 위
기감이 고조되면서부터 그 극복을 위한 해답을 찾다 보니 그 답은 바
로 동양정신에 있음을 알게 된 것이다. 특히 노장사상 같은 것이 그
대표적 예이고 불교정신 역시 마찬가지이다. 가령 불교의 화엄사상만
하더라도 모든 세상 만물은 각자 그 나름대로의 존재 의미를 가지며
생물 무생물 할 것 없이 그것대로 순환의 질서에 참여하며 조화를 이
루어 공존동생 하는 존재로 인식하는 세계관을 말하는 것이 그것이다.
　이렇게 볼 때 우리의 신라정신 또한 이 동양사상의 여러 요소들이
함께 어우러진 것이기 때문에 이것을 다음의 몇 가지 요소로 나누어
살펴보고자 하는 데에 이 글의 주안점이 있다. 먼저 우리의 토속적 샤
머니즘을 들고 다음으로 불교와 노장사상의 세 측면이 그것이다.

1) 샤머니즘적 측면에서 본 신라정신의 생태주의적 요소

샤머니즘의 특징은 제사장 곧 샤먼이 주재하는 제의 자체가 무아지
경의 초현실적 분위기가 조성된 상태에서 이루어지는 것으로 현실세계
와 영적 세계의 경계가 모호한 요소를 가진다는 점을 들 수 있다. 이

---

13) 미국의 역사생태학자 린 화이트(Lynn White)같은 사람은 오늘날 생태계 파괴로 인한 인
　류 생존의 위기를 초래한 근본 원인을 기독교적 세계관에서 찾고 있다. 기독교적 세계관
　은 인간을 창조의 중심으로 여김으로써 자연에 대한 태도가 어떠했는가를 단적으로 보여
　주기 때문이라는 것이다. 김욱동, 『문학생태학을 위하여』(민음사, 1998), pp.18~19 참조

런 관점은 곧 모든 사물에 영혼이 깃든 것으로 보는 것으로 이것은 삼라만상의 모든 사물을 하나의 생명적 개체로 인정한다는 사고에 기초하고 있다. 이 점이 곧 세상 모든 사물은 자연 생태의 법칙을 따르게 되는 생태주의의 요소라고 하겠다. 물론 샤머니즘 자체가 생태주의라는 논리는 비약의 소지를 갖고 있지만 모든 사물의 개체를 그대로의 혼이 깃든 존재로 인정하는 사실[14]을 두고 본다면 이는 분명 생태의 질서 파괴를 부정하는 요소라는 것이다.

이것은 역시 신라정신을 드러낸 대표적인 시인인 서정주의 시에서 찾아볼 수 있다.

> 노래가 낫기는 그중 나아도
> 구름까지 갔다간 되돌아오고,
> 네 발굽을 쳐 달려간 말은
> 바닷가에 가 멎어버렸다.
> 활로 잡은 山돼지, 매(鷹)로 잡은 山새들에도
> 이제는 벌써 입맛을 잃었다.
> 　아, 아침마다 開闢하는 꽃아.
> 네가 좋기는 제일 좋아도,
> 물낯바닥에 얼굴이나 비취는
> 헤엄도 모르는 아이와 같이
> 나는 네 닫힌 門에 기대 섰을 뿐이다.
> 門 열어라 꽃아. 門열어라 꽃아.
> 벼락과 海溢만이 길일지라도
> 門 열어라 꽃아. 門열어라 꽃아.
> 　　　　　－〈꽃밭의 獨白－娑蘇斷章〉 전문

---

14) 샤먼은 반드시 생물이던 무생물이던 그가 모시는 신주(神主)를 통하여 접신에 이르는 속성을 갖고 있기 때문이다.

이 시는 신라시조 박혁거세의 어머니 사소娑蘇가 처녀로 잉태하여 산으로 신선수행을 간 일이 있는데, 그가 떠나기 전 그의 집 꽃밭에서 독백한 것이라는 시인의 시 제재에 대한 해설을 붙여 놓았는데, 이 점으로써도 신라정신을 드러내려 했던 지은이의 의도를 엿볼 수 있다. 이 시에서 6행까지는 시적 자아인 사소의 인간세상에서의 한계를 읊고 있다. 그 이후부터는 새 세계의 열림을 위해 주문呪文을 외듯이 꽃이라는 한 사물을 향하여 부르짖고 있다. 이때 '꽃'은 새 세계를 여는 일종의 화두로서의 상징적 매체로서 자의적인 사물이다. 그래서 문이 열리면 미당의 말대로 꽃의 영혼과의 혼교가 이루어지는 것이다. 이렇게 본다면 이 시에서 5~6연은 무당이 되기 전의 신병神病상태라고도 볼 수 있고 이 이후는 접신하기까지의 고통스런 순간의 과정으로 볼 수 있다. 그래서 '벼락과 해일만이 길'이라고 단정하듯 외치고 있는 것이다.

이렇게 본다면 이 시는 굿에서 행해지는 한 부분적 요소를 갖고 있는 것으로 이해할 수 있다. 신라정신의 이러한 샤머니즘적 요소와 기법 속에서 인간의 한계를 엿볼 수 있고, 인간도 자연의 사물과 동일시되는 생태적 관점이 엿보이는 것은 흥미로운 일이다. '활로 잡은 산돼지, 매로 잡은 산새들에도 입맛을 잃'으니 이젠 더 이상 인간으로서의 속성을 잃은 상황으로서 자연의 사물과 동일시되는 인간 그리고 일반 사물들도 영적 존재가 되는 개벽된 새 세계는 생태적 세계라는 것으로 보는 것이다. 그리고 산돼지 산새 들을 잡아먹는 인간의 속성을 부정하는 관점도 마찬가지 생태적 요소인 것이다. '물낯바닥에 얼굴이나 비취는 헤엄도 모르는 아이' 역시 인간의 속성을 잃어버린 바보스런 자연적 존재로서의 아이임을 말하고 있다.

물론 자연 생태의 질서에 순응하고자하는 의지를 보인다든지 또는 생태계 파괴를 비판하는 의식을 보이는 '생태주의'라는 개념과는 차이가 있을 수 있다. 그러나 앞서의 말대로 인간을 일반 사물과 동일시하고 동시에 일반 사물도 존재 의미를 인정하는 관점이 '생태적' 관점이라는 것이다.

그리고 신라를 드러낸 미당의 또 다른 시 〈신라의 상품新羅의 商品〉은 '언제나 매(鷹)가 그 밝은 눈으로써 되찾아 낼수 있는 것', '솜같이 가벼운 것', '매의 눈에 잘 뜨이는 마당귀에다 놓여 있다면, 그 누가 사 간 사람의 집에서라도 언제나 매가 되채어 올릴 수 있는 것'이라고 전제하고 이 상품을 다음과 같은 구절들로 제시한다.

> 눈을 뜨고 봐라, 이 솜을. 이 솜은 木花 밭에 네 딸의 木花꽃이었던 것.
> 눈을 뜨고 봐라, 이 쌀을. 이 쌀은 네 아들의 못자리에 모였던 것,
> 모였던 것.
> 돌이! 돌이! 돌이! 삭은 재 다 되어가는 돌이!

신라의 상품은 오늘날처럼 공장에서 대량생산되는 인공 공산품이 아니라 있는 그대로의 자연상품으로서 '솜'과 '쌀'을 보여준다. 그런데 이 '솜'은 목화밭에서 목화 따는 신라의 딸의 목화요, 이 '쌀'은 신라의 아들이 일군 못자리에서 만들어져 모인 것이라고 하면서 자연 상품인 솜과 쌀에 신라의 딸과 아들을 결부시키면서 자연과의 합일을 이루어 내고 있다. 그러면서 "이 쌀은 네 아들의 못자리에 모였던 것" 하면서 "모였던 것"이란 말을 되풀이 하면서 뭔가 이상한 느낌으로 끌려들어가게 만든다. 그리고는 "돌이! 돌이! 돌이"라고 외친다. 마치 무당이 접신接神의 상태로 들어가는 과정을 보이는 것이다. 무당이 접신을 위해 그가 빌리는 다른 사물 곧 몸주(神主)를 타고 엑스터시의 상태로 들어가는 것을 볼 수 있다. 이른바 무당에게 신이 내리는 장면을

보는 듯하다. 이 시에서 '솜'과 '쌀'은 곧 시적 자아의 몸주인 셈이고 이 때 '돌이!'는 그냥 튀어나온 주문같은 방언放言으로 볼 수 있다.

이렇듯 신라정신의 샤머니즘성은 곧 자연과의 합일을 보여주는 것으로 곧 생태주의적 요소를 갖고 있다는 점이다.

이 외에도 미당의 시 〈경주소견慶州所見〉에서는 토함산에 올라 시적 자아가 선덕여왕릉을 통하여 황홀경에 빠져 "소리내어 깔깔거리고 웃으며/ 산가슴에 만발하는 철쭉꽃 밭이 돼 뒹굴기 시작했다"는 것도 역시 위와 같은 논리로 설명할 수 있어 이 역시 신라를 통하여 샤면의 모습을 보는 곧 시적 상상의 신라 속에 들어 있는 샤머니즘으로서 자연과 합일되는 모습으로서의 생태주의적 요소라 하겠다.

2) 불교적 관점에서 본 신라정신의 생태주의적 요소

신라가 불교국가였다는 것은 일반적인 상식이나 불교가 들어오기 전의 고대 신라는 또 어떠한 정신이었느냐는 문제를 제기하면 다시 복잡해 진다. 이 점은 여기서 논외로 하기로 하고 어떻든 신라정신은 불교가 전부가 아니라는 점만은 분명하다. 그러나 적어도 불교가 유입되고 법흥왕 이후 공인된 뒤부터는 국가적 이념으로까지 숭상된 것은 사실이다.

불교에서는 인간을 '중생'이라고 부르는 것부터 이미 생태적인 면을 갖고 있는 단적인 예다. 인간도 '짐승'으로서[15] 일반 동물의 한 종일 뿐이요 모든 동물의 중심이 아니라 그 일원이며 동시에 자연의 일원에 불과하다는 관점이기 때문이다. 불교의 화엄사상이 인간이 우주의 중심 존재가 아니라 자연의 일부로서 삼라만상의 만물은 모두가 그대로의 존재 의미를 갖고 그 역할을 하고 있으며 조화로운 우주의 질서 형성

15) 오늘의 '중생'이란 말이 15세기에는 '짐승'의 뜻으로 쓰였음.

에 참여한다는 요지를 갖고 있다는 점이 그것이다.

  신라를 가져온 현대시에서 이러한 불교적 세계관을 드러내는 것들을 본다. 신라를 나타내 시들 중 굳이 불교적인 색체를 가진 것을 가린다는 것이 쉬운 것은 아니나 여기 서정주, 김춘수, 정일근의 시를 통하여 볼 수 있다.

  그리움으로 여기 섰노라
  湖水와 같은 그리움으로,

  이 싸늘한 돌과 돌 새이
  얼크러지는 칙넌출 밑에
  푸른 숨결은 내것이로다.

  세월이 아조 나를 못쓰는 띠끌로서
  허공에, 허공에, 돌리기까지는
  부푸러오르는 가슴속에 波濤와
  이 사랑은 내것이로다.

  오고가는 바람속에 지새는 나달이여.
  땅속에 파무친 찬란헌 서라벌,
  땅속에 파무친 꽃같은 男女들이여. ─(중략)─

  이 싸늘한 바위ㅅ속에서
  날이 날마닥 드리쉬고 내쉬이는
  푸른 숨ㅅ결은
  아, 아직도 내것이로다.
            ─ 서정주, 〈石窟庵觀世音의 노래〉에서

죽음은 어떤 모양으로 왔던가?
눈을 감으며
한 손을 허공에로 젓는
그런 모양으로
아이들의 장난처럼 왔지, －(중략)－

(아내가 숨을 거두자 나는 정말 막막했다. 젖먹이는 아내를 따라 아
내가 숨을 거둔 지 열흘만에 숨을 거두었다. 왜 아니 슬프리오? 아내
와 어린 것을 낭산 허리에 묻고, 나는 또 맏이를 데리고 奏樂行脚으
로 나섰다. 그런대로 끼니를 이어가게 되었다. 나는 차츰 아내 없는
생활에 길들어 갔다.
세월은 흘러 맏이는 훌륭한 장정이 되어 제 구실을 하게 되었다. 내
가 그에게 얹혀 살게 되었다. 그러나 나는 이제 떠나야 하리. 맏이에
게 짝을 지어 주고 나는 내 길을 떠나야 하리. 그것이 저승길이 되더
라도 저승은 정다운 곳 나는 떠나야 하리.) －(중략)－

낭산을 멀리
알천을 건너
南山을 지나
어디로 간다고 정처도 없이
나는 가야 하리,

가야 하리,
이제는 마음 가볍게
가야 하리
구름이 물 위를 흐르듯이
가야 하리,
아내 곁으로 가야 하리,

이제야 이승의 밧줄은
다 끊었어라,
그 딴딴하던 밧줄은
이제야 끊겼어라,
물 위에 구름이 가듯이
이제야 어디든
東西南北 발 가는 대로
나는 가야 하리,
가다가 지치면 거기가 바로
내 잠들 자리,
내 누울 자리,
靑山은 참말로 아름다와라,

- 김춘수, 〈狼山의 樂聖〉에서

탑과 탑 사이로 난 시간의 문을 열고 오늘 저녁 그 마을로 寂滅하라
사랑아 네 속에서 내가 태어나고 내속에서 네가 태어나는 둥근 인연
여기서 끊고, 이제는 廻向해 龍華樹 아래 고요히 앉아라 사람들은
어머니 오른쪽 옆구리에서 다시 태어나고 그리하여 팔만 사천 살을
사는 사람들이 이웃하려니1)
세상의 물은 거울처럼 맑고 계절은 순조로워 백여덟 가지 질병이 사
라진 마을, 마을과 마을은 고이춤을 대고 이어져 닭 우는 소리 서로
깊숙이 들리려니 사랑아 용화수 아래 앉아 감은사지 빈 탑 속에 잠
든 내 이름을 불러 다오 대소변을 보려 하면 땅이 저절로 열리는 마
을, 자거 마노 진주 호박이 돌이 되어 뒹구는 마을로2)
지은이 주 1) 2) : 彌勒下生經에서 인용

- 정일근, 〈감은사지 · 10〉에서

첫 번째 미당의 시는 시적 화자인 석굴암 관세음보살의 독백형식으

로 되어 있다. 그러므로 이 독백은 불교에서 석가 다음의 성인인 관음보살의 말이요 이는 곧 부처님의 설법이므로 불교정신 그 자체인 셈이다. '돌과 돌 사이 엉컬어진 칡넝쿨 밑의 푸른 숨결'을 '내 것'이라고 말한다. 칡넝쿨 밑의 허공을 푸른 숨결이라며 空을 살아있는 존재로 생명화시킨 것은 불교의 공사상이 시적 자아에게 선연히 감응되는 것을 의미한다. 반야심경은 색色 곧 물질계의 모든 것은 곧 空이라는 깨우침을 설하고 있는 불경이기 때문이다. 그리고 오랜 세월에 티끌로 허공에 돌아갈 때까지 멀리 보이는 파도와 눈앞의 자연의 숨결과 합일됨을 말한다. '돌', '칡넝쿨' 시적 화자인 '나' 모두는 자연이라는 큰 범주의 일원으로 속해 있다. 이는 곧 신라 석굴암 관세음의 정신으로서 신라의 불교정신이 곧 생태주의적 요소를 드러낸 것이라고 본다.

김춘수의 〈낭산의 악성〉은 서장序章포함 모두 6부로 된 장편 서사시로서 '신라新羅 자비왕慈悲王 치세治世 낭산狼山 밑 어느 초옥草屋에서 이름없는 천민賤民을 부모로 하고 한 아이는 이승의 햇빛을 춘삼월에 눈부시게 받았도다'로 시작되는 백결선생의 일대기를 읊은 것으로 시적 상상에 의한 신라 당시의 배경이 주된 정조가 되어 전편에 흐르는데, 인용 부분은 '4. 저승과 이승ー사별死別' 중 일부이다. 가난으로 인하여 백가지 천조각으로 옷을 기워 입었다는 데서 그의 이름이 붙여졌다고 하였듯이 가난으로 인한 아내의 죽음의 도래를 '아이들의 장난처럼 왔다'고 하고 있다. 이는 죽음을 삶의 일상으로 가볍게 여기고 있음이요 또한 삶의 일부로 보고 있다는 세계관의 드러남이다. 그리고 백결의 독백에서 '저승은 정다운 곳'이라고 한 부분도 마찬가지 관점으로 볼 수 있다. 위 인용에서도 나타나듯이 가난을 초월하고 생사까지 초월한 신라인 백결의 세계관을 시인은 보여주려고 한 것이다. 서정주의 시에도 백결선생을 소재로 한 것이 있는데 여기서도 백결의 초월적 모습을 두고 '가난이 거문고 가락의 뒤를 졸래졸래 따라 다녔다'고 하고 있는데 이는 이 시의 관점과 유사하다. 그리고 인용부의 마지막에서 죽음의 묘사를 '이승의 그 단단하던 밧줄이 끊긴 후 물 위에 구름가듯이 잠들고 누울 자리 청산은 아름다워라'고 읊고 있는데 이 역시인간도 자연의 일부라는 천인합일관과 사후의 내세관 등은 불교의 화엄사상과 미륵사상의 요지인 것이다. 따라서 신라정신이 불교적 측면으로 드러난 것이요 생태주의적 요소라고 할 수 있다. 그리고 이 시는이 부분 외에도 이와 유사한 시공과 생사초월의 불교정신과 자연합일의 세계관이 곳곳에 나타난다. 이런 점들은 모두 신라의 악성 백결의세계관이 시인의 시적 상상에 의하여 발현된 것이다.

그리고 정일근의 〈감은사지·10〉은 미륵경의 내용 일부가 소재로된 시로서 '탑과 탑 사이로 난 시간의 문을 열고 적멸'하는 과정과(앞의 연), 그 이후 구현된 세상(뒤의 연)을 보이고 있다. 너와 나의 관계속에서 서로 태어나는 인연으로 얽힌 현세의 연을 끊고 용화수 아래어머니의 옆구리에서 태어난 미륵보살 그 후예들이 사는 미륵세상이구현되는 과정이 앞 연에서 나타난다. 그리고 적멸 이후의 세상은 신라당시로 돌아간 세상(시 속의 '마을'), 불국토가 구현된 세상이다. 이 시를 보면 '시간을 넘어 들어간' 신라를 두고 인간이 이상적인 내세로 희원하는 미륵세계로 상정되어 있다. '물이 거울처럼 맑고 계절이 순조로와' 자연질서에 순응하니 '질병이 끊긴 마을'이 되고, 인간이 일으키는소음공해 하나 없이 '닭 우는 소리 깊숙이 들리는 마을'이 되는, 그리고 '자거·마노·진주·호박' 등 값비싼 보석들도 '돌이 되어 뒹구는마을'로써 모두가 인간의 욕심이 전혀 개재되지 않은 즉 인간 중심의관점이 아닌 세상으로 나타난다. 이렇게 볼 때 감은사가 세워진 신라는'물' '계절' 그리고 동물인 '닭' 모두가 자연질서대로 운행되는 미륵불

국토의 모습으로 드러난다. 여기에서는 인간도 그 일부일 뿐이요 그러므로 인간 물욕의 상징인 보석도 그냥 '돌'로써의 존재일 뿐인 세상이다. 이것은 곧 적멸 이후의 내세관을 보이는 미륵사상에서 온 것이다. 따라서 이 시는 미륵사상의 형식적 틀 속에 화엄사상을 내포하고 있는 전형적 불교관의 시로써 이 속에 내포된 생태주의적 요소는 논의과정에서 충분히 언급된 바와 같다.

3) 노장사상으로 드러난 신라정신의 생태주의적 요소

앞에서 신라정신의 또 한 가지 요소로 도가의 노장사상을 들었다. 이 노장사상 또한 오늘날 생태주의의 핵심적 성질을 갖고 있다는 점이다. 노장사상의 핵심은 평범하게 그냥 도道라고 할 수 있다. 흔히 이를 도가道家의 사상이라고 하는 것은 이 때문이다.

따라서 노장사상의 핵심은 도요 도는 곧 자연이라고 노자는 말하고 있다. 이것은 노자의 우주관을 잘 보여주는 『노자』 제25장의 "인법지 지법천 천법도 도법자연人法地 地法天 天法道 道法自然"의 구절에 요약되어 나타나 있다. 그러면 여기서 자연이란 무엇이냐는 것인데 이 용어는 자연과학적 개념 이전의 문제임을 알게 된다. 이것은 『노자』 제51장의 "도지존 덕지귀 부막지명이상자연道之尊 德之貴 夫莫之命而常自然" 즉 '도가 높고 덕이 귀하면 (시키어)명하지 않아도 항상 스스로 그러하기 때문이다'라는 구절에서 볼 수 있다. 여기서 '자연'이란 '스스로 그러하다' 또는 '스스로 그냥 있는 것'이란 개념이기 때문이다. 즉 인위나 작위를 가하지 않은 상태로서 그냥 그대로의 존재인 것이다. 곧 '무위無爲'라는 개념과 상통한다. 『노자』 제63장의 "위무위 사무사 미무미爲無爲 事無事 味無味"의 '위무위'처럼 '아무것도 하지 않음을 행하는' 것이다. 이는 곧 생태주의가 '생태의 있는 그대로'를 지향하는 이념과 일치한다. 이에 노장사상 역시 생태주의 이념과 가장 근접해 있다 하겠다.[16] 이렇게 본다면 신라정신을 가진 시가 노장사상을 드러내고 있으면 이는 곧 생태주의적 요소를 가진 것으로 논증되는 셈이다. 정일근의 다음 시를 보자.

> 감은사에는 시작과 끝이 맞닿아 있고
> 삶과 죽음이 맞닿아 하나가 된다
> 굴러가는 시간의 저편으로 절은 세워졌다 사라지고
> 사라졌다 다시 세워진다
> 감은사에서는 오늘을 말하지 마라
> 흙은 불에 구워져 甕棺을 만들고
> 다시 부서져 흙으로 돌아간다
> 죽음을 담았던 그 흙 위로
> 또다시 풀은 자라고 풀꽃은 핀다
> 감은사에서는 사라지는 것이 탑은 아니다
> 탑은 그냥 서 있고 시간은 사라진다
> 시간이 집을 만들고 사랑을 만들고
> 시간이 집을 허물고 사랑을 깨뜨려 버리고
> 작은 금 사이로 사라진다
> 시간에 갇혀 흘러가는 사람들을 두고
> 감은사는 천년째 그 자리에 서 있다
>
> ─〈감은사지·7〉에서

이 시는 감은사지에서의 회고지정이 주된 정조로서 노장사상을 적극적 주제로 보이지는 않는다. 그러나 이 시의 주제인 시간의 의미 속에

---

16) 이는 물론 『장자』의 '逍遙'와 '風流'의 개념도 마찬가지인데 이에 대한 자세한 논의는 생략한다.

그 정신이 들어 있음을 볼 수 있다.

천년을 뛰어넘어 불변의 모습으로 한 자리에 서 있는 탑을 두고 시간의 의미를 통한 탑의 신성성과 영원성을 말하고 있다. 오랜 시간 속에서도 신라의 모습 그대로인 감은사탑의 존재 의미를 시인은 말한다. 그런데 이 시간의 의미 속에 변화와 불변의 사물들이 대비되고 있음을 본다. '흙이 불에 구워져 (시신을 담는 관이었던) 옹관甕棺이 되었다가 다시 부서져 흙이 되고 또 그 죽음을 담았던 흙 위로 풀이 자라고 꽃이 피는' 오랜 시간 동안의 무수한 변화 속에 변하지 않은 탑의 의미, 그것 때문에 시간이 정지되었다고 말한다. 그런데 여기서 좀 더 면밀히 살펴야 할 것이 이 시간의 의미이다. 즉 탑을 두고 볼 때는 정지된 듯하지만 실제로는 엄청나게 긴 시간이라는 의미를 갖고 있고 그것은 탑의 존재의미를 강조하기 위해서이기도 하다. 이 천년의 긴 시간은 자연을 수없이 변화시키기도 하고 반대로 이 탑에 만큼은 감히 범접하지 못하였든지 변화시키지 못했다는 것이다. 이렇게 볼 때 이 시간의 의미는 보다 확장된 의미를 생성한다. 즉 모든 자연 사물들을 변화시키기도 하고 또 돌로 된 이 감은사탑과 같이 신성한 것은 전혀 그렇게 하지 못하는 의미체로 노장사상에서 말하는 '그냥 있는 그대로' 또는 '스스로(自) 그러하도록(然)' 존재하게 하는 주체의 역할을 한다. 따라서 이는 '자연'이란 말로 대치될 수 있는 개념이 되는 것이다. 다시 말해 인위나 작위가 없는 그냥 그대로의 무위자연無爲自然의 의미를 내포하고 있는 것이다.

따라서 이 탑은 시간을 초월한 신라정신의 상징으로서, 이 신라정신은 탑에 신성성의 의미부여를 가능케 한 시간의 의미에서 노장사상의 무위와 자연의 의미를 내포하고 있는 것이다. 결국 이 시에 나타난 신라정신에 노장사상이 들어 있다는 것이고 노장사상이 생태주의적 요소를 갖고 있음은 앞서 논급된 바 있다.

이러한 관점은 정일근의 〈사랑의 약속 – 경주남산〉이란 시에서도 뚜렷이 드러난다. '시간이 내는 발자국' 앞에 세상에서 변하지 않는 것은 없어서 산도 바다도 둔갑을 하고 모습을 바꾸기 때문에 '지구별에서도 해마다 사막은 늘어나고 그리운 바다는 줄어들어' 가는 데 오직 '경주 남산 수리봉에서 보는 밤하늘의 별과 보름마다 제자리로 돌아오는 둥근 달'은 '약속하지 않아도 찾아오는 사랑'이요, '기다리지 않아도 돌아오는 약속'이라고 말한다. 앞의 시와 마찬가지로 변하는 것과 변하지 않는 것을 대비시키고 있는데 유독 경주 남산의 달과 별을 두고 변하지 않는 것으로 시인은 형상화시키고 있다. 곧 문학적 상상으로서의 신라정신이요 동시에 이것은 섭리에 의해서 그대로 두어도 스스로(自), 그냥 그대로 알아서 그러하듯(然)이 운행되는 노장사상의 무위와 자연의 개념이다. 이는 곧 인간중심의 세계관 즉 인위人爲가 아닌 생태주의의 요소라 하겠다.

이 외에도 신라를 노래한 서정주의 많은 시편들이 노장의 무위자연의 세계관을 보이는 것들이 있는데 이에 대해서는 본 논의에서는 생략한다.[17]

그리고 이러한 논의는, 물론 노장사상 전반의 충분한 해명 (특히 장자 부분)과 그 요지를 정리한 후 신라정신과의 관련성을 논증해야 할 것이나 여기서는 생태주의적 요소와의 관련성을 위한 논의이므로 이와 관련된 개념과 용어를 중심으로 논의를 국한시켰음을 밝힌다.

---

17) 필자 논문, 〈신라정신의 노장사상적 연구〉, 『국어국문학』123호(국어국문학회, 1999.3.15)에서 상론한 바 있다.

5. 맺음말

이 글에서 새삼스레 신라정신을 들고 나온 이유는 이 속에 오늘날 문명사회의 병리현상에 대한 치유정신이 들어 있기 때문이요 이 치유정신은 다름 아닌 생태주의 이념이기 때문이다. 즉 신라정신에 함의된 생태주의야말로 서구에서 시발된 과학문명에 의해 야기된 생태계 파괴를 극복하는 하나의 대안적 이념이 될 수 있다는 점을 이상의 논의를 통하여 시도해 보았다. 현대의 지성들이 인류 생존의 위기를 우려하면서 원시와 자연에서 답을 찾는 것과 오늘의 시인들이 생태문제에로 관심을 돌려 문제제기를 하는 것도 같은 맥락이다. 이 글에서 논의된 그 중 일부 시인들이 신라정신을 동경하고 추구하는 것도 마찬가지이다.

이러한 신라정신은 '영원성과 현실성 공존의 사고, 자연과 인간 합일의 세계관'으로서 곧 '통합적인 세계관'으로 요약되며 이를 달리 보면 서구적 합리주의와 분화된 과학적 사고를 부정하는 정신이기도 하다.

이렇게 볼 때 생태란 개념이 정리될 필요가 있는데, 이는 오늘날 흔히 쓰이는 환경, 생명, 녹색 등의 용어와 함께 혼동되어 쓰이고 있기 때문이기도 하다. 다 알듯이 생태주의란 매우 포괄적인 것이어서 환경, 녹색, 생명 등의 개념들을 모두 포함한다. 즉 이 하위개념들은 모두 인간의 입장에서 인간이 바라본 관점의 말이다. 이렇게 볼 때 생태란 크게는 우주의 모든 존재, 작게는 지구상의 모든 사물이 모두 원래의 모습과 역할 그대로 제자리에서 위치를 지키고 역할을 다하면서 유기적 관련을 맺으며 역동성을 가지며 존재한다는 관점에서 본 말이다. 이러한 관점은 곧 불교와 노장사상 그리고 토속적 샤머니즘에서 취하고 있다는 것이다.

따라서 이 글의 주 논점인 우리 현대시에서의 신라정신의 생태주의적 요소를 세 시인의 작품을 통하여 본 결과 다음과 같이 정리할 수 있겠다.

첫째, 샤머니즘적 측면의 신라정신이 생태주의적 요소를 갖고 있다는 것이다. 샤먼이 주재하는 제의 자체는 현실세계와 영적세계의 경계가 모호한 요소를 가진다는 점이다. 신라정신의 요체가 영원성과 현실성의 통합적 세계관이란 점은 이런 점을 두고 한 말이다. 이런 관점은 곧 모든 사물에 영혼이 깃든 것으로 보는 것으로 삼라만상의 모든 사물을 하나의 생명적 개체로 인정한다는 사고에 기초하고 있다. 이 점이 곧 세상의 모든 사물은 자연 생태의 법칙을 따르게 되는 생태주의의 요소라고 하겠다. 물론 샤머니즘 자체가 생태주의라는 논리는 비약의 소지를 갖고 있지만 모든 사물의 개체를 그대로의 혼이 깃든 존재로 인정하는 샤먼의 세계관은 분명 인간을 일반 사물과 동일시하고 동시에 일반 사물도 존재 의미를 인정하는 '생태적' 관점이라는 것이다.

둘째, 불교적 관점에서 보는 신라정신 역시 생태주의적 요소를 갖고 있다는 점이다.

신라가 불교국가였다는 점은 차치하고 일단 우리 현대시에 나타난 신라정신을 불교적 측면으로 이해 해석하는 점은 그리 어렵지 않다. 불교 반야경의 공사상, 화엄·미륵경의 화엄사상, 미륵사상 등은 모두가 인간중심적 관점이 아니다. 물질과 존재의 부질없음(空)과 삶의 영원성을 말하는 내세관(彌勒觀) 그리고 인간도 물질계의 일부에 불과하며 삼라만상의 만물은 그대로의 존재 의미를 가지며 조화로운 우주의 질서 형성에 참여한다는 華嚴사상 등으로 모든 갈래의 사상들이 그대로 오늘의 이른바 생태주의적 사고의 근간를 이루고 있기 때문이다. 서정주, 김춘수, 정일근 등의 시들은 모두 그 문학적 상상이 이와 같은 사상적 바탕을 근간으로 이루어졌음을 보았다.

셋째 노장사상으로 드러나고 있는 신라정신도 생태주의적 요소를 갖고 있다는 것이다. 노장사상의 핵심은 도인데 이 도는 곧 자연이요 자연은 곧 무위라는 개념으로 이어진다. 즉 '자연'이라는 말은 원래 '스스로 그러한' 또는 '그냥 그대로 있는'의 뜻으로 시간적 존재의 흐름에 그대로 맡겨져 코스모스적 조화와 질서에 의해서 운행되는 상태를 말한다. 인간에 의해 이루어지는 인간 주체의 관점이 아니라는 것이다. 그리고 '무위'의 개념 역시 '작위' 또는 '인위'가 아닌 '아무 것도 하지 않는' 것, '아무것도 하지 않는 속에서 행하여지는 것(爲無爲)'이란 뜻으로 볼 때 이 역시 '자연'의 개념과 상통하는 곧 생태주의의 관점과 일치한다는 것이다.

신라정신은 이상의 세 가지만은 아닌 복합적이며 통합적 인식방법으로서의 세계관이다. 그러나 큰 줄기를 간추린다면 이렇게 볼 수 있다. 이 세 관점은 적어도 생태주의 또는 생태적 자세를 견지하고 있다고 하겠다.

Ⅴ. 현대시에 나타난 신라정신의 패러디 양상

1. 희극미의 몇 측면 : 풍자, 해학, 조롱, 비꼼

예술에서의 희극미 즉 골계미는 객체가 주체보다 나약하고 비소할 때 주체 쪽에서 가질 수 있는 여유에서 발생한다[1]는 것이 미학에서의 일반적 견해다.

원래 골계의 미적 본질은, M.S 까간이 지적한 바와 같이 실재적인 것과 이상적인 것의 충돌이 있을 때 이상적인 것의 편에서 본 입장[2]으로서, 실재적인 것의 부당함이나 부도덕을 부정하거나 폭로하거나 비판하는 데 있다. 즉 현실과 이상, 미와 추, 고상한 것과 비천한 것 사이의 모순과 불일치의 결과라는 것이다.

골계의 유형 중 일반적으로 큰 비중을 차지하고 있는 '풍자Satire'는 날카로운 현실 인식의 결과 부당하고 모순된 현실 개선을 목표로 하여 건설적 의도를 가지고 인간의 우둔함과 악덕을 폭로하고 공격하는 것이다. 반면 '해학Humour'은 프로이트에 의하면 외부상황에 의한 자극과 그로 인한 고통의 감정을 웃음Wit으로 넘기면서 자아를 손상시키지 않고 지키는 데에 본질이 있다고 한다. 따라서 풍자는 공격성의 골계

---

1) 조동일, 〈미적 범주〉, 『한국사상사대계』1권(성균관대학교 대동문화연구원) 참조
2) Moissej Kagan, 『Vorlesungen zur marxistisch-leninistischen Ästhetik』(Berlin, 1975), 진중권 역(새길, 1998), pp.205~206

요, 해학은 방어성의 골계다. 이를 조동일은 사나운 골계, 부드러운 골계라고도 하였다. 가령 대상이 주체보다 힘과 지혜에서 형편없이 약할 때 우리는 흔히 '갖고 논다'는 말을 하는데 이런 경우의 '조롱Ridicule', '비꼼Sarcasm' 등이 그것인데 이를 묶어 여유에서 나오는 '해학'이라고 할 수 있을 것이고, 반면 대상이 힘은 강하나 도덕적으로 타락했거나 파렴치할 경우 이를 비판하고 폭로하는 공격성 골계가 '풍자'라는 것이다. 패러디란 이상과 같은 의도와 목적들을 가지고 기존의 것을 인용하여 글쓴이 나름의 기법으로 사용하는 문학적 기법을 말한다.

이 글은 현대시의 패러디 현상들이 이 골계의 미 곧 웃음[3]을 동반하고 있다는 점을 주목하는 데서 출발한다. 이 패러디의 책략으로 '풍자', '해학', '전통 지속의 진지한 패러디' 등이 이에 참여한다.[4]

이런 관점에서 볼 때 현대시에 나타난 신라정신[5]의 패러디 양상은 크게 두 갈래로 볼 수 있다. 하나는 신라의 소재를 가져와서 신라의 정신에 견주어 오늘날 현실의 부정적 요소들을 폭로하고 비판하는 풍자를 의도한 것이고 또 하나는 비판으로서의 목적보다 이 신라의 훌륭한 정신을 본으로 하는 전통에 대한 향수 또는 이것의 보존과 지속의 의도를 가진 것이 그것이다. 이렇게 볼 때 패러디의 기능을 지금까지

---

3) 여기서의 '웃음'은 골계, 해학, 유머, 희극미, 웃음 등을 아우르는 개념으로, 이것이 쾌감과 정화를 동반하는 것은 사실이지만 여기에도 비정한 것과 다정한 것이 있어 도덕적으로 순기능과 역기능이 있다. 이와 관련한 웃음의 개념에 대하여서는, 김대행, 『한국시가연구』, 이화여대출판부, 1991, p.355, 엄국현, 〈한국고대가요와 어릿광대의 세계〉, 『한국문학논총』20집, p.183 참조 요망.

4) 물론 이 중 '진지한 패러디'를 웃음이라고 볼 수는 없다.

5) 신라정신에 관한 자세한 논의는 졸고 '신라정신의 노장사상적 연구'(「국어국문학」123호, 1999.3)를 참조하기 바라며, 이를 범박하게 요약하자면 인간과 자연, 현실 세계와 영적 세계, 삶과 죽음 등이 혼융된 신라인들의 세계관이자 사고방식이다. 이는 분화된 과학주의가 아닌 통합적 인식방법으로서의 세계관인데 구체적으로 샤머니즘, 불교정신, 노장사상, 등을 바탕으로 하고 있다. 다시 말해 하늘을 숭배하는 정신이요 하늘 숭배는 곧 자연의 이치를 따르는 정신이며 이 정신은 불교정신, 노장사상 등에 폭넓게 수용되어 있으나 자세한 논의는 생략한다.

큰 비중으로 즐겨 사용했던 전자보다 후자 쪽으로 새로운 분석틀을 마련하기 위한 것이 이 글의 최종 의도이다.

이 글은 이러한 패러디의 유형을 보이면서 이 중 신라와 관련된 소재 및 그 정신이 현대시 속에 어떠한 양상으로 나타나는가를 살필 것이며 아울러 이것은 오늘의 우리에게 부정적 현실에 대한 각성을 통하여 현실을 개선하고자 하는 건설적 의도를 가지게 하는 것을 아는 것도 의미 있는 일로 여겨진다.

2. 현대시에서의 패러디 모습과 골계

패러디란 예부터 중요한 문화전승이나 학습의 방법으로 있어 왔던 것이다. 동양의 문학 기법으로 예로부터 있어 왔던 용사用事나 인용引用, 인유引喩, 모방과 같이 시간적 공간적으로 이동되어 다른 것과 서로 영향을 주고받는 일은 넓은 의미의 패러디로 볼 수 있다. 이렇듯 기성의 것을 가져다 쓰되 여기에는 반드시 어떤 의도나 책략을 가지고 있게 마련인데 이러한 것은 모두 패러디의 범주에 든다고 볼 수 있다. 즉 과거의 원전(pre−text)들을 모방하되 현대의 예술 작품에서는 주로 풍자의 의도를 가지고 베끼는 경우가 일반적이지만, 알고 보면 전부 그것만도 아니라는 것이 본고가 궁극적으로 말하고자 하는 바이다. 즉 해학으로 기능하기 위한 것 또는 과거에의 향수나 전통 보존을 위한 패러디도 얼마든지 있다는 점이 그것이다.

앞서 말했듯이 풍자와 해학은 웃음을 내포하기 때문에 골계의 미에 들어간다. 그런데 여기서 원전이 반드시 문학작품일 필요는 없고 일체의 기성품이 모두 패러디의 대상이 된다. 이렇게 본다면 패러디의 범위는 한없이 확대된다. 특히 현대시에 패러디된 대중문화 장르는 영화, 신문의 만화나 기사, 대중가요, 무협지, 상업광고 등 대중문화 장르의 전 영역에 걸쳐 있다. 그래서 패러디는 인유, 아이러니 까지도 포괄한다. 가령 아이러니도 패러디의 한 형식[6]인 이유는 다음의 시조를 통해 알 수 있다.

> 북천이 맑다커늘 우장없이 길을 나니
> 산에는 눈이 오고 들에는 찬비로다
> 오늘은 찬비 맞았으니 얼어잘까 하노라
>
> — 〈임제〉

임제는 조선 중종 때의 학자이다. 여기서 찬비는 기생 한우의 패러디이다. 이 시조는 기생 한우(寒雨)를 인유로써 패러디하여 새 의미를 생산코자 하는 의도를 갖고 있다. 그리고 '얼어잔다'는 것은 표면상으로는 찬비를 맞았으니 몸이 언 채로 오들오들 떨면서 잘 수밖에 없다는 논리이지만 이 속에 내포된 실질적인 뜻은 오늘밤 기생 한우를 만났으니 두 몸을 꼭 얼어 안고 따뜻한 체온을 나누며 자겠다는 것으로 정반대의 의미가 된다. 이처럼 기성의 소재를 가져와서 패러디한 자의 책략 즉 표면적인 뜻과 실질적인 뜻과의 차이를 드러내 보이는 아이러니를 실현해 보이고 있다. 따라서 이 시조도 삶의 여유 즉 시적 주체의 우월함에서 나온 골계미를 보인 패러디요 그 하위 범주의 아이러니인 것이다.

그리고 오래 전 많은 문학도들에게 읽힌 〈법률 춘향전〉이란 텍스트도 이러한 아이러니가 드러난 〈춘향전〉의 패러디이다. 내용인 즉 고소설 〈춘향전〉의 여주인공 춘향은 조선조 열녀의 상징으로서 많은 사람에게

---

6) 허천(Linda Hucheun)은 아이러니도 패러디 담론의 한 책략으로 참여한다고 했다. Linda Hucheun(김상구, 윤여복 옮김), 『패러디이론』(문예출판사, 1995) 참조

옹호되어 왔다. 그러나 〈법률 춘향전〉에서는 춘향을, 기생으로서 당연히 해야 할 양반 변사또의 수청을 거절하였으므로 이는 기생의 본분을 어긴 것으로 직무유기죄에 해당한다는 당대의 관습법으로 바라본 뒤집어 읽기의 논리가 그것이다. 여기서 고소설 춘향전과 현대 에세이 법률춘향전 사이의 거리에서 법만능주의가 되어버린 오늘의 각박한 세태를 풍자하려는 의도를 가지고 있음을 알 수 있다. 이러한 패러디를 통한 풍자에서 우리가 지을 수 있는 웃음은 여유의 웃음이 아니라 '쓴 웃음'이라는 점이다. 그리고 대중문화의 인유를 통한 패러디의 예를 하나 보자.

한 쌍의 남녀(얼굴은
대한민국 사람이다)가
사막을 걸어가고 있다

한 쌍의 남녀(카우보이
스타일의 모자를 쓴 남자는
곧장 앞을 보고 ─ 역시
남자다, 요염한 자태의 여자는
카메라 정면을 보고 ─ 역시
여자다)가 사막을 걸어가고 있다

이렇게만 씌여 있다
동일레나운의 광고
IT'S MY LIFE ─ Simple Life(심플하다!)

Simple Life, 오, 이 상징의
넓은 사막이여
사막에는 생의 마팍에 집어던질

돌멩이 하나 없으니―

―오규원, 〈그것은 나의 삶〉 전문

이 광고시는 TV에 나오는 '동일레나운의 광고'의 광고문안과 영상을 그대로 언어로 담아낸 패러디시이기도 하다. 시작품의 제목인 '그것은 나의 삶'은 바로 이 광고 문안의 일부 'IT'S MY LIFE'를 그대로 가져온 것이다.

따라서 패러디는 기성품의 모방일지라도 어떤 의도를 가진 전략으로서의 모방이다. 따라서 패러디는 전략적 모방의 성격이 짙고 이것 자체가 이미 창의적 요소를 갖고 있다 하겠다. 그러므로 참다운 의미의 패러디에는 표절이란 것이 끼어들 수 없다.

그런데 예에서 보았듯이 지금껏 패러디는 이러한 풍자나 아이러니에서 나타나는 거리와 차이를 즐기고 비꼬는 태도가 주류인 것처럼 여겨져 왔고 또 많은 문학작품이 이런 태도를 취하고 있는 것도 사실이다. 이러한 비판적인 쪽으로만 오늘날 패러디의 기능이 치우치다 보니, 이런 사정에 힘입어 묵인되는 표절, 발빠른 이미지 조작과 변형 그리고 문화산업의 손쉬운 생산과 복제기술로 그 기능을 떨어지게 하여 건설적 기능을 위장한 저급 문화를 부추기는 온당치 못한 역기능을 초래한 점도 없지 않다고 보는 것이다.

그러나 패러디의 목적은 결코 이런 것만은 아니라는 점은 앞서 말한 바 대로이다. 그것은 패러디가 비꼼과 조롱조만이 아닌 순기능으로서의 과거 원전에 대한 향수나 전통의 지속성과 보존의 의도가 목적인 것도 많다는 점이다. 신라의 희극미가 앞서 말한 부드러운 골계에서 나오는 여유의 웃음도 많이 있듯이 현대시에 패러디된 신라의 모습도 이러한 문화전승과 창조를 위한 핵심 방식으로서의 '진지한 패러디'로 기능하3

고 있다는 점은 흥미로운 사실이다.

이 연구에서는 현대시에서 신라를 패러디한 것들 중 패러디의 이러한 두 측면을 나누어 살펴보고자 한다.

3. 풍자 의도로서의 패러디 — 사나운 골계

신라와 관련된 소재를 현대시에 패러디하고 있는 것 중에서 폭로, 야유, 비판 등을 목적으로 한 풍자의 모습을 보이고 있는 시들을 중심으로 보기로 한다. 이런 시들은 주로 과거의 전거를 패러디의 대상(pre－text or source－text)으로 하여 패러디한 작품(target－text)을 통해서는 주로 비판의 기능을 수행하면서 웃음을 통한 정화의 기능도 함께 수행하려는 의도를 갖고 있다. 물론 여기서의 웃음은 부드러운 골계의 해학이 아닌 사나운 골계에 해당된다.

> 술취한 處容 씨(33세. 울산시 남구 개운동)가 공업탑로터리에서 춤을 춘다. 그의 아내는 일주일째 집에 돌아오지 않고 있다. 이 도시의 상징인 푸른 작업복은 누런 때에 찌들었으며 어린 아이와 늙은 어머니는 오늘 저녁도 라면으로 끼니를 때웠으리라. 달 밝은 그날 밤 야근을 하지 않고 돌아온 것이 잘못이었을까. 疫神같이 건장했던 그 사내를 용서한 것이 잘못이었을까.

공업화로 일찍 시든 그의 청춘 때문인가. 하루하루 몸은 야위어 가고 다달이 월급봉투는 기름져 갔다. 검은 강은 입안부터 썩어 가 구취를 풍기고 떠나간 물고기와 새들은 다시 돌아오지 않았다. 누구는 호텔 나이트클럽에서 전라의 춤을 추는 아내를 보았다고 했다. 누구는 노래

방에서 노래 부르는 아내를 보았다고 했다. 누구는 憲康王을 따라 서라벌로 도망가는 아내를 보았다고 했다.

> 處容 씨가 춤을 춘다. 슬픔으로 수그러진 어깨와 탄식으로 늘어진 소매를 가진 處容 씨가 마침내 흐느낀다. 얼굴 가득 피어나는 열꽃들을 견디지 못해 흐느끼며 춤을 춘다. 자정 지나자 저마다 열병으로 일그러진 얼굴을 한 수많은 處容들이 기다렸다는 듯이 몰려 나와 춤을 추고, 거대한 이 도시가 밤마다 기어 나와 어기적어기적 함께 춤춘다.
>
> — 정일근, 〈취재수첩 · 16 − 處容의 도시〉 전문

이 시는 기자 신분을 가진 시인의 취재수첩에서 소재를 가져온 형식을 취하고 있는데, 매일 힘든 노동에 지친 한 근로자 가장의 일상과 바람난 아내의 가출을 취재한 형식을 취하면서 처용설화를 패러디하고 있다.

원래 처용설화의 처용은 약자로서 아내를 빼앗긴 것이 아니라 아내를 침범한 역신을 옭아매기 위한 미인계를 사용했던 계략자 곧 트릭스터로서의 처용이었다는 견해도 있다. 나아가 처용의 진면목은 미인계라는 계략에 그치는 것이 아니라, 아내를 빼았겼음에도 불구하고 분노하지 않고 춤추며 물러난 데 있다는 것이다.[7]

이러한 신라 처용의 여유로서의 부드러운 골계[8]가 이를 패러디한 오

---

7) 엄국현, 〈한국 고대가요와 어릿광대의 세계〉, 『한국문학논총』 제20집, 1997.6, p.207.
처용을 신과 인간의 양면성을 가진 존재로 보기도 하는데, 그를 통해 용왕의 아들이라는 '신'의 측면과 동시에 미녀와 급간이라는 벼슬에 회유되어 인간세계로 넘어온 '인간'이며, 탈속한 '초인'이자 무력한 '체념자'이기도 한 모습이 그것이다. 그래서 복합적이고 다층적인 의미망 속에서 그 정체를 다양하게 해석할 수 있는 베일 속의 인물로 볼 수 있다. 이 모호성이 바로 끊임없는 질문과 상상력의 원천이 되기도 한다.(황도경, 〈우리 시대의 처용〉, 『한국 패러디소설 연구』, 국학자료원, 1996, p.56 참조)

늘의 이 정일근의 시에서는 공업화와 환락에 빠져든 현대사회를 풍자하기 위한 사나운 골계로 사용되고 있다. 다시 말해 원전에서의 해학이 패러디 작품에선 풍자를 위한 전략에 변환되어 이용되고 있다.

여기서 가출한 근로자의 아내는 처용설화 속 처용의 아내에 견주어지고 불륜 관계를 맺어 아내를 가출케 한 '건장한 사내'는 처용설화의 역신에 견주어지고 있으며, 마지막 연에서 흐느끼며 춤추는 처용씨는 처용설화 속에선 여유만만 했던 처용이 이 시에서 풍자의 전략을 위하 변환되어 견주어진 것으로 원전의 처용이 패러디된 것이다.[9]

궁극적으로 처용설화를 패러디한 이 시의 의도는 이런 비극을 있게 한 현대사회의 도덕 타락과 쾌락주의 그리고 공업화에 의해 병들어 가는 삶의 환경을 풍자하기 위한 것이다. 그리고 시의 말미에 보이는 현대의 수많은 처용들이 몰려나와 군무를 추는 절정의 장면은, 쾌락의 유혹에 넘어간 부도덕한 아내로부터 버림받은 처용씨를 위로하는 살풀이의 춤이다. 그러면서도 쾌락을 즐기는 오늘날 우리의 자화상을 유흥가 밤무대 곧 나이트클럽의 풍경으로 패러디한 시인의 의도도 숨어 있다.

이상 처용설화의 패러디는 그 자체가 쓴웃음 비극적인 웃음을 가진 풍자 책략의 패러디인 셈이다. 왜냐하면 쾌락추구라는 '실재'와 도덕성 추구라는 시적 진실의 '이상'과의 충돌을 통하여 이상적인 입장에서 실재적인 것을 폭로한 골계의 본질에 부합되기 때문이다. 다만 여기서는 이상적인 것이 패배한 경우이므로 비극적인 웃음인 셈이다.

그리고 희극(comedy)이란 것도 원래는 내용상 갈래로 볼 때 슬픔(비극)을 극복하기 위한 방책으로서의 건강한 웃음을 본질로 한 것이 그 갈래의 하나 속에 들어있기도 하기 때문에, 희극 중에는 슬픔을 바탕에 깐

---

8) 미적 범주론에 의하면 골계미는 주체가 객체보다 우위에 있을 때 발생한다는 것이 일반적 견해이다.

9) 이는 동양 고전시학의 환골탈태론에 있어 환골 쪽에 해당된다고 볼 수 있다.

웃음 곧 비극적인 웃음이 많다. 김춘수의 연작시 〈처용단장〉을 보자.

바다가 외종일
새앙쥐같은 눈을 뜨고 있었다.
이따금 바람은 閑麗水道에서 불어오고
느릅나무 어린 잎들이 가늘게 몸을 흔들곤 하였다.
(:유년의 공간적 배경 묘사임 — 필자주. 이하 괄호 속의 주석은 모두 필자주임)

                       − 〈처용단장 Ⅰ의 Ⅰ〉에서

삼월에도 눈이 오고 있었다. (:지금껏 경험해 보지 못했던 새 세계의 열림)
눈은 라일락의 새 순을 적시고 (:라일락의 새순이 눈에 적셔지듯이 유년
시절의 시적 자아가 전혀 새로운 세계를 접함)
피어나는 山茶花를 적시고 있었다. (:눈이 피어나는 산다화를 적시듯이
시적 자아의 유년의 세계가 점차 새 세계의 인지체계들로 형성되어 감)
미처 벗지 못한 겨울 털옷 속의
일찍 눈을 뜨는 남쪽 바다,
그날 밤 잠들기 전에
물개의 수컷이 우는 소리를 나는 들었다.
(:성장기의 퇴행적 과거와 새 세계와의 갈등에서 오는 번뇌?)

                       − 〈처용단장 Ⅰ의 Ⅱ〉에서

壁이 걸어오고 있었다.
늙은 홰나무가 걸어오고 있었다. (:붙박이인 '벽'과, 변함없이 항상 같은
곳에 있던 '늙은 홰나무', 이들은 모두 지금까지의 타성으로 볼 수 있음)
한밤에 눈을 뜨고 보면
濠洲 宣敎師네 집
回廊의 벽에 걸린 靑銅時計가
겨울도 다 갔는데

검고 긴 망또를 입고 걸어오고 있었다. (이상 4행:일상 기억 속의 호주
선교사네 청동벽시계가 깜깜한 한밤중에 난데없이 망토 입은 모습으로 걸어
오듯이 꿈같은 상황의 연속처럼 유년기의 새 세계와의 경험과 만남들?)
내 곁에는
바다가 잠을 자고 있었다
잠자는 바다를 보면
바다는 또 제 품에
숭어새끼 한 마리 잠재우고 있었다. (:새 세계의 사고는 열렸으되 여전히
기존의 세계는 기존 관습과 체계대로 평온한 과거의 세계로 존재함)
다시 또 잠을 자기 위하여 나는
검고 긴
한밤의 망또 속으로 들어가곤 하였다.
(이상 3행: 시적 자아는 이미 성장하여 현재의 새 세계에 몸담고 있지만 편
안하고 익숙했던 기존의 세계로 넘나들기도 함. 또는 두 세계 사이의 갈등)
바다를 품에 안고 (:바다는 시적 자아의 모성, 안식처)
한 마리 숭어새끼와 함께 나는
다시 또 잠이 들곤 하였다.

─〈처용단장 Ⅰ의 Ⅲ〉에서

거슬리긴 하지만 편의상 행의 오른편에 주석을 붙였는데, 이 시에서
이미지 서술은 알고 보면 이 주석과 같이 유년의 정신적 성장과정의
경험과 겹쳐짐을 알 수 있다. 긴 연작시의 일부를 옮긴 것인데 작품
속에서 처용은 그 어디에도 나타나지도 언급되지도 않으면서 제목이
'처용단장處容斷章'인 것을 보면 지은이가 처용을 패러디로 삼고 있을
개연성이 있는 건 분명하다. 이 점은 '처용'을 제목으로 드러내고 있는
그의 다른 시들 즉 〈잠자는 처용〉, 〈처용〉, 〈처용삼장〉 등도 모두 마찬
가지이고, 이들 시보다 먼저 씌어진 시인 김춘수 자신의 유년시절을 형
상화하고 있는 소설 〈처용〉 역시 마찬가지이다.

고대설화 속의 처용은 원래 용의 아들이라는 신적 존재에서 인간화 과정을 거친 이후 아내를 빼앗기며 새 세계에서 부딪히는 갈등을 경험하기도 하고, 그러면서도 그는 다시 욕심 없고 초탈한 인간의 사표로서 인간의 신화(神化)를 이루도록 유도하는 존재이기도 하는 우리 안에 살아 꿈틀거리며 존재라는 점을 상정하면 이해될 만하다. 다시 말해 시속에 숨어 있는 시적 자아의 성장과정의 새 세계와의 만남과 경험에서 오는 갈등은 바로 처용의 인간화 과정에서 겪는 갈등과 겹쳐짐을 알 수 있다는 것이다.

따라서 위의 시는 인간화과정에서 갈등하는 모습으로서의 처용이 패러디된 것으로 김춘수의 이미지시라는 새로운 시적 영역 확장을 위하여 사용된 실험적 의도를 가진 기존 시의 기법들을 비꼬기 위한 패러디라고 할 수 있다.

즉 이 시에서는 바다와 함께 자랐던 유년시절의 암울하면서도 환몽으로 가득 찼던 추억이 의미가 제거된 채 돌발적인 단어의 연결에 의한 장면 이미지만으로 전개되고 있는데, 이것은 시인 김춘수 개인의 성장기인 유년시절의 사회화 과정에서 열리는 새로운 의식세계와 가치체계로 말미암아 기존 관념과의 사이에서 오는 어리둥절함, 그리고 과거적 자아에의 정체와 새로운 자아에의 진보 사이의 갈등을 경험하는 과정들이다. 이 점은 Ⅰ의 Ⅱ와 Ⅰ의 Ⅲ에서도 단적으로 드러난다. 이것은 곧 바다를 떠나 인간화 과정을 거친 이후 새로운 인간세상에서 경험하고 갈등했던 설화 속의 처용의 의미망과 겹쳐지는데 다만 이 시에서는 이러한 유년의 경험과 갈등을 직접 인유하지 않고 무의미시의 시도라는 측면에서 '묘사'만으로 보이고 있기 때문에 직접적인 패러디로 드러나지 않는다는 것일 뿐이다. 결국 처용을 패러디하여 지은이의 유년의 과정의 모습을 드러낸 시인 것이다.

그러면 여기서 이런 특이한 방법으로 패러디를 시도한 지은이의 의도가 무엇이냐는 것인데 그것은 자신의 새로운 시 장르의 실험을 위하여 기존의 시들을 거부하기 위한 희화戲化를 위해서라고 볼 수 있다.

그러나 김춘수의 또 다른 시로서, 서사시라고 이름 붙여 백결선생의 일대기를 시화한 〈낭산狼山의 악성樂聖〉이라는 직접적인 패러디시도 있다. 이 역시 신라 거문고의 악성 백결선생의 일대기를 묘사로서의 이미지 연결만으로 이루어진 패러디시인데 여기서의 논의는 생략한다.

이와 같이 김춘수의 시에 패러디된 신라의 소재는 관념을 형상화하는 대부분의 기존 시들 곧 은유 상징으로 점철된 형이상시(Metaphycal poetry)를 부정하기 위한 좀 특이한 의도하에 이루어진 것이다. 그의 시적 지론인 의미 제거의 무의미시(Physycal poetry)를 구현하기 위한 제재로써의 패러디이고, 사물의 기존 의미를 제거하여 이미지 자체가 목적인 이미지시의 구현을 위하여 새로운 인식의 틀을 마련하기 위한 소재로서의 패러디인 셈이다. 즉 자신의 유년시절 갈등과 새로운 경험의 기억을 서술하기 위해 인간화 이후 갈등하는 신라의 처용을 제목만으로 패러디하고 있다. 이것은 무의미시의 실험에 기존의 시들을 비꼬기 위해 희화적으로 패러디된 경우라 하겠다.

따라서 관념 표현의 도구로서 존재해 왔던 기존의 시들을 비판적 관점에서 그 어리석음을 깨우치고 폭로하려는 건설적 의도가 숨어 있는 풍자로서의 패러디라 할 수 있다. 이런 류의 풍자 속에는 시적 기법의 실험을 위한 슬기의 측면이 강하기 때문에 기지(機智, wit)의 성격을 가진 것으로 보인다. 다음 김수영의 시도 이런 풍자적 패러디를 보인다.

聖俗이 같다는 元曉大師가
텔레비에 텔레비에 들어오고 말았다

배우이름은 모르지만 大師는
大師보다도 배우에 가까웠다

그 배우는 食母까지도 싫어하고
신이나서 보는 것은 나 하나뿐이고
元曉大師가 나오는 날이면
익살맞은 어린놈은 活劇이 되나하고
조바심을 하고 食母아가씨나 가게
아가씨는 연애가 되나 하고
애타하고 元曉의 염불소리까지도
잊고 ― 罪를 짓고 싶다

돌부리를 차듯 서투른 元曉로
분장한 놈이 돌부리를 차고 풀을
뽑듯 罪를 짓고 싶어 罪를
짓고 얼굴을 붉히고

罪를 짓고 얼굴을 붉히고 ―
聖俗이 같다는 원효대사가 텔레비에 나온 것을 뉘우치지 않고
春園 대신의 原作者가 된다

宇宙時代의 마이크로웨이브에 탄
元曉大師의 敏活性 바늘 끝에
묻은 罪와 먼지 그리고 模倣
술에 취해서 쓰는 詩여
　　　　　　　　　―〈元曉大師―텔레비를 보면서〉에서

　어쩌면 진짜 원효를 모독하는 것일 수도 있는 텔레비전 속 원효의

모습을 보니 '나'도 갑자기 서투른 원효로 분장하여 원효를 모독하는 죄를 지을지라도 미친 척하고 원효대사의 흉내를 내어보고 싶은 충동을 보이는 모습이 시의 뒷부분에 나타나고 있다.

속(俗)으로 들어온 민중불교의 창시자 원효를, 배우가 분한 원효를 TV 속에서 보면서 참다운 원효대사를 생각하게 되고 역시 TV 속의 원효는 '大師보다도 배우에 가까'울 뿐이라는 현실 풍자가 첫 장면이다. 성과 속을 동시에 추구한 인물이어서 그런지 드디어 TV에 까지 나오게 되고 보니 역시 배우일 수밖에 없는 속세의 현실은 곧 TV가 모든 인물까지 만들어 내고 있는 우스꽝스런 현실을 비꼬는(sarcasm) 태도를 시적 자아가 취하고 있다. 이것은 TV가 우리 생활 깊숙이 개입되어 있는 현실을 성찰하자는 의도인데 여기서 현실 개선을 목적으로 현실을 비판 공격하는 풍자의 본질을 발견한다.

이렇듯 성을 추구하면서 속을 지향한 이중적 의미의 원효라는 신라의 인물을 패러디하여 우리의 현실을 풍자하고 있고 또 이 TV 속과 같은 이중적 의미의 아이러니가 우리의 현실이라는 사실을 깨우치기도 한다. 그러면서 시적 자아는 아무래도 이 희화적인 현실을 그냥 보고만 있지 못해서 이를 극복하는 길은 자신도 '서투른 원효로 분장하여' 미친척하고 '죄를 짓'는 길밖에 없다는 충동적인 생각을 하는 것이다. 그래서 '춘원 대신' 엄숙한 '원작자가 되'기도 하며 술에 취하기도 하는데 이 모두가 원효를 패러디한 현실 풍자가 아닌가.

결국 성과 속을 함께 추구한 신라의 원효대사는 현대시에서 현실 비판의 풍자로 패러디되고 있는 것이다.

4. 향수와 전통 지속성의 패러디

1) 해학으로 드러남 – 부드러운 골계

앞서 말했듯이 해학은 여유의 웃음이요 방어성의 골계이다. 즉 받아넘기는 여유의 웃음으로써 부드러운 골계에 해당한다. 따라서 이 해학은 풍자와 같이 폭로나 비판의 의도를 가진 패러디라기보다는 원테스트(가령 신라)에의 향수와 이것에의 지속성을 의도한 패러디의 일종에 해당된다.

이러한 여유로서의 해학은 신라를 패러디하여 오늘의 현실 비판을 의도한 것이라기보다는, 이렇듯 여유로웠던 신라인의 정신에 대한 향수와 전통지속성의 의도를 가진 것이라는 점이다. 그렇다면 앞 항목의 풍자로서의 패러디도 과거의 훌륭한 신라정신을 패러디하여 오늘의 우리 현실을 비판하고 있으니 이것 역시 향수와 전통지속의 의도를 가진 패러디가 아니냐는 반론이 있을 수 있는데, 이 점에 대하여서는, 풍자의 의도를 가진 패러디의 경우는 그 자체가 단순한 신라에의 향수나 그 지속성을 의도한 것과는 구분되어 근본 목적이 비판을 위한 것이기 때문에 이것과는 변별이 이루어질 줄로 안다. 즉 비판정신을 가진 것과 전통지속성을 가진 것과는 직접 시를 보면 그 근본목적에서 자연스레 변별이 되어질 것으로 보인다.

다음의 시에서 이 점이 드러나리라 본다.

> 바겐세일 레코드 상점을 찾아 맨하탄으로 나갔다
> 지금이라면 원효도 지하철을 탔을 것이다
> 우리처럼 빈 손이었을 것이다
> (거지의 마음
> 그 견딜 수 없이 가벼운)

지하철을 내려 地上으로 올라와
헐렁한 주머니에 손을 찌르고
慶州 거리보다 계속 직각으로 뚫려 바람이 세찬 長安거리를
한없이 작고 가벼운 존재가 되어 걸었을 것이다.
  － 황동규, 〈견딜 수 없이 가벼운 존재들〉에서

　조직사회라는 외부상황의 억압으로부터 사회역사적 상황의 중압, 체제나 이데올로기의 중압에서 해방되는 방법으로 성과 속을 초월한 신라의 원효를 택하여 패러디한 것이다. 외부상황의 자극과 그 고통을 여유의 웃음으로 받아넘겨 자아를 지키려는 방어성 골계 곧 해학의 본질에 부합되는 것이다. 즉 신라 때 원효의 거리낌 없는 선적禪的 자유의 정신을 패러디한 것인데, 앞서 김수영의 시에서 보았듯이, 성속을 함께 추구한 원효의 정신에 대한 향수 혹은 전통지속의 의도 하에 이렇듯 현대인의 일상성 속으로 끌어들여 삶의 중압감을 받아넘기는 선적 분위기로 시화한 것이다.
　이렇듯 현대시에서 신라를 패러디한 것 중 과거 신라의 훌륭한 정신적 전통의 지속과 이에 대한 그리움을 드러내는 시로서 해학으로 드러나는 것들을 찾아내면 더 많이 있을 것이나 이 정도로 줄이기로 한다.

2) 원전에의 진지함으로 드러남 - 진지한 패러디

　여기서의 진지한 패러디는 '부드러운 골계'의 해학과 여유의 웃음이라기보다는 원전에 대한 향수와 전통 지속성을 의도한 패러디를 말한다. 따라서 이는 원전 또는 원전의 정신 그 자체에 대한 그리움을 드러낸다든지 또는 이를 본받자는 것이든지 또는 이에 대한 지속과 계승의 의도를 갖고 있는 그런 진지한 경우가 그것이다.
　따라서 이런 경우의 패러디는 원전을 가져다 쓰되 비판을 위한 풍자

또는 방어성의 해학 등을 위하여 변형시킨 것이 아니라 원전 본래의
정신 그 자체에 대한 지속성의 의도를 가진 것이므로 이를 진지한 패
러디라고 할 수 있다는 것이다. 앞서 말했듯이 패러디라고 해서 모두
골계가 있는 것은 아니기 때문이므로 이는 진지한 패러디라 할 수 있
다. 동시에 이 점도 본고의 한 가지 논점이기도 하다. 이는 특히 서정
주의 시에서 가장 많이 볼 수 있으며 다음과 같은 시에서의 패러디 양
상은 이와 같은 진지한 경우에 해당한다.

> 新羅사람들은 무엇이든 그들이 하는 일에 하늘의 빛을 섞어 하기를
> 좋아했습니다.
> 新羅 第八代 阿達羅王 때에 비단 옷감을 유난히 잘 짜던 延烏와
> 細烏 夫婦가 日本으로 가고 나니 新羅의 햇빛이 한동안 흐려졌더라
> 는 이얘기가 전해져 내려오고 있는 것도 다 그것을 말하고 있는 겁
> 지요.
> 그 햇빛이 흐려지고 있는 걸 못 견디어서 日本으로 延烏와 細烏를
> 찾아가 그들이 주는 생명주 한 필을 받아다가 迎日灣에서 해 앞에
> 바쳐놓고 祭祀했더니 겨우 하늘의 햇빛이 제대로 밝게 비치기 비롯
> 했더라는 것도 물론 '하늘의 빛도 그걸 빛낼 만한 자의 빛낼 만한
> 일을 통해서만 우리한테 와 있는 것이라'는 檀君 어룬 때부터의 우
> 리 風流의 마음을 또한번 잠시 번뜩 드러내 보이고 있는 것이고 …
> ㅡ「三國遺事」卷一, 延烏郎 細烏女 條 參考
> ㅡ서정주, 〈新羅風流 1〉 전문

신라 이야기를 수없이 인유한 미당의 시들 중 하나다. 미당 시의 신
라정신을 일반적으로, 인간과 자연, 현실세계와 영적세계, 삶과 죽음 등
의 관계를 분화시키고 단절된 것으로 보지 않는 통합적 인식 방법으로
서의 세계관[10]이라는 관점에서 볼 때 이 시도 이런 세계관이 배어 있

는 시다. 이 시에서 '풍류'라는 말은 이런 천·지·인의 통합적 세계
관을 '드러내 보이고' 있는 것으로 시 자체에서 서술되고 있는 대로이
다. 즉 '하늘의 빛을 섞어 일하기를 좋아한 신라 사람들'과 그 대표적
인 예로 연오와 세오를 들면서 이야기하고 있는 것이 그것이다.

따라서 이 시는 신라인의 이러한 정신을 흠모하는 신라적 전통 지속
에의 의도를 가진 진지한 패러디라고 볼 수 있다.[11]

이 외에 미당의 신라 패러디에 관한 시들은 그의 시에서 전 생애에
걸쳐 지속된 것으로 쉽게 찾아낼 수 있지만 여기서는 다음 예시와의
대비를 위해 위의 것을 택했다.

이러한 인유를 통한 패러디를 보이고 있는 미당의 시들 중 풍자의
패러디인지, 해학 즉 부드러운 골계로서의 패러디인지 또는 전통 지속
성의 진지한 패러디인지의 구별은 시에 따라 달리 파악될 수 있을 것
이고 이에 대한 것은 미당시에서만 별도로 다루어야 될 또 하나의 과
제이므로 여기서는 생략한다.

그 남자를 묻은 팔월에 눈이 내렸다
팔월 무雪에 붉은 나무들 차가운 잎을 달고
서라벌은 알 수 없는 기이한 슬픔에 잠겼다
…(중략)…
金入宅들은
빛을 잃고 향가 소리 그쳤다
가끔 천지가 어두워지고
하늘의 별들 꼬리를 물고 떨어졌다

---

10) 필자의 앞 글 〈신라정신의 노장사상적 성격〉 참조
11) 이 외에 〈善德女王讚〉, 〈娑蘇 두 번째의 便紙 短篇〉, 〈雨中有題〉를 비롯 시집 『학이
    울고 간 날들의 시』에 실린 많은 시편들이 대체로 이런 류의 것들이다.

왕의 근심 깊어가듯 연못들은 말라가고
여름에는 가뭄이 겨울에는 장마가 계속됐다
마침내 나라의 모든 슬픔의 우물 말라
한 남자의 죽음이 한 여자를 거둘 때
감은사 쌍탑이 하나가 되는 것을 보았다
삶과 죽음이 한 몸이 되는 것을 보았다
　　　－ 정일근, 〈감은사지 · 8 － 哀莊王 末年 戊子 八月 十五日에
　　　　　　　　　　　　　　눈이 내렸다. 三國遺事〉

　차기 왕이 된 헌덕憲德 흥덕興德 두 숙부에게 시해된 비운의 왕 삼
국유사 속 哀莊王의 일화를 진지한 패러디로 보인 것이다. 천륜은 곧
하늘의 이치이기에 이를 어겼을 때 어떠한 재앙이 내려지는가를 시인
의 상상력으로 재구성한 시로서 하늘의 뜻을 중시하는 천인합일의 신
라인들의 사고방식을 보이려 한 것인데 이는 곧 오늘의 현대인이 본받
을 정신이라는 점에서 전통지속의 진지한 패러디인 것이다.

　팔월에 눈이 내리는 기이한 일기 현상은 하늘의 뜻이었기에 더불어
이와 일체되어 살던 신라인들에게는 이것이 곧 여러 재앙으로 나타날
수밖에 없었다는 신라인의 세계관을 보여주고 있다. 앞의 미당의 시에
서도 하늘의 변괴와 관련된 연오랑 세오녀 설화를 통하여 신라인들의
사고와 세계관을 보인 바 있는데 정일근의 이 시 역시 이와 동일한 제
재를 갖고 있다. 뿐만 아니라 주제 면에서도 신라인의 통합적 세계관을
말하려했다는 점에서 이는 앞의 서정주 시와 일치되고 있다.12)

　원로 시인과 젊은 시인의 시세계가 신라라는 제재 속에서 거의 같은
주제와 분위기의 정서로 만나는 것은 우연이 아니다. 이것은 우리 민족

---

12) 이 외에도 정일근의 시집 『처용의 도시』와 『경주 남산』에 실린 상당수 시들이 이와 같
　　은 소재와 주제를 갖고 있다.

에 있어 신라라는 역사적 정신적 실체는 시대와 인물을 달리할지라도 어느 때 어느 곳에서 같은 모습으로 드러날 수밖에 없는 신라라는 저변의 정체성 때문인 것이다. 정일근의 또 다른 시를 보자.

> 탑은 달을 꿈꾸었는지 몰라
> 버려진 세월의 뱃속 가득 푸른 이끼만 차고
> 邊方의 돌들의 이마는 시나브로 금이 갔다
> 그 금 사이 무심한 바다가 들여다보곤 돌아갔다
> 千年 전 바람은 피리구멍 속에 잠들었고
> 신화는 유사 행간 사이 숨어 버렸다
> 문득문득 사라진 절의 풍경소리 들리고
> 항아리마다 칠월 보름달이 떠오를 때
> 저기 사랑하는 신라여인이 긴 回廊을 돌아간다
> …(중략)…
> 천년의 사랑아 내가 너를 안을 수 있다면
> …돌 속에 묻힌 혀는 무겁기만 한데
> …(중략)…
> 어허 탑마다 즐거운 滿月이다
> 내가 탑이다
>
> ─〈감은사지·1〉에서

문무왕과 김유신의 우국정신이 나라의 환란을 잠재우려 현현했다는 만파식적설화를 패러디 하되 풍자나 비꼼을 위한 것이 아니라 과거 신라에 대한 회고와 상상력을 통한 향수를 드러내면서 선조들의 정신에 대한 소중함과 신라정신의 정체성을 일깨우고자 하는 진지한 의도를 가지고 있음을 알 수 있다. 감은사지 변방 돌들은 시나브로 금이 가고 그 사이 무심한 바다가 들여다보고 갈 정도로 세월의 간극은 우리를

무심하게 만들었고, '천년 전 바람'은 만파식적의 '피리구멍 속에' 지금
껏 잠들어 있으며, '신화는 삼국유사의 행간 사이에 숨어버렸'듯이 천
년이라는 세월의 안타까움만을 더한다는 시적 자아의 술회다. 이리하여
'탑마다 즐거운 만월'을 꿈꾼다. 여기서 신라의 부활을 꿈꾸는 패러디
한 자의 의도를 볼 수 있다.

그런데 일반적으로 이러한 경우를 패러디로 보는 것을 다소 의아하
게 여겨지는 이유는, 현대에 오면서 패러디의 경향이, 주로 1차 환경인
자연을 버리고 2차 환경인 문화를 주대상으로 삼아 '후기자본주의의
문화 현상'을 '풍자'하는데 치중하여 일반적 경향이 흘러 버렸기 때문
이다. 원래는 이런 후기자본주의적 문화현상이 아닌 '원전(과거적 전
통)'에의 '향수와 그것의 지속성'을 드러낸 경우도 모방과 인유를 통하
여 패러디한 자의 의도를 드러내고 있으면 이는 당연히 패러디에 해당
하는 것이다. 그것은 용사, 인유 등의 기법이 과거에도 이미 있어 왔기
때문이다.

요컨대 이러한 향수와 전통지속성의 의도를 가진 패러디는 웃음을
가진 풍자나 해학을 의도한 패러디가 아닌 진지한 패러디를 통해서 우
리를 깨우치고 있다는 사실이다.

5. 맺음말

적어도 오늘의 문학적 관점에서 필자가 본 신라정신은 인간과 자연,
현실세계와 영적 세계, 삶과 죽음 등이 혼융된 신라인들의 사고방식이
다. 이는 분화된 과학주의가 아닌 통합적 인식방법으로서의 세계관이고
이러한 신라정신은 현대시에서 다양한 모습으로 패러디 되어 드러나고

있음을 지금까지 보았다.

이 글에서는 신라 또는 그 정신을 패러디한 현대시들에서 그 패러디 현상들이 골계 곧 웃음을 내포하고 있다는 점을 일차적으로 주목하면서 '풍자', '해학' 등의 모습을 보이고 있다는 사실을 논의하였다. 아울러 이 패러디 양상은 골계 즉 웃음뿐만 아니라 과거의 훌륭한 정신의 지속과 계승의 의도를 가진 '향수와 전통 지속성'을 가진 것도 있어 이것은 지금까지의 패러디 논의에서 제외되어 있었던 것으로 더욱 주목해야 할 부분이라고 본다.

요컨대 이 패러디의 책략으로 풍자, 해학, 전통지속의 진지한 패러디 등이 이에 참여한다는 것이다. 물론 골계 곧 웃음을 드러내는 것에는 풍자와 해학만이 해당되며 향수와 전통지속의 패러디는 웃음을 동반하는 것이 아니므로 진지한 패러디라고 한 것이다.

여기서 '풍자'는 신라정신을 패러디하여 오늘날의 부정적 현실을 폭로 비판하는 데서 발생하는 '공격성의 웃음'이요, '해학'은 현실의 어려움과 고통을 여유의 웃음으로 받아넘기는 '방어성의 웃음'이다.

이런 전제들을 통하여 지금까지 논의한 신라정신의 패러디 양상을 정리하면 다음과 같다.

첫째, 오늘의 현실과 실재 대상에 대한 '풍자의 의도'하에 신라를 패러디한 경우가 그것이다. 여기에는, 신라인의 슬기와 그 정신을 패러디함으로써 오늘날 우리들의 우둔함과 악덕을 깨우치고 폭로하는 비판정신의 풍자를 수행함으로써 웃음의 골계미를 보여 준다. 즉 신라적 자아를 이상적인 것으로 상정하고 이 이상적 자아가 실재적 자아를 이기는 경우로서 주체가 객체보다 우월할 때 여유로운 상태에서 발생하는 미를 보여주는데 이는 사나운 골계의 측면이다.

둘째, 훌륭한 '옛것에의 향수와 그것에 대한 지속성의 의도'를 가진 신라 패러디가 그것인데, 여기에는 현실적 삶의 어려움과 고통을 넉넉한 여유로써 받아넘기는 방어적 성격의 골계 곧 웃음을 가진 부드러운 골계인 '해학'을 하나 들 수 있고, 또 하나는 웃음으로서의 골계라기 보다는 원전의 본래적 정신을 추구하는 진지함 곧 전통지속성 의도를 드러내는 '진지한 패러디'의 두 가지 양상으로 정리할 수 있다는 것이다.

Ⅵ. 신동엽 시의 여성성과 노자의 생태주의

1. 문제의 제기

신동엽의 시는 일반적으로 민족정신을 바탕으로 한 민중적 정서가 주를 이루고 있는 것으로 알려져 있다. 이런 면에서 그의 시는 1960~70년대 당시 군사독재에 대한 저항정신의 한 근거처로 작용하기도 했다. 이러한 저항과 투쟁정신의 모습으로 비쳐진 그의 민중적 민족주의가 묘하게도 여성성이라고 한다면 얼핏 논리상 모순인 듯이 보인다. 이러한 그의 시의 민중정서와 민족주의는 노자사상과 그 여성성을 모태로 하고 있다는 점을 상정하면 이 문제는 모순됨이 없이 자연스레 해소될 수 있다. 그것은 노자사상이야말로 모든 여성성의 한 모태사상으로 볼 수 있기 때문이다. 이 글의 논의점은 여기서 출발한다.

이렇듯 민족주의를 바탕으로 한 투쟁적 민중정서를 내포하고 있다는 신동엽의 시에 대한 일반적 인식은 사실 그의 시 세계가 인간 생활의 원초적 형태에 대한 부단한 관심으로 채워져 있음[1]과 무관하지 않다. 다시 말해 민족주의적 민중정서의 뿌리는 흙과 자연을 향한 인간의 원초적 그리움이라는 것이다. 이렇게 본다면 민족주의라는 그의 시정신은 결국 자연친화의 성향에서 나온 것으로 볼 수 있고 이것은 곧 자연과

---

1) 김종철, 『시적 인간과 생태적 인간』(삼인, 1999), p.163

땅의 여성성이란 이름으로 그리고 생태주의 정신과 닿아 있을 개연성
이 다분하다.

따라서 이 글은 신동엽 시의 근저를 관류하는 한 흐름을 여성성이란
이름으로 상정하고 이 여성성은 생태주의 정신과도 닿아 있다는 점을
논증하여 밝혀 보고자 하는 것을 목적으로 씌어진다. 아울러 이 여성성
의 사상적 원류는 동양의 노자사상에 닿아 있으며 이 노자사상은 생태
주의 정신과도 이어져 있음도 밝혀 보고자 한다. 결국 신동엽 시의 여
성성은 바로 노자사상과 생태주의 정신의 맥락 위에 서 있음을 밝히고
자 하는 것이 이 글의 궁극 목적이다.

이런 점들의 단초를 찾을 수 있는 것은 먼저 그의 시에 '흙', '대지',
'평야', '산천', '강산' 등의 땅과 관련된 말이 유난히 자주 등장하는 데
에서 알 수 있다. 대지와 그 질료인 흙은 곧 생명의 모태요 모성과 풍
요의 상징으로서 힘과 독재의 남성성과 대응되는 여성성의 표상이기도
하다. 아울러 이것은 노자적 자연의 대표적인 요소이기도 하다.

2. 민족주의의 근저와 노자사상의 여성성 그리고 저항성

1) 민족주의의 근저와 땅의 여성성

신동엽 시의 민족주의와 반외세 반폭력 정신의 모태는 알고 보면 인
간 본연의 생명 있는 문화에 대한 억누를 수 없는 동경과 인간생활의
원초적 형태에 대한 동경과 관심과 애착[2]이라고 할 수 있다. 신동엽에
게 있어 '인간 본연의 생명 있는 문화에 대한 동경'이란 시인의 삶의
현실이 '생명 있는 문화'를 억압하고 짓밟는 곳으로 인식되고 있기 때

2) 김종철, 앞의 책 같은 곳.

문이라고 볼 수 있다. 그것은 일차적으로 독재 권력의 폭력이며 다음은
이를 비호하는 외세이다. 아울러 이 둘을 비호하는 배경이 곧 서구 자
본주의이며 동시에 그 폐해가 낳은 문명이란 것이다. 그의 시에서 이
문명은 곧 폭력과 동일시되고 있다는 점이다. 그의 많은 시에 '쇠붙이'
로 상징되는 폭력은 다름 아닌 문명의 대리자이기도 하다. 그의 민족주
의의 뿌리는 폭력과 이와 상관되는 문명에 대한 저항에서 생성되었다
는 점이다. 이는 물론 문명에 대한 이유 없는 무조건적인 저항이라기보
다 '생명 있는 문화'를 짓밟는 문명에 대한 저항이다. 이 '생명 있는
문화'가 바로 오늘의 이른바 '생태'라는 것이다.

① 이 곳에선, 두 가슴과 그곳까지 내논
　　아사달 아사녀가
　　중립의 초례청 앞에서서
　　부끄럼 빛내며
　　맞절할지니

　　漢拏에서 白頭까지
　　향그러운 흙가슴만 남고
　　그 모오든 쇠붙이는 가라
　　　　　　　　　　　　　－〈껍데기는 가라〉에서

② 나비를 타고
　　하늘을 날아가다가
　　발 아래 아시아의 반도
　　삼면에 흰 물거품 철썩이는
　　아름다운 반도를 보았지

그 반도의 허리, 개성에서
금강산 이르는 중심부엔 폭 십리의
완충지대, 이른바 북쪽 권력도
남쪽 권력도 아니 미친다는 평화로운 논밭. ……

그 중립지대가
요술을 부리데.
너구리새끼 사람새끼 곰새끼 노루새끼들
발가벗고 뛰어노는 폭 십리의 중립지대가
점점 팽창되는데,
그 평화지대 양쪽에서
총부리 마주 겨누고 있던 탱크들이 일백팔십도 뒤로 돌데.

하더니, 눈 깜박할 사이
물방게처럼 한 떼는 서귀포 밖
한 떼는 두만강 밖
거기서 제각기 바깥 하늘 향해
총칼들 내던져 버리데.

꽃피는 반도는
남에서 북쪽 끝까지
완충지대,
그 모오든 쇠붙이는 말끔이 씻겨가고
사랑 뜨는 반도,
황금이삭 타작하는 순이네 마을 돌이네 마을마다
높이높이 중립의 분수는
나부끼데.

─〈술을 많이 마시고 잔 어제 밤은〉에서

③ 江山을 덮어, 화창한
   진달래는 피어나는데,
   출렁이는 네 가슴만 남겨놓고, 갈아엎었으면
   이 균스러운 부패와 享樂의 不夜城 갈아엎었으면
   갈아엎은 漢江沿岸에다
   보리를 뿌리면
   비단처럼 물결칠, 아 푸른 보리밭
                    ―〈사월은 갈아엎는 달〉에서

많이 회자되고 있는 ①의 시는 그의 민족주의가 모든 생명의 모태인 대지와 땅에의 동경에서 비롯되어 반폭력으로 지향되고 있음을 단적으로 보여준다. 즉 이 시의 정신적 뿌리로서 '한라에서 백두'라는 우리 민족의 삶의 터전은 향기로운 '흙'의 가슴에 닿아 있다는 것이다. 이는 곧 신동엽 시의 민족주의의 근저가 생명의 모태인 대지와 땅에서 출발하고 있음을 말하는 것이다. '쇠붙이' 또한 '흙'의 대응 개념이므로 이에 대한 거부는 문명과 폭력에 대한 거부인 셈이다. 쇠붙이는 폭력의 무기일 수도 있고 문명의 힘이기도 하기 때문이다. 그리고 "중립의 초례청"에서 '중립'의 의미 역시 ②의 시에도 등장하듯이 문명이나 폭력이 갖는 힘에 대한 거부이며 이 역시 같은 맥락에서 이해될 수 있다.

②의 시에서 휴전선 완충지대는 남과 북의 그 어떤 권력과 힘도 미치지 못하는 '평화지대'로서 이는 곧 '너구리·사람·곰·노루 새끼들'이 '발가벗은' 채 자유 그 자체를 만끽하며 뛰어 노는 곳으로 시인의 동경처인 삶의 원초적 장소가 되고 있다. 그리하여 이러한 중립의 공간은 반도 전체로 넓혀져서 그 곳에는 '모든 쇠붙이가 사라지고' '총칼들이 내던져진' '황금이삭 타작하는 마을'이 되었으면 하는 시인의 염원이 되어 나타난다. 이 점 역시 신동엽의 문명과 폭력을 거부하는

정신의 뿌리를 보여주는 대목이다. 따라서 그의 완충이나 중립 정신도 이 반폭력 정신의 동곡이음同曲異音이며 바로 원초적 생명력에의 동경을 모태로 하고 있다는 사실을 알 수 있다.

따라서 그의 중립 정신이 힘과 권력과 폭력으로부터의 해방이라면 이는 곧 스스로에 의해 움직이는 무위와 자연이라는 노자사상과 상통하는 것이다. 김종철이 신동엽의 이 '중립' 정신을 두고 도가적 '무위'의 개념도 내포하고 있다고 지적한 점3)이 그것이다. 이러한 신동엽의 "타고난 그대로의 생명에 대한 강한 관심"4)은 도가의 인간중심주의적 현실에 대한 비판의 관점을 자기화 했다는 점에서 그 중요성을 평가하고 있는 대목이기도 하다. 여기서 신동엽 시의 근저를 흐르고 있는 성향으로 땅과 대지의 여성성과 노자의 생태주의와의 관련성 여부의 단초가 마련되기도 한다.

③의 시에서도 도심의 불야성을 '향락'과 '균스러운 부패'라고 한 것은 이것이 서구 자본주의 문명과 그 폐해를 지칭하고 있음은 자명하다. 이러한 문명의 폐해에서 오는 재앙은 폭력에 다름 아닌 것이기에 이를 갈아엎고자 하는 것이 이 시의 주장이다. 그 갈아엎은 곳 '한강 연안'에 비단처럼 물결칠 '녹색'의 보리밭을 일구고픈 것이다. 이렇듯 자본주의 문명의 폭력에 대한 저항은 앞서 말한 '인간생활의 원초적 형태'와 그 연장선에 있는 '인간본연의 생명 있는 문화'에 대한 동경에서 나온 것이라 할 수 있다. 그의 이러한 사상이 위의 시들에 '아사달과 아사녀', '한라에서 백두', '삼면에 흰 물거품 출렁이는 반도', '화창한 진달래 덮인 강산'과 같은 민족성 짙은 시어들을 일구어 낸 것이고 민족

---

3) 강형철, 구중서 편, 『민족시인 신동엽』(소명출판, 1999), p.211, 김윤태, 〈신동엽문학의 중립의 사상〉 및 김종철, 『시적 인간과 생태적 인간』(삼인, 1999), p.175~178 참조

4) 김윤태, 〈신동엽 문학과 '중립'의 사상〉, 구중서, 강형철 편, 『민족시인 신동엽』(소명출판, 1999), p.211.

주의로 표출된 것이다. 이것의 근저에는 다름 아닌 모든 생명의 모태인 땅과 대지에 대한 향수가 자리 잡고 있었던 것이다.

이렇듯 그의 민족주의 정신을 낳은 근저인 이 땅과 대지의 생명성은 결국 모성으로서의 여성성이 관류하고 있는 것으로 귀착된다는 점이다. 가령 밤(夜), 물, 땅, 숲, 동굴, 어머니 등이 신화적 관점에 여성을 상징함은 굳이 융(C.G.Jung)의 이론적 근거에서도 나타나며 이에 대한 자세한 논거는 생략한다.

2) 여성성과 저항성, 신동엽의 시

그런데 이 여성성은 곧 저항성으로 통한다는 점인데 남성성이 공격성임에 비하여 이의 대응개념으로 볼 수 있다. 그런데 알고 보면 그의 시에서 민족주의가 저항성을 띠고 있는 것도 이 땅과 대지의 여성성에서 나온 것이라 할 수 있다. 그의 시에서 이 땅과 대지의 여성성이 어떻게 저항성으로, 그리고 역으로 이것이 어떻게 민족주의로 융화되어 표출되는 지를 보자.

① 비둘기는 東海 높이 銀가루 흩고
　고요한 새벽 丘陵이룬 處女地에
　쟁기를 차비하라
　文明높은 어둠 위에 눈은 나리고
　쫓기는 짐승
　매어달린 世代

　얼음 뚫고 새 흙 깊이 씨 묻어두자
　　　　　　　　－〈싱싱한 瞳子를 위하여〉에서

② 四月이 오면
　山川은 껍질을 찢고
　속잎은 돋아나는데,
　四月이 오면
　내 가슴에도 속잎은 돋아나고 있는데,
　우리네 祖國에도

—〈사월은 갈아엎는 달〉에서

③ 쏘지 마라.
　솔직히 얘기지만
　그런 총 쏘라고
　박첨지네 기름진 논밭,
　그리고 이 강산의 맑은 우물
　그대들에게 빌려준 우리 아니야.

　罰 주기도 싫다
　머피 일등병이며 누구며 너희 고향으로
　그냥 돌아가 주는 것이 좋겠어.

　솔직히 얘기지만
　이곳은 우리들이
　백년 오백년 천년을 살아 온
　아름다운 땅이다.

—〈왜 쏘아〉에서

④ 삼천리 강토를 침략하는 자 누구냐
　아, 어느 놈이
　조선을 저의 방패로 삼으려 하는 것이냐…

⑤ 태백고을 고을마다 강남제비 돌아와
　 흙 물어 나르면, 산이랑 들이랑 내랑이뤄
　 그 푸담한 젖을 키우는
　 울렁이는 내 산천인데…
　　　　 －〈이야기하는 쟁기꾼의 대지 제4화〉에서

　우선 ①의 시는 끝 부분의 '얼음 뚫고 흙 깊이 묻어둔 씨'를 주목할
필요가 있다. 여기서 흙은 씨를 품어 묻었다가 이를 틔워 올리는 곧
생명을 잉태하여 탄생시키는 모성이다. 즉 여성성이다. 이렇듯 씨를 품
어 생명을 준비시키는 '흙'은 앞 구절의 '문명의 어둠 위에 내린 눈'
위에서 '쫓기는 짐승'처럼 '매달려' 살아가는 오늘날 우리 '세대의 인
간'들에 대한 대응 개념이다. 이는 높은 문명을 어둠과 동질의 개념으
로 파악하면서 씨를 묻고 있는 흙을 대응시키고 있다. 이런 관점에서
볼 때 문명은 힘을 가진 것으로 흙의 모성 곧 여성성을 억압하는 권위
적 남성성이다. 따라서 씨를 묻어 생명을 틔워 올리는 흙의 모성 즉
여성성은 저항성을 품고 있는 것이며, 아울러 문명의 남성성에 대응되
는 저항성이라 할 수 있다. 더구나 동해 높이 은빛 가루가 뿌려지는
우리 민족의 땅 한반도를 '처녀지'라고 하여 그 누구도 범하지 않은 원
시의 땅으로 상정함으로서 그의 민족주의는 땅과의 융화에서 싹 트고
있음을 알 수 있다. 이러한 땅의 유현성幽玄性과 저항성에 바탕을 둔
그의 민족주의는 아울러 '처녀지'라는 원초적 생명 또는 순결에 대한
동경에서 출발하고 있음도 보여준다.
　②의 시에서도 사월이 되면 산천이 겨울 추위의 껍질을 '찢고' 속잎
을 돋아 올리는데 이것은 바로 시인의 가슴에 돋아나는 저항의 속잎과
다르지 않다. 이 점은 산천 곧 대지의 겨울추위로 표상되는 권력에 대

한 저항이다. 바로 여성성이 갖는 저항성이다.

③의 시는 총이라고 하는 외세의 무력에 짓밟히는 우리의 땅, 논밭, 강산이 그의 민족적 저항정신으로 직접 드러나는 경우이다. 더구나 여기에는 폭력을 비폭력으로 품어 맞서는 땅의 포용적 저항성까지도 함의되어 있음을 알 수 있다.

④의 시에서도 '삼천리 강토'를 우리의 땅이라고 한다면 이는 곧 '우리'라는 민족적 개념과 '땅'이라는 모성이 결합된 개념이다. 이렇게 볼 때 시인의 의식의 궁극적 지향처는 강토이되 삼천리 강토라는 뜻으로 이해할 수 있다. 여기서 곧 신동엽 시의 민족주의는 그 이전에 강토 곧 땅의 원초성에서 나온 것으로 이해된다는 것이다. 그의 이러한 원초적 자연에 대한 동경은 곧 민족주의를 낳은 모태로 볼 수 있는 것이다.

⑤에서 주목할 것은 우리 땅 '태백고을 강남제비 돌아오는 곳', '풍요로운 모성의 젖을 키우는 곳', '울렁이는 산천'의 역동성과 저항성이다. 여기서도 신동엽의 민족정신과 대지의 관계가 확인된다. 그리고 모성을 젖을 키우는 내 산천은 시인에게 항상 싹을 틔우고 껍질을 찢고 울렁임을 키워내는 저항성을 내포한 장소임을 보여준다.

이 '인간본연의 생명 있는 문화'와 '인간생활의 원초적 형태에 대한 동경'은 이와 같이 그의 시에 자주 등장하는 자연에 관한 시어들이 주로 모성과 여성성을 가진 단어 가령 '대지', '산천', '강토', '땅' 등에서 단적으로 알 수 있다. 이것은 곧 그의 민족주의가 단순한 비타협적 국수주의나 내셔널리즘이 아니라 인간의 원초적 자유의 구가처인 자연에 대한 동경과 이를 파괴하고 지배하려는 문명과 힘[5]에 대한 저항정신에서 나온 것이기 때문이다. 그런데 이 저항정신은 곧 여성성과 상통한다는 점이다. 그것은 여성보다 강한 힘과 권위의 남성이 있기 때문이며

5) 페미니즘의 관점에서 볼 때 문명과 권력은 동일시되고 있음

이에 대한 대응 개념에서 생성된 것이다.

이상의 시를 통한 논의로 보아 신동엽 시의 민족주의는 곧 땅이요 여성성이며, 이 여성성은 곧 대응개념에서 생성된 것이다.

아울러 무엇보다 신동엽 시에서 이 대지의 여성성은 그의 다음과 같은 시에서 직접적으로 언급되고 있음은 이 점을 더욱 확실히 증명하는 부분이다. 시 '여자의 삶'이 그것이다.

예수그리스도를 길러 낸 土壤이여
넌, 女子.
석가모니를 길러 낸 우주여
넌, 女子
모든 神의 뿌리 늘임을
너그러이 기다리는 大地여
넌, 여성

－〈여자의 삶〉 부분

이 시에서는 대지가 곧 여성이라는 점을 선언적으로 보여준다. 대지는 곧 예수, 석가모니와 같은 인류의 스승을 잉태하여 탄생시켜 키워낸 어머니라고 단정하고 있다.

따라서 신동엽 시의 민족주의는 알고 보면 이 땅과 대지의 여성성을 근저로 하여 이것이 갖고 있는 저항정신이 외면으로 드러난 것이라 할 수 있다.

그런데 이러한 여성성의 근원이 노자사상과 관련될 수 있는 개연성이 있음은 그의 시에 나타나는 대지의 모성과 생명 추구 정신이 무위와 자연 등의 노자사상과 상통하기 때문이다. 이를 위하여 노자사상에서의 이런 점을 살펴보면서 신동엽 시와의 상호 관련성의 근거를 마련하기로 한다.

3. 노자사상의 여성성과 저항성

노자사상은 표면적으로는 정치의 도와 이상을 그린 것처럼 보이나 이는 고도의 은유적 표현이어서 그 사상에 대한 해석의 여지는 바다처럼 넓고 아득하여 단편적으로 논할 성질의 것이 아니다. 다만 인간을 포함한 천지만물의 운행원리와 본질을 도라는 이름 하에 밝힌 철학사상임은 분명하다. 이 사상은 남성적 힘과 권력 중심의 지배적 사고 그리고 인간중심적 사고 등에 대한 모든 비판의 근원이 되고 있기도 한 것으로 알려져 있다. 다시 말해 이 노자사상이야말로 무위와 자연에 반하는 즉 인간이 만들어 낸 문명의 힘과 남성적 힘 또는 권력에 대한 모든 저항정신의 블랙홀인 셈이다. 그리하여 성리학 이념을 신봉하던 대부분의 조선조 유학자들에게는 배척되고 금기시되기도 하였다.[6] 결국 노자사상은 형이상·형이하의 양계를 아우르는 모든 여성성의 연원이면서 비판과 저항의 연원이라는 것이다. 다시 말해 노자사상의 여성성으로서의 저항성은, 숨어서 보이지 않는 가운데 작용하는 것이고 그러면서도 이에 반하는 것은 보이지 않는 힘을 발휘하는 것으로 나타나기 때문이다. 이런 점이 노자사상의 유현성幽玄性을 더욱 크게 하는 부분이기도 하다. 다음의 본문내용을 보자.

① 以道佐人主者 不以兵强天下 其事好還 師之所在 荊棘生焉 大軍之後 必有凶年……果而不得已 果而勿强 物壯則老(제30장) - 도로써 군주를 돕는 자는 병력으로써 천하에 강자가 되도록 만들지 않는다. 그러한 일은 반드시 (응보가) 되돌아오게 마련이다. 군대가 주둔하던 곳에는 가시나무가 우거지게 마련이고 큰 전쟁이 있은 뒤에는 반드시 흉년이 드는 것이다. …… (용병을) 결행하는 경우는 부

---

6) 조민환, 〈조선조 유학자들의 노자읽기〉, 『오늘의 동양사상』, 2000 · 제3호, p.287

득이 할 때 하는 것이며 목적을 달성하여도 강한 체하지 말아야 한다. 모든 사물은 강장하면 곧 쇠퇴하기 마련이다.

② 夫佳兵者 不祥之器 物或惡之 故有道者不處(제31장) ─ 훌륭한 무기라는 것은 상서롭지 못한 기구이다. 세상 사람들은 항상 그것을 미워한다. 그러므로 도를 가진 사람은 무기를 쓰는 일을 좋아하지 않는다.

③ 天得一以淸 地得一以寧 神得一以靈 谷得一以盈 萬物得一以生 …… 天無以淸 將恐裂 地無以寧 將恐發 神無以靈 將恐歇 谷無以盈 將恐竭 萬物無以生 將恐滅(제39장) ─ 하늘은 도를 얻어서 맑고, 땅은 도를 얻어서 편안하며, 신은 도를 얻어서 영검하고, 계곡은 도를 얻어서 물이 차며, 만물은 도를 얻어서 생성한다. …… 하늘에 그것을 맑게 해 주는 도가 없다면 하늘은 장차 아마 파열할 것이고, 땅에 그것을 편안하게 해 주는 도가 없다면 땅은 아마 장차 폭발할 것이다. …… 계곡을 물로 차게 하는 도가 없다면 계곡의 물은 장차 아마 고갈될 것이다. 만물에 그것을 생성하게 하는 도가 없다면 만물은 아마 장차 절멸할 것이다. ……

④ 道隱無名 夫唯道 善貸且成(제41장) ─ 도는 숨어 있어 이름이 없다. 그것은 오직 천하만물에게 그의 힘을 잘 빌려주고 또 이루게 (생성시키게) 해 줄 뿐이다.

위의 각 장들은 노자사상의 여성성과 그 저항성을 내포하고 있는 부분들이다. 30, 31장은 정치의 도를, 39, 41장은 세상과 사물의 이치를 예시하며 말하는 자리에서 이러한 성향 곧 여성성에서의 저항성을 드러낸다.

①의 제30장에서 보듯이 노자는 전쟁을 비롯한 모든 힘과 무력을 반대한다. 그것은 도의 본질에 어긋나기 때문이다. 만일 힘으로 강자가 되었을 경우에는 반드시 그에 대한 응보가 돌아오기 마련이라는 것이다. 이 때 무력에 대한 응보로써 되돌아오게 하는 힘이 곧 도의 보이지 않는 힘이요 이것이 저항성인 셈이다. 그리고 어쩔 수 없이 용병을 결행하여 목적을 달성하더라도 역시 강한 체 해서는 안 되고 그대로 있으면 족하다는 것이다. 노자의 이러한 언급은 모두 도의 무위적 성질과 은둔적 성질로서의 여성성으로서 힘에 대한 저항성을 직접 드러내고 있는 부분이다.

또한 ②의 제31장에서 보듯이 도는 병력 곧 무력으로써 강자가 되도록 만들지 않는다고 했다. 그래서 노자는 강장强壯과 무력을 결코 반대한다. 그것은 도에 어긋나기 때문[7]이라고 했는데 이는 상대적인 유연柔軟에서 나오는 도의 힘이라고 할 수 있다. 달리 말하면 이는 여성성의 힘 곧 저항성이다.

그리고 ③의 39장에서는 도의 성질을 직접 밝히고 있다. 즉 맑은 것, 편안한 것, 영검한 것, 차는 것, 생성하는 것, 바른 것 이 모두가 도의 본질에서 나오는 작용이라고 한 것이다. 그런데 이러한 도의 본질 곧 '편안하게 해 주는 성질', '차게(盈) 해 주는 성질', '생성하게 해주는 성질' 이런 것들을 찬찬히 음미하여 보면 그 성향이 모두 여성성임을 알 수 있다. 이는 휠라이트(Philip.Wheelwright)를 비롯한 원형적 상징의 일반론이듯이[8] 역동적인 것의 상대성인 고요함과 편안함, 채우고 생성하게 하는 성질 등은 모두 잉태, 탄생, 포근함, 보호, 성장 등과 관련되는 모성적 본성이다.[9]

---

7) 『노자』 제30장, 勿壯則老 是謂不道
8) 융(C.G.Jung)의 아니마(Anima:남성 속의 여성성)를 포함하여 일반적으로 원형적 이미지의 여성성은 학자들마다 거의 비슷하다.

다음 41장의 끝구인 ④는 도의 은둔성과 유현성을 직접 언급하고 있는 부분이다. 이 점은 앞의 30장에서 논의된 것과 비슷한 내용이지만 30장에서는 은유된 의미로 나타나는데 이 장에서는 직접적인 언급이라는 점이 다르다. 즉 숨어서 보이지 않는 가운데 작용하고 생성하게 한다는 언급이 그것이다. 이는 도의 성향으로 숨어 있음의 여성성과 내밀한 가운데 작용하는 힘으로서의 저항성을 보이는 부분이라 하겠다.

따라서 노자는 강장을 경계 부정하고 유약柔弱을 지향한다. 강장은 힘과 폭력 곧 남성성이기 때문이다. 그렇다고 노자는 그 어디에서도 여성성 자체를 주장하지는 않는다. 주장하고 내세우는 것은 도의 정신에 어긋나기 때문이다. 다만 힘과 무력의 남성성의 상대 개념이고 앞서서 드러내려고 하지 아니하는 도의 성격 자체가 여성성이기 때문이다. 이런 관점으로 본다면 얼핏 도의 여성성은 또한 저항성조차도 갖지 않는 것으로 보일 수 있다. 이는 저항의 힘 자체도 도의 이치에 어긋나는 것처럼 보이기 때문인데, 그러나 이것은 극히 단선적 논리에 의한 오해이다. 도의 힘 곧 저항성은 도의 원리와 무위·자연의 법칙에 어긋나면 곧 망하거나 쇠퇴하게 된다는 점을 경고하고 있는 데에서 단적으로 드러난다. 즉 도의 법칙, 자연의 법칙에 무력과 폭력을 가하면 이를 쇠퇴하게 하거나 망하게 하는 힘이 곧 도의 힘으로서 저항성이라는 것이다. 도의 이러한 성질이 바로 유약柔弱이 갖는 저항성이다.

따라서 노자사상에서 도의 성향은 곧 여성성이라 할 수 있고 이 여성성은 곧 저항성의 보이지 않는 힘을 갖고 있다는 것이다. 아울러 이 저항성은 맞서 싸우는 성향 곧 투쟁성을 갖고 있기도 하다. 그것은 곧 여성보다 더 힘세고 강한 상대인 남성이 있기 때문이다. 이런 면에서

---

9) Wilfred L. Guerin, 『A Handbook of Critical Approaches to Literature』, 정재완, 김성곤 역 (청록출판사, 1979), p.122~123 참조

남성성을 두고 굳이 말하자면 투쟁성이라기보다 정복성이라고 봐야 할 것이며 여성성은 이러한 정복성에 대한 저항성이라는 것이다. 요컨대 노자사상의 이 여성성은 저항성의 한 외연이라 할 수 있다.

따라서 앞 장에서 논의한 신동엽 시의 여성성의 한 근거처로서 노자사상과 그 여성성은 관련되고 있음을 알 수 있다.

4. 노자사상의 여성성과 생태주의 그리고 신동엽의 시

앞 장에서는 도의 개념을 여성성의 저항적 면을 중심으로 논급하였지만 원래 철학적 개념으로서의 도란 불변의 진리나 존재의 본질이라는 것으로 관념적 성격이 강하다. 그런데 이것의 행위방향으로서의 실천적 개념이 곧 무위요 자연이다. 이 '무위'와 '자연'의 개념은 노자 전 81장의 요소요소에서 저절로 밝혀지고 있는데, 제63장의 '위무위 사무사'(爲無爲 事無事－아무 것도 하지 않음을 행하고 아무 일도 도모하지 않음을 일로 삼음)나 37장의 '도상무위 이무불위'(道常無爲而無不爲－도는 항상 아무것도 행하지 않지만 그에 의하여 이루어지지 않은 것이 없다)라는 구절, 그리고 25장의 '도법자연'(道法自然－도는 스스로 그러함을 따른다 또는 도는 자연을 따른다)이라는 구절이 그 단적인 예다. 이 때 자연이란 형이하적 개념의 자연(Nature)이기도 하고, 형이상의 개념으로 인위나 작위를 가하지 않은 스스로의 힘과 법칙에 의해 변하여 움직이는 '스스로 그러하다'는 개념의 둘 다 그 어느 것으로도 해당된다. 다만 남성보다 여성이, 양陽보다 음陰이 '자연'과 더 친화적이라는 점이다. 그 이유는 철학적 의미로 보아도 '스스로 그러한(自然)' 성질은 적극적 성향의 남성성보다는 소극적 의미의 여성성과 가깝기 때문이며, 형이하학의 개념으로도 자연Nature은 그것을 지배하는 인간을 주체로 여기는 개념과 대응되는 소극적인 것이기 때문이다. 아울러 자연과 여성의 동일시 개념은 여성의 생리·임신·분만·양육 같은 생물학적 특성에서도 '여성은 이미 자연의 체계와 함께 흐른다'[10]는 에리얼 샐러의 말에서 잘 시사되고 있기도 하다.

그런데 노자사상에 나타난 이러한 여성성은 곧 오늘날의 생태주의와 상통하여 맞닿아 있다는 점이다. 그것은 오늘의 생태주의 운동의 발단이 우연찮게도 여성주의 운동과 밀접하게 연관되어 있는데, 이는 환경 문제와 생태주의가 에콜로지컬 페미니즘Ecological femminism 이른바 에코페미니즘이라는 이름의 여성운동에서부터 제기된 것과도 맞물려 있다. 그것은 지구의 환경파괴와 핵에 의한 지구 멸망의 위협은 지금까지 여성의 신체나 성을 억압해온 남성이 유지해온 가부장제에 그 원인이 있다고 주장한 데에서 출발하고 있기 때문이다.[11] 다시 말해 환경과 지구 생태계의 파괴는 남성적 힘과 독재권력의 권위적 사고에서 비롯되었다는 것이고 생태주의는 이에 대항하는 관점에서 여성운동과 맞물려 있다는 것이다.

이렇게 볼 때 신동엽 시에 나타나는 민족주의의 투쟁성 역시 노자사상이 갖는 여성성의 투쟁성에 그 연원이 닿아 있다고 말할 수 있고 이 여성성은 또한 생태주의 정신과 상통하고 있음도 알 수 있는 것이다.

그렇다면 이 노자적 여성성과 생태주의의 관련성이 신동엽의 시를 통하여서도 어떤 관계 규명이 이루어질 수 있는지를 보기로 한다.

앞서 보았듯이 신동엽 시의 민족주의의 근저에는 땅과 대지의 여성

---

10) Ariel Salleh, "Deeper than Deep Ecology: The Eco-feminist Connection". 김욱동, 『문학 생태학을 위하여』(민음사, 1998) p.361 재인용.
11) 유한근, 〈생태학적 혹은 영적 상상력의 새 패러다임을 위하여〉, 『문예운동』, 1998. 가을호 p.208

성이 자리하고 있고 이 여성성이 저항성의 모습으로 표출되고 비춰졌던 것이다. 이렇듯 신동엽 시정신의 궁극적인 뿌리는 땅과 대지의 생명성으로서 이것은 바로 오늘날 인류 생존의 보편적 가치인 생태정신의 일단이라는 사실이고 이는 곧 여성성이라는 것이고 바로 이것의 사상적 근거를 동양사상의 한 흐름인 노자사상에서 찾을 수 있다는 것이다. 이 글의 논의의 주안점은 바로 이 부분이다. 이렇게 볼 때 앞서 논의한 노자사상의 도에 내재되어 있는 여성성은 노자에서 말하는 행위 지침인 무위와 자연이라는 현실적 가치개념으로 연결된다. 결국 노자에서 만물의 현실적 운행법칙으로 제시하는 이 무위와 자연의 개념은 곧 생태주의 정신의 철학적 근거라는 것이다. 이렇듯 도에 내재된 노자사상의 여성성은 무위와 자연이라는 행위적 개념에 의해 생태주의 정신과 상통하고 있음을 알 수 있다. 이는 생태주의와 여성운동의 상관성에서도 알 수 있다. 신동엽의 다음 시를 보자.

> 향아 너의 고운 얼굴 조석으로 우물가에 비춰이던 오래지 않은 옛날로 가자 …(중략)…
> 구슬처럼 흘러가는 냇물가 맨발을 담그고 늘어앉아 빨래들을 두드리던 傳說같은 풍속으로 돌아가자 …(중략)…
> 들菊花처럼 소박한 목숨을 가꾸기 위하여 맨발을 벗고 콩바심하던 차라리 그 未開地에로 가자 달이 뜨는 명절밤 비단치마를 나부끼며 떼지어 춤추던 전설같은 풍속으로 돌아가자 냇물 구비치는 싱싱한 마음밭으로 돌아가자.
>
> ─〈香아〉에서

인위와 작위로 점철된 문명에 대한 거부와 무위와 자연의 원시적 생명에 대한 그리움의 추구가 잘 드러나 있다. 이는 생태 윤리학자들이 경계하는 단순한 퇴행적 원시주의[12]가 아니라 신동엽이 추구한 인간생활의 원초적 생명력에 대한 관심이었던 것이다. 가령 '우물가' 와 '빨래터'는 오늘은 없어진 옛 풍경이 되어버린 곳이지만 문명에 종속된 인간사회의 단절이 아닌 정이 오가는 생명이 교통되는 장소이고, '미개지'와 달 뜨는 명절밤의 군무가 있는 '전설같은 풍속'의 구가 역시 원시적 생명력을 꿈꾸는 것이고, '냇물 구비치는 싱싱한 마음밭' 또한 생명력 있는 자연의 역동성을 향한 마음의 일터로 간주하고 있는 등등에서 생태 정신의 건강한 모습을 볼 수 있다. 아울러 '미개지'나 '전설같은 풍속의 마음밭'을 향한 추구 역시 땅과 원시적 생명성에의 지향이다. 이러한 내용들은 모두 노자사상의 무위와 자연과 관련되며 잉태와 생성을 위한 땅의 여성성을 바탕으로 하고 있다.

노자사상의 여성성은 이렇듯 신동엽의 시에서 생태주의와 관련되어 있음을 볼 수 있다.

한편, 유가儒家의 사회 윤리 사상이 남성 중심적, 합리적, 공격적이라면 노자는 여성적, 관용적, 자발적인 것을 강조하였다. 유가사상이 인간중심적인 것이라면, 노자를 비롯한 도가는 자연의 일부로서 인간의 자연에 대한 합일적 순종적 태도의 중요성을 역설한다.[13]

이러한 논의를 바탕으로 정리를 겸하여 신동엽 시의 땅과 대지의 여성성을 다시 본다면, 그것은 곧 우리가 발을 딛고 사는 대지 곧 땅에 대한 애착과 신성시에서 나온 것이고 이 '땅'은 바로 잉태와 탄생의 원형으로서의 여성이었다. 아울러 이 땅의 여성성은 구름과 비를 만들어 침투시키는 하늘의 공격성과 정복성의 남성성에 대응되는 저항성을 가

---

12) 구승회, 〈현대생태주의 비판과 에코아나키즘〉, 『생태철학과 환경윤리』(동국대학교출판부, 2001), p.133~134참조
13) 김종철, 앞의 책 p.176

진 것으로 볼 수 있다는 것이다. 주역 64괘 중 가장 양성(陽性)이 강한 괘를 '건(乾)'이라 하며 그 반대를 '곤(坤)'이라 하지 않은가.[14] 이 때 건은 하늘이요 곤은 땅이기 때문이다.

아울러 힘을 바탕으로 한 제국주의의 정복성과 이에 대응하고자 하는 민족주의의 저항성 등을 신동엽 시와 관련짓고 또 그의 시의 여성성과 노자의 생태주의와의 관련성 등의 방계적 요소들을 중심으로 이원적으로 분류해 보인다면 다음과 같이 정리할 수 있겠다.

제국주의 ── 하늘(乾) ── 남성성 ── 공격성 ── 유가적 인본주의
  ↕   ↕   ↕   ↕   ↕
민족주의 ── 땅(坤) ── 여성성 ── 저항성 ──도가(노자)적 생태주의

따라서 신동엽 시정신에서의 반외세는 단순한 반외세가 아니라 힘으로 상징되는 서구문명에 대한 저항이었던 것이다. 이는 앞서 논의한 대로 생태주의의 발생이 문명의 힘에 대한 저항에서 출발한 것이라는 점에 비추어 볼 때 같은 맥락에 놓여 있음을 알 수 있는 것이다. 다시 말해 신동엽의 시정신의 근본은 앞서 말한 '인간본연의 생명 있는 문화'와 '인간생활의 원초적 형태'에 대한 동경에서 발아되어 이 두 명제의 구체적인 구현처가 대지 곧 땅이라는 사실이었기 때문이다. 민족주의가 저항성을 띠는 것도 이 땅이 가진 원천적인 여성성의 저항성과 연계되어 있다고 할 수 있다. 이 때 인간적 생명의 문화나 원초적 삶의 형태는 곧 노자적 생태주의의 한 지향점이라고 본다면 땅의 여성성과 저항성 역시 생태주의와 같은 맥락으로 상통하는 것이다.

따라서 신동엽 시의 여성성은 곧 노자철학의 성향을 저변으로 하고 있고 아울러 생태주의 사상과도 맞물려 있다는 것이다.

───────────────────

14) 『주역』, 박일봉 역, '上經. 1. 乾爲天'(육문사,1987), p.13, '가장 순수한 양, 최고의 健'

신동엽의 이러한 '생명 있는 문화'를 향한 지향은 오늘의 생태주의 운동이 서구 선진자본주의의 지식인 주도의 퇴행적 원시주의[15]를 지향하는 것이 아니라 개도국이나 후진국의 입장을 아우르는 차원높은 생태주의의 관점이라 할 수 있다.

5. 맺음말

이상의 내용으로 보아, 신동엽 시의 민족주의적 저항정신이라는 일반의 인식은 그 근저를 관류하는 성향이 여성성이기 때문이며, 이 여성성이 저항성을 내포하고 있기 때문이었던 것이다. 남성성이 공격적 정복성임에 비하여 여성성은 유현적 저항성이라는 점이다. 신동엽 시의 여성성은 그의 시에서 '흙', '대지', '평야', '산천', '강산' 등 땅과 관련된 말이 유난히 자주 등장하는 점과 무관하지 않다. 땅과 대지의 질료인 흙은 곧 생명의 모태요 모성과 풍요의 상징으로서 여성성이라는 것이다. 그리고 이러한 땅과 대지의 모성과 풍요의 여성성을 향한 원초적 생명에 대한 그리움에서 그의 시가 출발하고 있음은 그의 시정신이 생태주의와 상통하는 증거이기도 하다. 그리하여 그의 시는 생태주의를 가장 극명하게 보여주는 노자사상과 관련된다는 것이다.

노자는 강장(強壯)을 경계하고 부정하며 유약(柔弱)을 지향한다. 강장은 힘과 폭력 곧 남성성을 갖고 있는바 노자는 여성성을 지향한다.

---

15) 구승회, 『생태철학과 환경윤리』(동국대학교출판부, 2001), p.150 참조. 『동국의 창』(2002, 여름), '퇴행으로서의 원시주의를 경계한다'에서 말하는 논점을 대표적인 예로 들 수 있다. 가령 생태주의 윤리문화학자 맥클로스키(Mclosky)와 그 논리를 지지하고 있는 구승회의 논리가 그것이다. 오늘의 환경·생태론자들의 위기진단과 예측이 과학적 토대가 부족한 추측이거나 현실불안의 투사일 가능성을 들면서 혹시라도 퇴행적 원시주의로 회귀하자는 것은 곤란하다는 것이다. 아무리 환경천국이 온다 하더라도 인간이기를 포기한 생태·환경주의는 무의미하다는 것이다.

노자사상의 핵심인 도는 '숨어서 보이지 않는 가운데 작용하고 생성하게 한다'는 '도은무명 부유도 선대차성'(道隱無名 夫唯道 善貸且成, 노자 제31장)이라는 언급에서 보듯이 도의 성향이 '숨어 있음'의 여성성과, 내밀한 가운데 작용하는 힘으로서의 저항성을 보이는 부분이라 하겠다. 신동엽 시의 여성성이 곧 저항성이라는 것도 노자의 관점에서 본다면 도와 자연의 법칙에 무력이나 폭력을 가하면 이를 쇠퇴하게 하거나 망하게 하는 힘을 가졌다는 유약(柔弱)이 갖는 저항성과 같은 관점으로 이해되기 때문이다. 아울러 신동엽 시의 완충과 중립의 정신도 이와 같은 맥락에서 이해될 수 있다는 것이다.

　노자사상의 도에 내재되어 있는 이 여성성은 노자가 말하는 행위 지침인 무위와 자연이라는 현실적 가치개념과 연결된다. 노자에서 만물의 현실적 운행법칙으로 제시하는 이 무위와 자연의 개념은 곧 생태주의 정신의 철학적 근거이다. 이렇듯 도에 내재된 노자사상의 여성성은 무위와 자연이라는 행위적 개념에 의해 생태주의 정신과 상통하고 있음을 알 수 있다. 이는 생태주의와 여성운동의 상관성에서도 알 수 있는데, 지구 생태계의 파괴가 남성적 힘과 독재권력의 권위적 사고에서 비롯되었다는 여성운동의 관점이 생태주의와 맞물려 있다는 사실은 이를 방증하는 부분이라 할 수 있다.

　따라서 신동엽 시의 여성성이 노자의 생태주의 정신과 같은 맥락에서 이해될 수 있다는 것도 바로 이러한 관점 때문이다.

Ⅶ. 서정주 자료 『신라연구』의 문학적 성격

1. 머리말

이 글은 1960년 9월 19일[1] 미당선생이 교수자격 심사논문으로 제출했던 「신라연구」라는 연구 논문을 그 연구대상으로 하고 있다. 선생께서 이 글을 교수 자격 심사용 논문으로 그것도 '연구'라는 제하로 제출하였기에 일단 명칭을 논문이라고는 하였으나 그 내용을 보면 실상 오늘날 일반적인 학술 논문으로서의 요건과 형식을 가진 논문이라고 할 수는 없다.

그것은 첫째, 주장에 대한 논리적 근거 제시가 거의 없이 필자의 일방적이면서도 주관적인 판단에 의한 논지 전개가 이루어지고 있기 때문이다. 가령, 〈제1장 노인헌화가〉에서 주장하는 것은 신라의 사나이와 여인네들[2]은 지위고하 신분귀천에 개의치 않고 오로지 그들끼리의 영적인 상통만으로 꽃을 주고받는 행위를 자연스레 할 수 있을 정도의 자유분방한 사람들이었다는 것이다. 그만큼 신라의 남녀들은 영적인 통

---

1) 교수자격 심사위원회 이름으로 찍힌 도장에는 단기 4293년으로 되어 있으며, 이 책은 1960년 4·19 이후 제2공화국 민정이 시작된 직후 당시 대학 강단에서 강의를 하고 있던 사람들 중 학력조건이 미비된 기존 교수들에게 자격을 부여하기 위하여 논문을 제출하게 하여 그 심사위원회에서 자격심의를 하게 하였는데 여기에 제출된 글이다.
2) 즉 〈헌화가〉의 지은이 견우노인과 노래 속 상대자인 수로부인

함으로 세상을 자유분방하게 살던 사람들이었다는 점을 주장하고자 한 것이다. 그런데 이 점은 어디까지나 수용자의 시적 수용과 상상에 의할 때 가능한 것이며 주장에 대한 사료적 근거와 그 주장에 대한 논거제시가 전혀 없다는 점에 논문으로서의 결격이 있다는 것이다. 즉 논문이라고 하면서 시를 쓰듯이 쓴 글이며 시를 읽는 독자에게 쓰듯이 시적 논문을 쓴 것이라는 점이다. 이러한 점은 다른 나머지의 열여섯 장에서도 마찬가지이다.

둘째, 논문으로서의 형식이 전혀 갖추어지지 않고 있기 때문이다. 물론 1960년대 초 당시 우리나라 인문학의 학문적 토대가 튼튼히 갖추어지지 않은 시대에 오늘과 같은 과학적 논문중심주의 형식의 글이 아니었을 것이라는 점을 감안하여 당시 인문학 일반의 다른 논문들과 비교하여 판단해야 할 여지는 남아 있다. 그런 점을 감안하더라도 이 자료의 글은 일단 논지 전개의 방식과 각주 기타 논증을 위한 근거제시 등 논문으로서 갖추어야 할 기본 형식이 전혀 갖추어지지 않고 있다는 점에는 이론의 여지가 없다고 본다.

이와 같이 '연구'라는 제하의, 그것도 자격논문이라는 목적에 부합하기 위하여 제출되고 있는 글인데도 실상 글의 내용은 여기에 전혀 맞지 않은 것이다. 그런데도 신화적 상상력이 충만하여 새겨 읽을 만한 가치가 충분한 그런 글이기에 그 문학적 성격을 밝혀 연구할만한 가치가 있다는 것이다. 이런 점들이 이 글을 쓰는 목적이라 하겠다.

한국현대문학에서 신라 역사가 등장하는 문학작품은 상당히 많다. 특히 신문학 이후의 초창기 현대문학에서부터 최근에 이르기까지 시와 소설 희곡 등의 장르 구분 없이 그 수효를 꼽으면 매우 많을 것으로 짐작된다. 이 중 특히 시에 있어 신라 또는 그 당대의 정신세계를 신화화 시키고 언어적 형상화를 이루어 낸 대표적 시인이 서정주이다. 한 때 그의 시에서부터 촉발된 신라정신의 정체를 두고 학자들 간의 논쟁과 연구가 뜨거웠을 만큼 그의 시에 있어 신라의 정체는 곧 서정주 문학의 핵심이라 해도 과언이 아닌데 이『신라연구』역시 신라에 관한 그의 생각을 나름대로 체계화시켜 볼려는 의도를 가진 글이다.

그런데 그가 시를 통하여 추구하고자 했던 문학정신은 주로 그의 자서전이나 수상록들을 통하여 보충되어 나타나는데 이『신라연구』는 이런 류의 글과는 또 다른 면이 있다는 점이다. 이것은 어디까지나 교수자격 심사용 논문으로 제출된 것으로 제목 역시 '연구'라고 붙여 지은 이 나름대로의 생각을 정리하여 제시하려는 의도를 가졌던 것은 분명하다. 즉 교수자격 심사용으로 제출한 논문이라면 당연히 연구의 성과물로서 오늘날과 같은 학술논문의 형태를 상정할 수 있으나 한 권의 책으로 묶인 실제의 이 글은 그 어느 모로 보나 오늘날의 과학적 담론으로서의 논문[3]이라고 보기에는 무리가 있다. 이 글은 명목상의 이름은 논문으로서 서술체의 산문이지만 차근히 읽어보면 거의 모든 글들이 신라인의 사고와 세계관을 이해하기 위하여 삼국유사나 사기의 내용을 재해석한 주관적인 글로써 문학적 상상과 신화적 관점의 해석적 비평으로 읽어야 할 글들이라는 것이다. 심지어〈제5장 신선 第五章 神仙〉에서 박혁거세의 어머니 '사소'에 관한 이야기를 비롯한 몇 장(뒤 3의 2에서 논의)은 몇 편의 시로 보아도 좋을 것들이 있기 때문이다.[4]

〈서장序章〉을 비롯하여 제1장부터 16장까지 이루어진 이 글은 오늘

3) 이 말은 오늘날 논문의 일반적 형태를 두고 하는 것으로 이러한 논문의 전형으로부터 벗어나는 것도 탈식민성의 일환이라고 주장하는 견해가 있는데, 김영민의『탈식민성과 우리 인문학의 글쓰기』(민음사, 1996) 중〈논문중심주의와 우리 인문학의 글쓰기〉가 그것이다.
4) 팔봉 김기진은 임화의 시〈우리 오빠와 화로〉,〈네 거리의 순이〉등을 두고 '단편이야기시' 또는 '단편서사시'라고 한 바 있는데 이의 갈래 구분에 대한 논의가 별도로 필요한데, 그렇다고 서정주의 이것이 임화의 시보다 길다고 해서 면밀한 논의 없이 서사시라고 보기에는 그 요건이 또한 미비한 면이 있다.

날의 학술논문과는 거리가 멀다. 물론 논문에 반드시 정해진 규범적 글쓰기란 있을 수 없다는 주장도 있기는 하나[5] 이 점은 차치하고라도 이 글은 논증과정을 통한 지은이의 주장과 견해를 밝힌 글이라기보다는, 고스란히 고대 신라를 상정하여 놓고 지은이 서정주의 정신적 상상을 통한 언어적 형상화가 두드러진 문학적 창작이라고 볼 수밖에 없는 요소가 다분하기 때문이다. 즉 시적 창작물을 통하여 신라정신의 메시지를 주장하고자 한 것이다.

따라서 당시 행정 당국에서 교수 자격 심사용 논문을 제출하라고 하니 『신라연구』라는 제목의 창작물을 제출한 셈이다. 즉 글의 제목은 '신라연구'이지만 글의 성격상 시적 상징성과 신화비평의 정신이 번득이는 창작의 요소가 강한 글들이 섞여 있다는 것이다. 이렇게 본다면 이것은 과연 어떤 성격의 글인가. 다시 말해 시냐 산문이냐 산문시이냐 또는 산문으로 된 서사시이냐 등의 갈래 문제가 뒤따르는데 본고는 이러한 점을 밝히려는 데 그 목적이 있다. 이를 위하여 그 근거와 합당성을 제시하려 하는 것이다.

그렇다면 이 『신라연구』가 시적 상징성이 짙다고 하더라도 총 17장으로 된 '연구'라는 제목이 붙은 이 글을 획일화시켜 어떤 갈래의 글이라고 단정할 수는 없다. 여기에 갈래 논의의 필요성이 있고 또 매 장마다 성격을 달리 볼 수 있고 이에 대한 근거가 마련되어야 한다. 그리고 이 논의에 우선되어야 할 것이 시의 요건으로 갖추어야 될 시적 상징성의 논증과정이 필요한 것이다.

---

5) 앞의 주 3) 참조

2. 신화적 상상과 그 비평적 요소

열일곱장으로 이루어진 이 짧막짤막한 서사적 논설 시리즈의 메시지를 통하여 지은이가 의도했던 바가 무엇이었던지는 충분히 짐작이 간다. 즉 천지·자연과 인간은 제각기 따로따로인 것이 아니라 위일융합된 것이었다는 점을 말하려 한 것이다.

그런데 이 글에서 주목하고자 하는 것은 이러한 각 장의 이야기들이 저마다 신화적 상상력을 통하여 문학적 의미가 형성되고 있다는 점이다. 특히 신화적 상징성이 두드러진다.

원래 서정주에게 있어서의 '신라'는 어떤 역사적 문헌에 근거한 문헌사학이나 유물·유적을 통한 고고학적 지식을 원용하여 접근하고자 했던 실체적 세계는 아니다. 그것은 단지 그가 처한 외부의 결핍되고 부조리한 현실에 대응하여 그의 내면에 추구하고 있는 하나의 관념적 미적 세계관으로 볼 수 있다. 이것을 그는 역사적인 과거의 신라에서 발견하여 개인적인 이념의 등가물로서 승화시킨 것이다.

서정주는 이 문집을 통하여 신라인들의 세계관과 이것의 과학성을 증명하기 위하여 신라 당시의 정치·경제·사회·문화의 여러 현상을 전하고 있는 문헌 내용들을 근거로 제시하면서 그의 주장을 펼치려 하고 있다. 그런데 이 주장을 펼치기 위하여 그는 당시의 문헌기록을 제시하는 과정에서 문학적 상상을 동원하여 신화적 해석을 가하고 있다는 점이다. 즉 『삼국사기』, 『삼국유사』, 『삼국사절요』의 기록을 예로 들면서 논지를 전개하고는 있으되 그 과정은 곧 신화적 상상이요 신화비평 그 자체라고 할 수 있다.

그러면 각 장별로 그 내용을 소개하면서 문학적 상상이 어떻게 동원되었으며 어떻게 신화적으로 읽어내고 있는지 또는 신화비평적 요소를

갖고 있는지 보기로 한다. 『신라연구』의 전체 구성을 보면 다음과 같
이 되어 있다.

序章 新羅人의 天地　第一章 老人獻花歌　　第二章 구름
第三章 해와 달　　　　第四章 별　　　　　第五章 神仙
第六章 新羅의 商品　　第七章 춤　　　　　第八章 處女
第九章 가난　　　　　　第十章 피리와 노래　第十一章 靈
第十二章 政治　　　　　第十三章 사랑 其一　第十四章 사랑 其二
第十五章 父母와 子女들　第十六章 兄弟

이상 각 장의 제목만으로도 글의 성격이 논문은 아닌 것임을 짐작할
수 있다. 설명과 논증이 예상되는 서술적 개념어가 아닌 모두가 문학적
상징성을 가졌음직한 명사들로써 이루어져 있기 때문이다. 아울러 '신
라'와 함께 '천지', '해와 달', '구름', '별' 등의 천체적 자연이나 '신선
神仙', '피리와 노래', '영靈', '사랑' 등과 같은 신비성을 가진 사물이나
관념적 소재를 제목으로 내어놓음으로써 이런 성질을 더욱 짙게 한다.

특히 〈서장. 신라인의 천지〉를 통하여 신라인의 우주관과 세계관을
먼저 밝혀 그 전체를 제시한 다음 이것의 논거 마련을 위하여 나머지
각 장에서 그 세계관을 이루는 요소들을 하나하나씩 독립시켜 서술하
고 있는 지은이의 의도를 짐작할 수 있다.

이렇듯 우선 각 장의 제목만으로 보듯이 이 문집의 전체 구성은 먼
저 서장에서 '신라인의 천지'를 제시하여 그들의 세계관을 말한 다음
제1장부터는 이에 대한 구체적인 예시로서 그 논거를 삼아 문집의 전
체 줄거리를 전개시켜서 신라인의 정신세계를 주장하려 했던 것이 지
은이의 의도였던 것으로 풀이된다. 그런데 이러한 지은이의 의도는 그
렇다 치더라도 각 장의 서술을 통해 드러나고 있는 실제 모습은 신화

비평의 성격을 띠고 있다.

그러면 여기서 각 장의 요지와 함께 문학적 상상이 어떠한 변용을 거쳐서 드러나고 있는지를 보기로 한다.[6]

序章의 '新羅人의 天地'에서는 "여기에 하늘이 있다. / 그러나 이 하늘은 그 밑엣사람들을 굴복시켜 그 아래 업드리게만 하거나 그의 一生을 罪의 懺悔속에 흐느끼게 하는 ─ 그러한 하늘은 아니다. 다만 빛이 여기서 오듯이 그들도 거기서 오고 또 돌아가는 것이라고 생각 하면 그만인 것이다."라고 시작하면서 그 논거로써 신라인들의 사고 와 행동양식 등을 나열하면서 그 세계관을 제시하고 있다. 가령

그들은 또 그들의 祖上이 하늘로부터 내려왔음을 암과 아울러(이 암의 실제라는 것을 나는 여기선 번거러이 說明치 않겠으나) 또 그들의 왼 갖 道德과 藝術까지가 그것에서 본떠져야할 것을 잘 알았다. 하여 倫 理는 제약이기 前에 한없는 理解요 사랑이고자 했고 藝術은 또 바로 그것이 神明의 일이었다.

처녀들이 그 찬란한 시절을 마치고 시집에 뜰 때 그들의 속살이 묻 은 옷을 벗어 먼저 이 언저리에 바쳤고 남의 아내된 사람이 홀로될 때에도 그들은 그 情緖를 익히어 이 가까운 곳으로 갔다.
땅을 보고는 그들은 '어머니' '아버지' '아들' '딸'이라고 불렀다. 孝 道와 子女養育과 같이 그들은 땅에 處하여 땅이 줄 수 있는 왼갖 것을 다해 갔던 것이다.

이와 같은 진술에서 바로 신라 당대 사람들의 현실적 삶의 세계관을 우주적 차원의 신화적 관점으로 원경화시키고 있음을 볼 수 있다. 즉

6) 물론 이 중 문학적 상상과 신화비평적 요소가 덜한 장은 요지 제시 만으로 그치는 것도 있음을 밝힌다.

'땅(地)'을 두고 '어머니·아버지·아들·딸父母子女'이라고 불렀다고 하는데 이것은 땅 곧 대지(大地)를 인간과 만물의 생성처로 보는 신화적 관점 바로 그것이다. 땅은 혈육 곧 부모자녀를 생성하는 인간생명의 근원이기도 하고, 땅은 또 우리 모두 곧 신라인의 어머니이기도 하고 아버지이기도 하고 또 우리 모두의 아들과 딸이기도 하다는 사고의 발현이다. 인간생명의 모든 근원지를 땅으로 귀속시키는 이른바 신화적 상징체로써 설명을 하고 있는 것이다. 이러한 진술방식은 신라인의 생활과 세계관을 말하기 위하여 당시의 생활상과 관련된 직간접적 문헌 자료나 예화 등의 실증적 근거를 제시하면서 논증하여 간 것이 아니라 오로지 지은이의 신화적 상상력을 통하여서만 설명하고 있는 것이다. 즉 지은이와 독자간의 신화적 코드에 의하여서만 진술되고 수용되고 있다는 것이다. 물론 문헌 근거를 제시하면서 과학적 논증을 보이려 하고는 있지만 문제는 이를 풀이하는 과정이 개인의 주관적 창의성이 돋보이는 곧 신화비평이라는 점이다.

다음 〈제1장 노인헌화가〉는 향가 헌화가에서, 소 몰고 가던 노인이 수로부인에게 자신을 아니 부끄러워하시면 꽃을 꺾어 바치겠다는 내용을 두고 이들의 만남을 신화적 분위기로 이끌어 내고 있다. 가령 "(노인은) 자기의 흰 수염도 다 잊어버렸던 것일까. 물론 다 잊어버렸었다. / 남의 아내인 것도 무엇도 다 잊어버렸던 것일까. 물론 다 잊어버렸었다 …(중략)… 꽃에게론 듯 또 공중에론 듯 말 위에 갸웃등하고 여인네의 하는 말을 남편은 숙맥인양 듣기만하고 …(중략)… 벼랑의 높이마자 고스란히 그만 잊어버렸던 것일까. / 물론 여간한 높낮이도 다 잊어버렸었다"라는 언급에서 노인과 부인의 신분의 차이가 벼랑의 높이로 설정되었다면 이를 뛰어넘어 이 높이를 '고스란히 잊어버렸던 것'은 신화적 상상에 의존하지 않고는 불가능한 진술이다.

제2장第二章은 삼국사기 권제 삼 신라본기 삼 '실성니사금조'三國 史記 卷第三 新羅本記三 '實聖尼師今條'의 내용을 소개하면서 신라 인들은 '구름'을 신령스러운 존재로 인식하면서 이것의 영성靈性을 삶 의 한 원동력으로 삼았다는 점을 말하고 있으며, 제3장에서는 하늘의 해와 달의 빛과 무늬는 제일 먼저 사람에게 저장되고 것이 저장된 이 사람들이 하는 행동이 신라인의 삶의 모습이라는 것이다. 모두가 신화 적 상상력에 의한 진술이며 이에 의하여 읽기를 요청하고 있는 글이다. 즉 3장의 경우 정치도 예술도 모두가 해와 달의 빛과 무늬를 저장한 사람들의 행위라는 논리였던 것이다. 연오랑과 세오녀의 일본행 이후 신라의 해와 달이 빛을 잃음에 연오가 짜서 준 비단으로 제사를 지내 니 해와 달빛이 원래대로 되었다는 이야기를 예로 들었는데 역시 인간 의 행위를 하늘의 해와 달과의 밀접한 관련으로 이해하고 있는 점에서 신화적 관점을 취하고 있다. 이하 4장부터 16장 마지막까지의 요지는 다음과 같다.

제4장은 융천사의 혜성가에 나오는 이야기로서, 혜성이 심대성을 범 하려 하매 융천사가 이 노래를 지어 부른 후 세 화랑이 무사히 유오산 수행을 출발하고 왜구까지 물리친 것과 같은 일들이 신라인에게는 생 활 속에서 자연스레 이루어지고 있었다는 점을, 제5장은 박혁거세의 어 머니 사소娑蘇가 신선이 되어 성모聖母가 될 수밖에 없는 필연성을[7], 제6장은, 신라인의 상품 즉 솜(綿)과 곡식(食糧)을 사고파는 물물교환의 상행위가 재화를 주고받았던 단순한 경제 행위 이상의 것으로서 그들 의 순박한 마음을 주고받았다는 의미를 부여하고 있다.[8] 즉 상품의 사 용가치 이상의 천심이 배어 있는 두 상품을 천심 같은 인심의 소유자

7) 이 설화는 널리 알려진 서정주의 시 〈꽃밭의 독백〉의 소재이기도 함.
8) 이 역시 미당의 시 〈新羅의 商品〉으로 변용되고 있다.

가 주고받음은 곧 하늘의 이치에 의한 행위라는 점을 매(鷹)를 전령사로 내세워 말하고 있다.

제7장은 신라인들의 삶의 고락을 풀어내는 방식을 몇 문헌의 예를 들어 풍류라고 말하고 있고, 제8장은 신라 때 혼인하는 처녀들이 살붙이의 바지를 벗어 신령께 폐백 드리는 풍습을 말하면서 신라처녀들의 '정령精靈과의 교류'를 찬양하고 이에 오늘의 우리 삶의 자세를 반성하게 하고 있고, 제9장은 가난한 백결이 삶에 초연하여 가난도 음악이 되었다는 이야기이다. 제10장은 월명사의 피리소리는 가던 달도 멈추게 하고 그 곡조는 천국을 불러 내릴 수 있는 것이었다는 곧 천국과낙원이 따로 있는 것이 아니라 이런 피리소리가 있는 신라가 곧 낙원이었다는 점을 예로 들면서 현실주의적인 유교나 성리학 그리고 서양의 이론신학들을 비판하고 있다.

제11장에서는 영현靈現이란 인간의 현실적 삶의 필연과 어긋나게 부릴 수 있는 힘이 아니라 "사람의 의욕을 따라 선을 선하고 악을 악하게 할 수 있을 뿐인 것"이지 이 "필연과 어긋나게 힘을 부리는 불가피한 위압력 즉 천변天變이니 지리地異니 하는 것들이 아니"라는 점을 당시설화와 삼국사기 김유신조의 예를 통하여 증명하려 하고 있다. 그러면서 이러한 신라 때의 영적 사상을 얕보는 서양의 근대 과학사상을 비판하고 있다. 제12장은 신라에서 나라를 다스리는 곧 정치란 호랑이 잡는 것과 같은 '힘'이 아니라 백성을 보살피는 정이라는 점을 말하고, 제13장은 신라 사회에 있어 결혼 전 젊은 남녀의 사랑은 그 시작부터가 섣부르고 경망한 애정행위가 되지 않는 사회적 분위기 속에서 이루어졌으며 이는 서양의 에로스나 러브와 같이 감각적이거나 감정적인 것과는 다른 지·정·의가 조화된 마음이었다는 점을 삼국사절요의 이야기를 통해 말하고 있다. 이에 반해 제14장은 결혼 후의 사랑도 결

혼 전의 그것이 심화되어 갔을 뿐 변질되지 않았다고 말한다. 그 예로
서 박제상과 그 아내의 이야기를 들면서 치술령에서 생명을 마친 제상
의 아내가 치술신모致述神母가 되었다는 삼국유사의 내용을 인용하면
서 그들의 사랑의 마음은 감정적 애정과는 본질이 다른 "항상 살아있
는 마음"이라고 말한다. 제15장에서는 신라 사회에서 부모와 자식간의
관계는 공과 사가 뚜렷이 구별되어 부모에게 있어 대의와 명분의 공을
위해서는 자식의 죽음도 마다하지 않았고 부모를 위해서 여식은 그 청
춘을 바치기도 했다고 한다. 그 예로 원술, 관창, 해론奚論과 효녀 지
은知恩을 들었다. 신라에서 부모자식 관계는 고려나 조선의 유교적인
덕목은 물론 이것을 뛰어넘어 유불선이 융합된 성격의 것으로 지은이
가 창안한 개념인 '처무위處無爲'[9]였다는 것이다. 이 장에서는 부모
자식의 관계를 이 처무위의 개념으로 해석하는 부분에서 약간의 비약
이 있을 뿐 그 외에는 신화적 상상력이 동원되지는 않고 있다. 즉 처
무위를 '창조의 모태인 천지의 본 기질에 의해 이루어지는 정신기능'으
로 해석하면서 부모와 자식간의 관계도 바로 이에 근거했다는 신라인
의 정신을 말하려 한 것이다.

그리고 마지막 제16장[10]은 앞 장의 부모와 자녀간의 관계를 말하고

---

9) 이 말의 개념을 지은이는 이 자료의 본문에서 다음과 같이 밝히고 있다.
　"이 處無爲란 말은 요새 말투로 하자면 創造母胎인 天地의 本氣質에 의해 處한다는 類
　의 뜻이다"라고 말하고 있는데, 곧 '천지만물 또는 세상 모든 사물의 본성을 따르는' 또는
　'하늘이나 자연의 이치에 따르는' 정도로 이해하면 좋을 것 같다.

10) 제15장이 신라 때 '부모와 자녀'의 관계를 언급한데 이어 제16장은 '형제'의 관계를 언
　급하려 했던 것이 지은이의 의도로 보인다. 그러나 어찌된 영문인지 이 16장은 모두 지
　우라는 교정의 표시가 되어 있는데 그 이유는 아마 필사공의 실수였던지 이 장의 마지
　막 단락이 제망매가와는 전혀 다른 내용의 글이 적혀 내용 연결이 전혀 이루어지지 않
　고 있기 때문에 그랬던 것 같다.
　그리고는 전혀 다른 내용의 글이 이어지고 있다. 그 내용인즉 혁거세의 어머니 사소(娑
　蘇)의 얘기, 선덕여왕지기삼사 얘기, 진평왕 때 비구니 지혜(智惠)의 이야기를 하면서
　신라인들의 영원성과 전·현·내세의 삼세의 통합과 靈通의 현실성을 말하고 있다. 문

있음에 이어 형제의 관계에 대하여 말하고 있다. 향가 제망매가를 인용하면서 신라 사람들의 형제에 관한 사고방식과 세계관을 말한다. 미타찰彌陀刹에서의 재회를 언급하면서 그 개념을 유교적 인륜의 도보다 "목숨을 담은 '공空'의 기질"을 갖는 것이라고 말하면서 이는 선불仙佛적 사상에 근거한 것이라고 주장한다. 역시 그의 도교와 불교 그리고 사머니즘의 융합적 사고를 가진[11] 서정주다운 언급이라 하겠다.

이상의 전 장에 걸쳐 서정주가 말하고자 한 것은 바로 인간과 천지와 자연은 제각기 따로 존재하고 살아가는 것이 아니라 서로 교호하고 상통하며 유기적 관계로 이어져 운행되는 것이라는 점이다. 이러한 관점은 모두가 신화적 상상에 의존하지 않고는 성립될 수 없는 것이다. 이로써 이「신라연구」는 전 장에 걸쳐 신화적 상상에 의존한 신화비평의 방법으로 전개되고 있는 한 권의 신화비평서이자 신화적 서술시 또는 이야기시집이라고 할 수 있다. 즉 서장과 제2장, 제9장 그리고 1장, 5장, 6장의 1절 등은 비평의 차원을 넘어 아예 신화적 상상에 의한 상징으로 이루어진 서술시 또는 이야기 시로 볼 수 있다는 것이 본고의 주장이다.

집 내용의 이러한 전후사정을 감안하여 보면 '靈通' 혹은 '永遠人' 정도의 제목 하에 17장을 마련했음직하다. 어떻든 이렇게 불완전한 모습으로 이 문집은 끝맺고 있다.
그런데 이 문집은 1960년 당시의 열악한 인쇄 여건 하에서 지은이가 어느 인쇄소에 맡겨 그 인쇄소의 필사 숙련공이 지은이의 원고를 필사본으로 베껴 쓴 듯하다. 띄어쓰기가 전혀 되어 있지 않은 데다가(물론 지은이 원고의 원본부터 띄어쓰기는 제대로 안되었을 수도 있다. 그것은 오늘과 같은 어법을 제대로 지키지 않던 지은이의 습관상) 필체도 전형적인 필경사의 필체인 데다 획수가 복잡한 한자는 독음하지도 않은 채 한 단어에 한글과 한자가 섞인 어색한 모습이 그대로 있는 것도 있기 때문이다. 그리고 현재 전하고 있는 유일한 자료로 국립중앙도서관 소장본의 이 문집에는 수정을 요구한 심사위원의 필체인 듯한 교정 흔적이 곳곳이 남아 있는데 교정된 완본은 어디서 멸실됐는지 찾을 길이 없다.
11) 필자 논문, 〈신라정신의 노장사상적 연구〉『국어국문학』123호(국어국문학회, 1999. 3) 참조

3. 신화적 상징성과 갈래적 성격

1) 신화적 상징성으로 대표된 서술시 – 서장, 제2장, 제9장

미당 서정주는 이 『신라연구』에서 신라 관련 설화나 예화를 동원하여 신라인의 정신과 세계관을 알려 보임으로써, 현실의 이해타산이나 서구의 과학적 사고나 합리적 세계관에 젖어 있는 오늘날 우리의 세태와 현실을 비판하고자 하는 의도를 가진 성격의 저작물로 이해할 수 있다. 그런데 교수자격심사위원회에 제출된 이 특이한 담론을 연구논문이라고는 하나 앞서 말했듯이 대부분 신화적 상상으로 채워진 비평의 성격을 갖고 있으며 특히 앞서 말한 세 장은 서술시로 분류될 수 있을 만큼 시적 상징성으로 두드러진 글이다. 그는 자기의 주장을 전개 서술하는 차원에서 글을 쓰고 있으나 독자에게 수용되는 결과는 한 편의 시로 느껴진다는 것이다. 관심 분야에 관한 자신의 견해를 그냥 서술한 것인데도 이것이 그냥 시의 모습으로 드러나니 이런 점이 미당을 천부의 시인으로 보지 않을 수 없는 이유이기도 한 것이다. 글의 성격상 신화적 상상에 의하지 않고는 이해될 수 없는 데다 신화적 상징의 모습으로 드러나고 있는 부분들이 많기 때문이다.

서술시란 문자 그대로 서술의 형태를 띠고 있는 산문이지만 산문시와는 달리 산문적 율(Rythm)이 느껴지기 보다는 서술 그 자체로서 형상화를 이루고 있는 형태의 시라고 할 수 있다. 서술시는 물론 산문으로 된 것이므로 산문시의 영역에 들어간다고 할 수 있다. 즉 형태상의 산문시이지만 진술 방식을 중시하는 관점으로 본다면 서술시인 것이다.

그러면 먼저 서장序章의 경우를 보면, 앞서 인용과 함께 설명하였듯이 신라인들의 세계관을 우주적 차원의 신화적 상상력으로 읽어야만 이해될 수 있다. '땅(地)'을 두고 '어머니 · 아버지 · 아들 · 딸(父母子

女)'이라고 불렀다고 하는 것은 땅 곧 대지(大地)를 인간과 만물의 생성처로 보는 관점이 그것이다. 땅은 혈육 곧 부모자녀를 생성하는 인간 생명의 근원이기도 하고, 땅은 또 우리 모두의 곧 신라인들에게는 어머니이기도 하고 아버지이기도 하고 또 우리 모두의 아들이기도 하고 딸이기도 하다는 사고의 발현이다. 이 점은 인간생명의 모든 근원지를 '땅'이라는 신화적 상징체로 귀속시키고 있는 관점이고 이 사실은 곧 시대와 장소를 초월하여 인간 공통의 심리를 드러내는 신화적 상징의 대표적인 예다.

> 그들은 늘 獰猛하고 눈맑은 매를 날리곤 곧잘 處女인 그들의 딸아이들의 마음까지도 그 뒤를 따르기를 勸告하였다. 아여 이런 猛禽의 慧眼이 마침내 선정하는 장소야말로 그들 男女의 究竟의 精神의 處所라고 생각하였다.
> 이렇게 되면 이미 宿命의 중압은 그들의 어깨 위에 있을 순 없다. 그렇기 때문에 新羅人에게는 '에디푸스'의 悲劇으로써 極端을 삼는 宿命的 希臘悲劇의 어떤 것도 있을 수 없었다.

여기서 보듯이 '인간 남녀의 삶의 가장 이상적인 처소'는 곧 '맹금의 혜안이 선정하는 장소'라고 하는 것도 신화적이다. '맹금의 혜안'은 곧 인간의 소망이 반영된 꿈의 상징물로서 일종의 토템신화와 관련지을 수 있는 동물이며 이것이 선정한 장소를 곧 사소(娑蘇:혁거세의 어머니)의 거처와 동일시함으로써 사소는 곧 신화적 인물로 형상화되는 것이다. 아울러 지은이 역시 희랍신화의 '에디푸스'를 직접 언급하면서 서구 고대 신화를 신라의 신화와 대조시키고 있다. 따라서 이 글을 한 편의 서술 형태의 시로 보는 가장 큰 이유도 바로 여기에 있다. 형태상의 산문시요 진술방식을 중시하는 관점으로 보면 서술시라는 것이다.

시의 형식에 일반적으로 산문시라는 명칭을 쓰지만 이는 율(metre)을 가진 운문의 대응적 개념의 명칭으로서 추상적 개념이다. 그렇다면 오늘날 일반적으로 쓰이는 서술시라는 명칭은 진술 방식을 중시한 명칭이다.

어떻든 시의 형식면에서 율격을 기준으로 한 산문시라는 명칭보다 시인의 입장을 기준으로 한 서술시라는 명칭이 적합한 것으로 본다. 즉 시인은 자신의 견해를 서술하고 독자에게는 시로서 수용되는 형태의 글로서 이는 오늘날 이른바 해체시의 일반적 기법과 같은 서술시라는 것이다.

그리고 제1장의 경우도 향가 〈헌화가〉를 인용하면서 이것이 지어진 신라 당시의 사람 즉 소 몰던 노인과 수로부인을 예로 들면서 당시 사람들의 사고를 말하고자 하는 시인의 견해를 진술하고 있다. 그러나 이 역시 신화적 상상과 상징물이 드러난 서술시이다.

> 자기의 흰 수염도 나이도 다 잊어버렸던것일까. 물론 다 잊어버렸었다.
> 남의 아내인것도 무엇도 다 잊어버렸던것일까. 물론 다 잊어버렸었다.
> 꽃이 꽃을보고 웃듯하는 그런 마음씨밖에 딴 배포는 아무껏도 가진
> 것이 없었다.
> …(중략)…
> 벼랑의높이마자[12] 고스란히 그만잊어버렸던것일까.
> 물론 여간한높낮이도 다잊어버렸었다.
> 한없이 맑은 공기(空氣)가 ── 요새말로하면 그 공기가 그들의 입과
> 귀와 눈을적시면서 그들의 말씀과수작들을 적시면서 한없이 친한것이
> 되어가는 것을 알고 또 느낄수있을 따름이었다.

---

12) 높이마저

상황과, '꽃'을 주고받는 행위를 서술하는 과정에서 이야기는 신화화되고 있다. 이렇게 볼 때 '흰 수염의 노인'과 '수로부인'의 신분은 '벼랑의 높이'만큼 거리가 먼 데도 이를 주고받고 이루어지는 것은 그 매개물인 '꽃'과 봄의 '한없이 맑은 공기'가 조성한 신화적 분위기 때문이고 이것이 그 거리를 잊게 한 것이다. 두 인물간의 신분의 차이와 벼랑의 높이라는 현실적 제약을 극복하고자 하는 이들 곧 신라인들의 꿈이 투사된 장치가 '꽃'과 '공기'라는 것이다. 즉 이 신화는 신라인들의 일반 원리인 이른바 '비개성화된 꿈'[13]이라고 말할 수 있다.

따라서 1장 역시 신화적 상징성을 드러내는 서술시이다.

다음 제9장은 대표적인 문헌설화시라고 볼 수 있다. 그것은 백결선생의 이야기를 담은 것으로 역시 신화적 바탕 위에 이루어지고 있다.

狼山 밑 새말 사람 百結이는 가난하여 주렁 주렁 주렁 주렁 못을 지어 입은게 매추래기꿰미를 매여단 것같대서 사람들이 그리 이름지어 불렀다.

그러나 그에겐 오래 두고 익궈온 슬기론 한 채의 거문고가 있어서 밤낮으로 마음을 잘 풀어갔기 때문에 가난도 앞장질러서지 못하고 뒤에서 졸래졸래 따라다녔다.

그래서 나날이 해같이 되루 일어(다시 떠올라:필자주) 물같이 구기잖게(구기지 않게:필자주) 살아 갔었다.

그러다가 어느 해 섣달 그믐날 저녁은 이웃집 좁쌀방아 찧는 소리에 마누라의 배가 그만 깜박 솔깃해

'좁쌀……'이라 한마디를 드뇌었더니 거문고가 울리어 이걸 씻어서 또 다시 물같이 흘러내렸다.

13) Wilfred L. Guerin 외 『A Handbook of Critical Approaches to Literature』(정재완, 김성곤 역, 청록출판사, 1979). p.137

이상과 같이 '가난이 물같이 흘러내리'고 '거문고가 울리어 물같이 흘러내리'는 이른바 '물'의 이미지에 용해되는 신화적 상징물로 대표되는 서술시이다.

신화적 상징으로 본다면 '물'은 무의식의 가장 일반적 상징이기도 하고 탄생·부활·풍요와 성장의 원형적 이미지이기도 하기 때문이다.[14]

2) 신화적 상징성으로 대표된 이야기시 – 제1장, 제5장 1절, 제6장 1절

그리고 『신라연구』의 1장, 5장, 6장 1절은 서사적 이야기 구조를 가지면서 신화적 상징성으로 형상화되고 있는 이른바 이야기시로 볼 수 있다. 여기서 이야기시란 일단 그 요건이 서사적 요소를 가진 것으로 '인물'이 등장하고 그들이 어느 '공간'에서 어떠한 '사건'으로서의 행위를 하는 서사적 요건을 갖추고 있어야 하는 점인데 이 장들은 이러한 요건과 구조를 모두 갖추고 있다는 점이다.

먼저 제1장의 경우 먼저 신라인이라는 불특정의 인물 등장과 그들이 살아가는 공간적 배경인 천지 우주를 제시하면서 그들의 사고방식과 하는 일(농사, 장사)을 서술하고 있는데 이를 통하여 주로 그들의 세계관과 행동양식을 주제로 제시하고 있다. 즉 이들이 하는 모든 일 즉 농사를 짓고 장사(물물교환)를 하는 생각과 행동이 모두 하늘과 땅의 이치에 맞는 '생명의 호흡을 지키면서' 이루어졌다는 사실이 그것이다. 물론 여기서 이루어지는 사건 행위 속에는 등장인물 간의 갈등이나 특정 인물의 성격이 드러나지는 않는다. 그러나 여기서는 그들의 생각과 행위들이 오늘날 우리의 그것과는 근본적으로 다르다는 점이 등장인물인 신라인의 성격인 것이고 또 신라 여인들의 길쌈놀이의 서술도 갈등

---

14) Guerin, 앞의 책 p.122 참조

을 일으키는 사건은 아니지만 사기의 기술인 것은 사실이다. 그러면서 이러한 서술이 시의 성질을 갖는 것은 이러한 서술을 통해서 인간세계의 이상적 모습이 천지자연의 순리대로 이루어지고 있는 신화적 분위기에로의 형상화 때문이다. 즉 신라인들의 행위과 사고방식의 모두는 생명의 호흡이라는 '하늘'과 '땅'의 순리로 귀착시키는 신화적 상징이 그것이다. 그리고 서양의 오이디푸스신화와 같은 숙명적 비극과의 대조도 지은이 스스로 신화를 지어낸다는 점을 의식했기 때문이다.

그리고 제5장의 1절 역시 비교적 뚜렷한 서사적 요소를 가진 장이다. 흔히 선도산仙桃山 신모神母라 일컬어지는 박혁거세의 어머니 사소娑蘇의 신분 근황과 변모되어 가는 과정 즉 신선이 되어가는 과정이 신화적 이야기로 그려지고 있기 때문이다. 사소의 젊은 시절과 성장과정 그리고 매(鷹)에 이끌려 산으로 가는 과정, 매가 그녀의 부모와의 교신을 전하는 일과 그 이후 신선이 되어버린 일 등으로 미루어 인물의 성격과 이야기 전개과정에서 화소(Morif)의 분명함, 배경의 변화 등이 비교적 분명히 드러나기 때문이다.

제6장의 1절 역시 '인관印觀'과 '서조署調'라는 두 신라 사내를 등장시켜 이들이 솜과 곡식을 물물교환으로 서로 맞바꾸어 거래를 했는데 서조가 사 간 솜을 매가 도로 물어 인관네 집으로 갖다 놓아버림으로써 일어난 일을 소재로 하여 신라인의 천성과 사고방식을 말하려 한 소절이다. 여기에도 등장인물과 그들의 성격 그리고 화소 단위의 분명함 등의 서사적 요소를 상당히 명료하게 드러내고 있다. 그리고 이야기의 소재인 솜과 곡식이라는 천연의 상품의 상징성과 등장인물의 행동과 사고의 비범성 등은 모두 시적 형상화에 기여하는 요소이다. 따라서 이 장 1절만으로 볼 때는 서술적 이야기시의 갈래라고 할 수 있다는 것이다.

3) 신화비평으로서의 갈래 – 나머지 장

미당 선생의 자료 『신라연구』는 앞서 논의한 시적 요소를 가진 몇 장을 제외한 나머지 장은 대부분 신화비평으로 분류될 수 있다. 매 장마다 신라 당시 이야기를 전하는 문헌의 내용을 예로 들면서 이를 통하여 신화비평의 방법을 동원하여 지은이의 주장을 펼치는 신화비평 그 자체이다.

가령 제4장의 경우 널리 알려진 시 '꽃밭의 독백'을 연상하게 하는 전반부의 설명으로서 신라인들의 세계관을 제시하려고 한 사실과 이의 뒷받침으로 후반부의 향가 '혜성가'의 배경설화를 통하여 지은이의 주장을 펴고 있는 점은 글의 성격상 한 편의 신화비평으로 보아 무방하다.

> 우리 앞마당의 煩雜이 아무리 熱하고 또 시끄러운 것일지라도 우리 뒤안의 꽃밭의 燈明과 같이 별은 또 늘 우리 背後에, 頭上에, 底部에 싱그러이 자리잡고 있어야 할 일이 아닐까. 우리의 혼탁하고 여릿한 彷徨 뒤에 우리가 찾아야 할 故鄕의 마지막 슬기를 代表하는…

이상과 같이 시작하면서 신라인의 세계관을 제시한다. 필자는 이러한 세계관의 뒷받침으로 혜성가를 인용하면서 융천사의 이 노래로써 혜성의 이변과 왜병의 침범까지 물리쳤다는 사실의 현실성을 강조하기 위하여 신라인들은 항상 이러한 자연과 합일된 영적 능력으로 살았다고 말하는 것은 곧 '혜성'이라는 불길한 성질의 상징성과 '왜구'의 연관성 등은 신화적 상징으로 읽어야만 이해 가능한 부분이라 하겠다.

그리고 7장 1절의 경우도 파사임금婆娑尼師今을 맞이하는 촌장 이손伊○과 허루許婁의 아내가 딸까지 불러내 모녀가 함께 춤을 추었다는 이야기와 유리니사금儒理尼師今 때 신라 왕녀들의 길쌈놀이와 팔월 추석의 유래 이야기 속에서 한가윗날 춤과 노래로써 떼춤을 춘 이야기, 그리고 헌덕왕은 직접 거문고를 켜고 여러 신하들은 직접 춤을 추었다는 얘기를 통하여 희로애락을 풀어내는 신라인들의 열린 세계관을 말하고 있다.

그리고 2절도 삼국유사 처용랑 망해사조의 설화 즉 처용설화를 소개하면서 급간 처용이 아내 간통의 사실 앞에서 춤춘 사실을 근거로 들면서 신라인의 풍류성을 주장하고 있는 점도 마찬가지이다. 이 처용설화는 오늘날과 같으면 일대 비극적 서사구조로 처리될 수 있는 것임에도 신라인의 경우엔 심령心靈을 춤으로 표현하여 풍류로 승화시킨 여유를 말하기 위한 것이다. 이는 신화적 상상력의 소산에 의한 신화비평의 관점이 아니고서는 이해될 수 없는 이야기 구조인 것이다. 물론 이는 이야기의 인물과 배경 등 모두가 신화적 관점에서 이루어지고 있는 것으로 기본적 설정부터가 신화적 조건을 가지고 있기 때문에 당연한 것이기도 하다. 즉 처용의 출신과 신분의 변모과정 그리고 바다와 육지 처용의 집 아내의 통정에 대한 대응방식 등이 모두 신화적 모티프인 재탄생과 변용 등이 개입되어 있기 때문이다.

4. 맺음말

이상의 논의를 논의를 통하여 볼 때 서정주가 그의 교수 자격 심사용 논문으로 제출한 『신라연구』라는 모두 열일곱 장으로 이루어진 이 연구문집은 명목상으로는 '연구'라는 제목이 붙어 심사용으로 제출한 논문으로 보이나 그 내용을 검토해 보았듯이 실제로는 그렇지 않다. 이 것은 머리말에서 제시하였듯이 오늘날 일반적 논문으로서의 요건을 거의 갖추지 않고 있으며 논문이라기보다는 오히려 신화적 상징성이 두드러진 서술시, 이야기시 그리고 신화비평 등 세 가지 장르의 문학적 성격이 혼재된 창작물로 보아야 할 것이다.

이 문집의 각 장절별로 양식상의 갈래를 달리하는 점들을 정리해 보면 다음과 같다.

첫째, 서장을 포함한 열일곱 장 중 서장과 2장 9장은 신라인의 세계관이라는 지은이의 주관적인 주장을 전개 서술하는 차원에서 글을 쓰고 있으나 독자에게 수용되는 결과는 한 편의 시로 느껴진다는 것이다. 관심 분야에 관한 자신의 견해를 그냥 서술한 것인데도 이것이 그냥 시의 모습으로 드러나니 이런 점이 미당을 천부의 시인으로 보지 않을 수 없는 이유이기도 한 것이다. 글의 성격상 신화적 상상에 의하지 않고는 이해될 수 없는데다가 신화적 상징의 모습으로 드러나고 있는 부분들이 많기 때문이다. 특히 이 장들은 신화적 상징을 바탕으로 한 시어들로 형성된 신화적 상징성이 두드러진다는 점에서 그렇다.

둘째, 제1장, 제5장 1절, 제6장 1절 역시 지은이의 의도인 오늘의 담론적 글쓰기가 아니라 인물의 등장과 이 인물이 행위하며 처하는 공간과 그 공간에서 일어나는 사건을 가진 서사적 요소를 가진 이야기시라고 볼 수 있다. 이는 먼저 신라인으로 상징되는 특정 인물이 등장하여 그들이 살고 행위하는 공간적 배경이 천지자연과 천체로 제시되고 있기 때문이기도 하고 이들을 배경으로 한 신라인들의 행동양식과 세계관 그리고 사고방식과 길쌈놀이와 같은 행위 사실을 통하여 제시되고 있기 때문이다. 그리고 그들의 사고방식과 농사와 장사(商業)를 하는 일도 나온다. 물론 여기서 이들의 행위 속에 등장인물 간의 갈등이나 특정 인물의 성격이 드러나지는 않는다. 그러나 여기서는 그들의 사고방식과 행위들이 오늘날 우리의 그것과는 근본적으로 다르다는 점이 등장인물인 신라인의 캐릭터라면 캐릭터인 것이다. 그러면서 이러한 서술이 시의 성질을 갖는 것은, 이러한 서술을 통해서 인간세계의 이상적 모습이 천지자연의 순리대로 이루어지고 있는 신화적 상징성을 갖는 시적 형상화 때문이다.

셋째, 대부분의 나머지 장들은 모두 지은이의 의도가 담론 형태로 드러난 것으로 특히 신화적 상상에 의존한 신화비평이라고 할 수 있으며 독자 역시 이를 내용으로 읽기를 지은이는 바랐던 것이다.

제 2부

우리 시의 불교적 정신주의

Ⅰ. 선시禪詩의 서술양식

1. 선시의 개념과 유래

이 글은 선시를 대상으로 그 표현의 양식적 특성을 밝혀보고자 함을 목적으로 한다. 다시 말해 선시의 서술 양식에 관한 논의이다. 그런데 시의 양식에는 선시 외에 서술시라는 것도 있다. 일반적으로 '선시'란 시가 추구하는 바 지향점 곧 시정신의 면에서 일컫는 이름이요 '서술시'란 시적 지향점 곧 시정신을 드러내는 방법으로서의 형식적 특성을 일컬음이다. 그러므로 이 둘은 하나의 작품에서 드러날 수 있는 두 측면이다. 특히 이 글에서는 선시의 유형에 따른 형식적 특성을 논의하는 과정에서 그 표현의 양식적 특성이 밝혀질 것이다.

선시란 선을 원리로 하여 언어로 표현된 시를 말한다. 여기에는 이러한 선의 원리를 모습으로 한 그 자체만으로 표현된 '전통적 선시'가 있는가 하면 이러한 선의 원리를 원용한 시적 기법의 '현대적 유사선시'가 있다. 여기서 전통적 선시의 주된 표현양식은, 논리적으로 전혀 의미가 서로 통하지 않을뿐더러 의미상으로도 상호 관련성이 없이 무관한 사물 또는 단어들끼리의 연결이나 결합으로 이루어진다는 점이다. 이른바 무연無緣의 논리를 주로 한 담화의 진술이다. 즉 시적 담화가 비논리성에 의해 지배되고 있다는 사실이다. 이것은 선시에서 가장 두

드러지는 표현 특징이자 양식을 결정짓는 요소이기도 하다. 이는 그럴 수 밖에 없는 이유가 선시 자체가 일단 언어로 표현될 성질의 것이 아닌 '선의 세계' 자체를 언어로 표현한 것이기 때문이다. 결국 언어로 표현될 성질이 아닌 무장무애의 정신적 자유세계를 언어로 표현하자니 이는 곧 비논리일 수밖에 없고 잠꼬대와 같은 무의식의 기술일 수밖에 없다고 할 수 있다. 설사 이렇게 하여 언어로 기술한다고 해도 이것은 역시 선의 정신세계 그것의 극히 일부 파편에 불과할 수밖에 없다.

원래 선은 언어로 표현되는 성질의 것이 아니다. 다만 선의 원리를 가져다 언어로 표현한 글일 뿐이다. 그러면 선의 원리란 무엇이냐는 것이다. 이는 한마디로 비논리 또는 논리의 초월이라고 말할 수 있다. 선의 정신세계는 말로 표현되는 것이 아니며 이른바 '진리'라고 할 수 있고 노장에서 말하는 '도'와도 같은 개념이라고 할 수 있을 것이다. 곧 진리와 도 곧 선의 세계는 말로 표현될 성질의 것이 아니며 불립문자 不立文字라고 할 수 있다. 부처님의 염화미소拈華微笑도 바로 이런 원리 위에 서 있는 것이라고 할 수 있을 것이다.

선의 의미를 시로 보여 주는 것으로 이런 시가 있다. "아침에 해뜨는 것이 사랑이다 / 새들이 우는 것이 사랑이다 / 그러나 아무도 사랑을 말하지 않는다"에서 '사랑'과 비슷한 것일 수 있다.

선이 언어로 표현될 성질의 것이 아닌 이유는 또 있다. 그것은 선을 체험한 사람 즉 선사 자신 밖에 모르는 극히 주관적인 것이기 때문이기도 하다. 그런데 이러한 선의 논리는 일상적 어법을 일탈하는 시의 논리와 상통하고 있기 때문에 이는 기본적으로 시적 발상법과 상통하는 점이 있다는 것이며 아울러 이를 시의 영역에 포함시키기도 한다.

따라서 결국 선시란 그 자체가 일단 이론상 모순의 산물인 셈이다. 따라서 표현양식 자체는 기본적으로 일상적 사고의 틀을 뛰어넘고 상식적 사고의 틀을 벗어난 비논리를 근간으로 하고 있다.

사람에게 있어 참다운 의미의 자유는 정신의 자유다. 그런데 진정한 정신의 자유는 이성적 자아 즉 프로이드가 말하는 에고(Ego)로부터의 억압에서 해방되는 것이다. 인간 정신의 진정한 해방은 우리가 깨어 있는 현실적 일상의 각종 도덕과 규율의 억압으로부터 벗어나 자유스럽게 노니는 정신상태를 되찾을 때에 가능하다는 것이다. 논리와 질서를 요구하는 의식(Ego)[1]에 의해 억눌려 있는 원시적·본능적·충동적인 정신을 추구하는 것이 참다운 자유라는 것이다. 따라서 이 세계야말로 무질서와 무형식의 논리가 지배하는 진정한 자유의 세계라는 것이다.

따라서 선의 세계는 이러한 인간의 현실적 생활을 지배하는 의식세계로부터 벗어난 경지의 세계라는 것이다. 가령 이를 프로이드 정신분석학의 용어와 빗대어 본다면 최소 전의식 이하 무의식의 층위에 해당되는 세계라고 볼 수 있을 것이다. 그러나 선시의 세계는 이러한 프로이드이론과 관련지을 수 있는 초현실주의 문학[2]과는 이렇듯 비논리의 세계라는 점에서는 일정 부분 유사성이 있으나 분명히 차이가 있다. 그것은 '깨어 있음'과 '몽롱함'과의 차이이다.[3]

이러한 원리를 바탕으로 한 선시의 성질에 비춰 볼 때 이것의 표현양식 역시 어떤 특정의 유형을 갖는다고 보기는 어렵다. 그러나 국어로 표현된 현대시로서 선적 논리를 근간으로 하고 있는 '유사선시'의 경우는 객관적 진술의 형태를 많이 띠고 있다.

---

1) Freud의 제1지형론기의 용어로는 정신계의 층위에 의식(consciousness), 전의식(preconsciousness), 무의식(unconsciousness)이 있는데 이 중 '의식'에 해당한다. 박찬부, 『현대정신분석비평』(민음사, 1995), p.20 참조.
2) 우리의 현대시사에서 보자면 1930년대 초현실주의 시인 이상(李箱)이나 1950~60년대의 조향, 김경린 등의 시가 여기에 해당한다 할 수 있다.
3) 자세한 논의는 2장에서.

원래 선시는 현대 선적 서정시보다 고대 한시(漢詩)가 그 원형으로서 대표적인 것이 바로 옛날 중국 원오(圜悟-諱는 克勤)스님(1063~1135)이 호남성 예주禮洲 협산夾山 영천원靈泉院에서 썼다는 『벽암록碧巖錄』에서 유래한다. 이것은 '선적문답禪的問答·설화說話·일사逸事를 100제題로 모으고'4) 이를 비평한 선어집禪語集이다. 따라서 원문이 모두 한자로써 문체상 우리 문학의 영역으로 보기는 어렵고 이 속에 들어 있는 불교의 선적 논리가 우리말로 된 글에 나타나고 있는 것을 우리는 일반적으로 선시라고 일컫고 있는 것이다.

선은 인간과 우주의 근본 실체를 아는 유일한 방법이다. 선을 깨닫는 길은 우주에 있는 것도 아니요 하늘 저 편에 있는 것도 아니며, 오직 내 마음의 실체 속에 있는 것이다.

그러면 이 실체를 파악해 내기 위해서는 어떻게 하여야 하는가. 이 방법이 바로 불교에서 말하는 선 수행의 방법이다. 선이란 서구의 사상 체계처럼 논리로 파악될 수 있는 것이 아니다. 논리라는 것은 지속적이고 합리적이기 때문에 그 자체가 어쩔 수 없는 한계에 묶여 삶의 깊은 심연을 뛰어 넘지 못한다.

선은 또한 예술적 직관으로 되는 것도 아니다. 그러니까 선은 인간의 정서나 감수성으로 느낄 수 있는 어떤 세계도 아닌 것이다. 선 수행의 체험에서 오는 '깨침' 없이는 뭐라고 그것을 말할 수 없다. 물을 마셔 본 일이 한 번도 없는 사람에게 물맛 그 자체를 설명한다는 것은 불가능한 일이다. 어떤 비유를 사용해서 말할지라도 그것은 어디까지나 비유 그것이지 물맛 그 자체는 아닌 것이다.5)

따라서 전통적 의미의 선시란 역대 선사들의 선문답 선어록을 두고

---

4) 李喜益 편역, 『碧巖錄』(상아출판사, 1988), p.10
5) 권기호, 『禪詩의 世界』(경북대학교출판부, 1991) pp.3~4

이를 문학 쟝르의 면으로 본 것이라고 볼 수 있고 또 선문답 선어록 자체를 두고 쟝르의 본질상 시라고 해도 무리가 아니므로 이를 선의 '시詩'라고 하는 것이다. 때문에 이를 시선일여詩禪一如라고 말하는 이유도 여기에 있다. 사실 시는 선과 같은 정신적 경지에 이르지 못하고 정제되지 못한 시들도 숱하기 때문이다.

2. 초현실주의시와의 대비를 통한 양식적 특징

그러므로 선시란 표현상 형식상에 있어 어떤 진술 유형을 찾으려 한다는 건 무의미하다. 동시에 그러한 형식 자체가 선의 정신 그것도 아니기 때문이다. 다만 있다면 선적 논리가 들어있다는 것이고 이 논리를 표현함에 있어 대체로 '서술'의 양식이 쓰이고 있을 따름이다. 이는 선의 정신을 추구하는 것 자체가 형식과 틀의 제약을 벗어나는 것이기 때문이기도 하다.

그러면 여기서 이러한 표현양식의 기본 바탕이 되는 이 선의 정신 곧 선적 논리란 어떠한 것인가 하는 점이다.

이는 결론부터 말하자면 '무연無緣의 논리'라는 것이다.

그런데 전통적 선시에서 무연의 논리란 종래 초현실주의시 처럼 한 문장 내에서의 원거리 수법에 의한 극단적 결합으로서의 오브제Objec t[6]가 된 시어들을 사용하는 표현기법이 아니라 시적 담론의 과정에서 문장과 문장 사이에 논리가 절연되어 불통되는 모습을 보이는 경우를

---

6) 1914년 초현실주의 예술가 마르셀 뒤쌍이 제출한 작품 〈레디·메이드〉, 〈가공된 레디메이드〉에서 최초로 오브제를 썼다. 이것이 프랑스 전위미술에서 표현의 모든 대상을 두고 일컫던 용어가 되었다. 초현실주의 문학에서 원용하여 쓰는 의미로는 기존 의미가 박탈된 상태로 쓰여진 시어를 말함.(정귀영, 『초현실주의 문학론』, p.352~참조)

두고 주로 말한다. 다시말해 '문맥 사이의 논리적 단절'이란 것이다. 가령 '술병에서 별이 떨어진다'(박인환 〈목마와 숙녀〉에서)라든지 '디젤엔진에 피는 들국화'(조향 〈바다의 층계〉에서)와 같이 같은 계열체 내에서 선택된 시어를 결합해 버림으로서 언어 결합의 파격성을 드러내어 시적 긴장감을 이루어 참신성을 돋구는 그런 방법이 아니라 "늙은이의 평생은 밭가는 일 / 밭에서 한 발자국도 떠나지 않았지만 / 밭에 얽매인 적이 한번도 없었다."(돈연 '벽암록 39'에서)와 같이 담론의 과정상 문맥의 연결이 비논리적 상황이 되어 절연되는 표현 형태를 취한다는 것이다.

즉 동문서답식의 이른바 선문답의 전개 양상을 보이면서 자동화되어 있는 일상의 의식에 충격을 주어 깨우기도 하고, 또한 의식의 자유자재함을 보이면서 선의 경지를 지향하기도 한다는 것이다.

따라서 최소한 한 문맥의 화소단위(Motif) 자체는 논리적 일탈 현상이 없다. 물론 이는 이 기본적 화소 단위를 벗어나면 논리의 파괴 현상이 마구 나타나게 되지만.

그러나 모더니즘 계열의 초현실주의 또는 입체파 등의 시들에서는 한 화소 내에서 논리를 뛰어넘는 결합 현상이(심지어는 도형 수식 등의 기호언어 까지 동원되기도 하지만) 나타난다는 것이다.

'술병에서 별이 떨어진다'에서 '술병'과 '별', 그리고 '디젤엔진에 피는 들국화'에서 '디젤엔진'과 '들국화'는 상호 무연한 관계의 낱말인데도 '떨어진다'와 '피다'로 연결되어 새로운 연緣을 맺고 있다. 바로 여기서 생성되는 의미가 참신하다는 것인데 이러한 무연의 사물끼리 자연스럽게 연을 맺고 있는 것 자체가 초현실이란 것이고 그 이론적 근거가 무의식의 세계를 제시한 프로이드Freud 정신분석학이다. 그런데 전통적 선시는 최소의 화소 문맥, 이를테면 한 문장, 곧 토마셰프스키의 개념으로 모티프(Motif, 즉 각개 문장을 문장이게 하는 주제) 내에서는 이런 기법을 쓰지 않는다는 것이다. 그것은 뒤에 예로 들고 있는 선시를 모두 보아도 쉽게 판단될 것이다. 물론 한 문장 단위의 화소 사이에는 상호 절연된다든지 하는 동문서답식의 논리 전개 자체가 초현실주의와 유사성을 갖고 있고 또 실제 선의 세계는 과학의 논리에 비춰본다면 정신분석학의 무의식세계라 해도 무리는 아니다. 그런데 엄밀히 말하면 선의 세계는 자기 구도求道의 과정에서 얻어지는 초논리의 세계요, 초현실주의적 무의식의 세계는 정신 임상병리학자 프로이드 S. Freud의 연구 결과 발견되어 정리된 정신분석학의 한 부분이다. 글자 그대로 인간 정신계의 과학적 분석하에서 얻어진 이른바 과학적 세계관의 산물이다.

따라서 선의 세계와 초현실주의의 무의식 세계는 그 발생동기와 추구 과정과 목적 자체에서부터 그 뿌리와 줄기가 다른 것이다. 다만 결과의 모습이 유사성을 갖고 있을 뿐이다. 선은 깨달은 자의 표현이고 초현실주의는 몽롱한 자의 서술이란 점에서 다르다 할 수 있으나 표현 방법은 분명히 공통점이 있다는 것이다.

그런데 초현실주의자들은 정신의 영역을 확대하려고 한 나머지 꿈, 무의식, 상상력 등을 동원했고 이리하여 의식에 얽매인 정신의 해방 공간인 무의식을 찾아냈다. 그러나 이 모두를, 가령 집착과 소유를 포함한, '버림'으로써 도달하는 무념 또는 무심의 세계인 '선의 세계'는 몰랐던 것이다.

즉 서구적 관점의 무의식이란 '이 세상에 존재하고 있지 않은 어떠한 환상을 설정하더라도 그것의 소재는 이 지상에 있는 여러 형태를 머리 속에서 변형시켜서 나온 것이기 때문에 그 환상의 뿌리는 현실의 실체, 즉 어떤 대상에 뿌리박고 있음에 반해, 동양적 관점의 선은 꼭 그렇지 만은 않다. 동양적 관점의 선에 있어서는 꼭 무엇인가 대상을 의식하고 있을 필요가 없다. 그것은 대상을 의식하고 있는 의식을 찾는 것이 아니라 모든 대상을 떠난 순수한 의식, 즉 의식(마음)의 그 자체를 찾으려는 것이라 할 수 있다.[7]

선시의 이러한 점이 현대 모더니즘시군(특히 초현실주의)의 표현 양식과 변별되는 부분이라 하겠다. 결국 우리의 전통적 의미의 선시란 이러한 정신을 지향하고 있다. 그러나 그 표현 양식도, 문맥이 자연스럽게 흘러가는 과정에서 초논리가 돌출하는 것이지 초현실주의시 처럼 의도적으로 돌발적 결합을 시키는 것은 아니다.

이에 전통적 선시를 본다.

① 아침에 해뜨는 것이
   사랑이다
   새들이 우는 것이
   사랑이다
   그러나 아무도 사랑을 말하지 않는다
                              － 돈연, 〈벽암록·7〉

② 허공이 무너지고 있구나
   허공에 핀 꽃이 열매를 맺는다
   이 또한 봄빛인줄 깊이 알거라
   향기 짙게 날아와 스며드누나
                          － 경허, 〈허공이 무너지고 있구나〉

③ 어느 스님이 趙州에게 물었다
   "達摩가 서쪽에서 온 뜻이 무엇일까요?"

---

7) 권기호, 앞의 책, p.7 참조

"뜰 앞에 잣나무니라."

그러자 이 젊은 스님은 다시 머리를 조아리며 물었다.

"스님 ! 스님께서는 그 뜻을 어떤 비유나 경계로 말씀하시지 마시고 그 뜻을 사실 그대로 말씀해 주십시오. 스님, 다시 묻겠습니다. 달마가 중국으로 왔어야 했던 그 뜻이 무엇입니까 ?"

"뜰 앞에 잣나무니라."

- 권기호, 「선시의 세계」 p.6

④ 보화스님은 중국 당나라 선승인데 어느 때 이렇게 말했습니다.

"누가 나에게 옷을 한벌 시주하십시오"

이 말을 들은 신도들은 너도나도 옷감을 떠다가 정성껏 지어 가지고 갔지만 보화 스님은 고개를 흔들며

"아니오. 나에게는 이런 옷이 필요 없으니 도로 가지고 가시오."

하고 그만 돌아앉아 버리는 것이었습니다.

이 소식을 들은 임제선사가 홀로 고개를 끄덕이더니 목수를 시켜서 빨리 새 관(棺)을 하나 만들게 하여 그 관을 가지고 보화스님 처소로 가서

"자, 귀공을 위하여 새 의복을 한벌 마련하였소이다."

하니 그때서야 보화스님은 희색이 만면하였답니다.

- 조오현, 〈절간이야기 · 5〉

이상의 세 시에서 ①, ②는 물 흐르듯한 자유스러운 의식의 유영遊泳을 볼 수 있다. 그러나 ③은 당돌함과 경이로움이 보인다. 그리고 ④는 약간 덜하다.

③과 ④의 시에서 앞뒤 논리의 절연이라는 점에서 보면 초현실주의 시와 다를 바가 없다.[8] 그러나 이것은 문과 답의 각각 화소 사이의 절

---

8) 여기서 선과 초현실주의가 그 근본이 다르다는 것은 앞서 말한 바와 같다.

연이지 한 화소 내에서의 돌발적 결합은 없다.

따라서 이것 역시 자연스러운 의식의 유영이면서 상대의 의식을 때려 일깨움으로써 선의 참뜻과 그 세계가 어떤 건지를 말하려고 하는 것이다. 즉 ③의 시에서 논리적 절연도 이러한 의식의 유영 차원에서 보면 자연스러운 것이고 그렇게 되다보니 당연히 한 화소 또는 한 문맥 내에서는 일상의 논리가 살아 있게 되는 것이다.9)

이에 비하여 초현실주의시를 보자.

① 열 오른 눈초리, 한잔한 입모습으로 소년은 가만히 총을 겨누었다.
　소녀의 손바닥이 나비처럼 총끝에 와서 사뿐 앉는다.
　이윽고 총끝에서 파아란 연기가 몰씬 올랐다.
　뚫린 손바닥의 구멍으로 소녀는 바다를 내다보았다.

　─아이 ! 어쩜 바다가 이렇게 똥구렇니 ?

　놀란 갈매기들은 황토 산태바기에다 연달아 머릴 처박곤 하얗게 화석이 되어갔다.

─조향, 〈EPISODE〉 전문

② 나의 애인은 숲의 불의 머리털
　백열(白熱)의 번개의 생각

---

9) 즉 ③의 시에서 趙州가 '뜰앞의 잣나무'라는 엉뚱한 답으로 일관한 이유는, 달마가 서쪽에서 왔건 중국에서 왔건 그 방향에 얽매여 있는 어리석음을 일깨우기 위한 대답인 것이다. ④의 시에서 '새 의복'으로 '관(棺)'을 가져왔을 때 보화스님이 회색이 만면했다는 것은 '영원한 옷은 관짝'이요 '영원한 자유는 죽음의 길'이라는 깨우침을 주고 있는 것이고, ─ 물론 여기서 깨우침이란 '옷'의 기존 의미에 얽매여 있는 집착으로부터의 벗어나라는 정신적 타격이다─ 임제선사는 이 마음을 미리 읽었던 것인데 이런 식으로 서로의 마음이 통하여 현실논리로부터 초월하여 정신적 자유의 세계에서 동문서답식으로 주고 받는 것이 선문답이라 할 수 있다.

모래 시계의 몸뚱이

나의 애인은 갖는다. 범의 이빨, 새의 수달의 덩치

나의 애인은 갖는다. 꽃을 매는 띠의 입술,

가장 큰 별의 꽃다발의 입술 (하략)

　　　　　　　　　－André Breton 〈자유의 결합〉에서

③　天使와 惡魔의 婚姻잔치에서 새어 나오는 法悅에 흐느끼는 柔聲의

　　갈래갈래.

　　보라. 바다 위에서 타는 불이 하늘을 사른다.

　　靈魂은 달아날 궁리를 하고 肉體는 아플수록 띠를 죈다.

　　끝없는 싸움의 舞蹈. 금실 좋은 雌雄.

　　핥으며 빨며 물어뜯고 달래며 속삭이며 쓰다듬는다.

　　腦髓와 精液. 骸骨과 子宮이 서로 꼬리를 문다. (하략)

　　　　　　　　　－성찬경, 〈太極〉에서

　이상의 세 시들에서 볼 수 있는 표현 양식상의 특징으로 의미상 전혀 무관한 단어들 끼리 한 화소 내에서 결합되어 있음을 볼 수 있다.· 전통적 선시가 최소의 화소(이를테면 한 문장) 단위로 논리적 절연을 보이는 것과는 다르다. 즉 의미상으로 전혀 통할 것 같지 않은 상호 무연한 단어 끼리 다분히 의도적인 결합으로 이루어져 있다. 선시에서 화소간 무연의 비논리적 연결 역시 의도적이지 않은 것은 아니지만, 선시는 깨우침을 위한 것이요 초현실주의시는 참신한 이미지 구축을 위한 언어적 의도성에서이다.

　즉 ①의 시에서 '똥구렁니?'의 조어성이 그렇고, 마지막 문장에서 '갈매기가 화석이 되'는 등의 말들은 모두 작위적 의도에서 나온 것이다. ②는 무의식의 조각들이 무질서하게 이어지는 듯한 모습의 시인데 '꽃을 매는 띠의 입술', '별의 꽃다발의 입술' 등이 모두 의도적 언어결

합이다. ③의 시에서도 '태극'의 상징적 이미지를 '천사와 악마의 혼인', '영혼과 육체', '끝없는 싸움의 무도, 금실좋은 자웅', '뇌수와 정액', '해골과 자궁'이라는 원거리의 시어들로써 파격적인 결합을 시도하고 있다.

결국 선시와 초현실주의시는 이런 면에서 표현 양식상의 차이를 드러낸다. 초현실주의시의 상호 무연한 단어들끼리의 변화무쌍한 연쇄적 결합, 이런 모습은 한 화소(또는 문장) 내에서이든, 화소간에서이든 상관없이 나타난다. 반면에 선시에서의 비논리의 단절 현상과 돌발적인 결합은 주로 문맥상의 화소를 단위로 나타나지 그 이하 최소한 한 문장 내에서는 일어나지 않는다. 그리하여 문맥이 흘러가는 과정에서 초논리가 돌출하는 것이다.

3. 현대적 유사선시의 서술성

전통적 선시에서 역대 선사들의 '선의 경지가 언어로 표현된'(실은 이 말은 모순이지만) 이른바 오도송悟道頌 또는 선문답禪問答은 그 정신이 '시'가 아니라 '선'이다. 이러한 정신을 지향하는 유사한 현대시가 있으니 이를 현대의 유사선시 또는 선적 서정시라 할 수 있다.[10]

이 역시 마음(의식) 얽매임으로부터 벗어나 자유자재함을 지향하는 '정신주의시'[11]의 일종이다. 여기에선 이러한 오늘날의 '유사선시'의 표현양식을 말하려 한다.

---

10) 이 책의 다른 글 〈선시의 효용성〉, 김준오, 『도시시와 해체시』(문학과 비평사), p.312 참조

11) 이에 대한 개념은 이 책의 다른 글 '정신주의 시의 현실수용 양상과 그 효용성'에서 언급한 바 있다.

원래 시쟝르의 전통적 개념상 그 표현양식은 일단 행 구분과 이를 바탕으로 한 운율성이 하나의 고전적 개념이었다. 그러나 이것은 현대 특히 최근 90년대 이후 해체시, 도시시, 일상시 등의 포스트모더니즘과 연관된 시들이 나타나 와해되면서 오늘의 시들은 서술적으로 읊조리고 있는 모습을 보여주는 현상이 있다.

선의 정신을 지향하면서 오늘의 정신주의 경향을 보이는 '선적 서정시' '유사선시'도 역시 이러한 오늘날 시대적 문학기류의 한 맥락에서 파악될 수 있다.

따라서 현대의 '유사선시'의 표현양식 역시 이러한 문학기류의 한 연장선에서 이해될 수 있다. 물론 이러한 후기산업사회의 문학적 표현 양식을 보이면서도 역시 그 정신이 선의 정신을 지향하고 있기 때문에 이런 류의 시들을 유사선시라 한 것이고 또 실지 오늘날 이런 시들이 많이 존재하고 있는 형편이다.

그러면 앞서 말한 선시의 서술성이라고 하는 것은, 시인의 비젼을 독자에게 전달하는 자세를 취하고 있는 시들의 속성을 말한다.

① 나의 집은 앉아누운 집
　잎과 가지가 좋은 나무
　하늘을 보며 생각
　하는 방
　음악을 들을 수 있는 큰 방
　나의 집은 주인이 눈구경 나가고
　바람만 한가로이 마당을 쓸고 있다
　　　　　　　　　　－조정권, 〈歲寒圖〉 전문

② 절벽에서 꽃피우지 못한 나무가 물 속에 몸을 던지고 있다. 寂滅寶

宮 같은 마음의 꽃잎사귀 하나 내놓지 못하고 내려와 젖어 있다. 절
벽은 아슬하지만 물 속은 따뜻하다. 한없이 메마른 그의 몸도 떨림으
로 피어난다.

절벽 위로 다리가 놓이고 가끔 옷을 입은 사람이 지나간다. 그 모습
이 구름처럼 물 속 가지에 걸렸다 떨어진다. 이 無言寂滅에 닿았다
가면 사람도 꽃이 된다. 물에 한번 몸을 적신 사람은 들판에 꽃으로
뜬다.

─이성선, 〈無言寂滅〉 전문

이 두 시는 선시의 분위기를 자아내면서 명상의 깊이를 보여 주고
있다. 지은이는 조촐한 선시풍의 서정적 구조로 비전을 제시한다. 그러
나 조정권의 다음과 같은 시에서 우리의 시적 체험은 논리를 초월한
화두나 풀기 어려운 수수께끼의 곤혹함이 있다.

> 밀어보다 만 벽 / 굴리다 만 바퀴 / 진흙뎅이로 막힌 샘 / 어디선가
> 뿌리들이 타들어 가는 냄새 / 해를 찔르러 간 창 / 수심 속 자갈바닥
> 을 쓸고 간 물살

우리의 곤혹스러문은 무엇보다 휠라이트가 현실을 해체하는 원리로
설정한 병치은유(diaphor)를 상기시킬 만큼 아무런 논리적 연관성이 없
는 사물들의 나열이 시의 구성원리가 되어 있는 사실에서 비롯된다. 그
모든 이미지들은 제목인 '달마가 동쪽으로 간 뜻은'의 해답으로 간주되
는 것들이다.[12] 그리고 주의 깊게 살펴보면 나열된 이 여러 사물들이

---

12) 가령 '달을 가리키는데 달은 안보고 손가락은 왜 보나 ?'라는 말처럼 달마가 동쪽으로
갔건 서쪽으로 갔건 그것이 중요한 것이 아니라 달마 즉 본질 자체가 중요하다는 말이
다. 즉 중요한 것은 '본질'(위의 비유로 말하면 달마 또는 달)인데 '허상'(위의 비유로는
동쪽 또는 손가락)에 눈이 어두워 이에 집착하고 있는 우리들의 의식을 선적 논리로 지
적하고 있는 말이다.

또한 하나같이 무모하거나 쓸모없거나 무의미한 것들이다. 그러나 이것은 다만 우리의 세속적 관점의 그물에 포착된 결론일 뿐이다. 시인에게 논리적 의미를 제거하는 것은 바로 세속적 의미를 제거하는 작업에 등가된다. 그러니까 그는 우리의 세속적 관점을 거부한다. 그의 비전은 세속을 초월한 선의 경지에 가 있다. ①의 시에서도 추사 김정희의 그림 '세한도'를 보면서 그와 같은 선적 명상의 세계에 몰입하여 자신의 집을 '앓아누운 집'으로 상상하기도 하고 '잎과 가지가 좋은 나무'와 '하늘을 보며 생각하는 방이 있는 집'으로 또는 '주인이 눈구경 나가고 / 바람만 한가로이 마당을 쓸고 있는 집'이라는 같은 가치로 설정함으로써 시인의 비전이 무차별의 선禪에 가 있음을 암시하고 있다.

이렇듯 시인의 비전을 관념적으로 서술하는 양식은 이기원 시인의 〈새·1〉에서도 나타난다.

새는 내가 그것을 아무것도 아닌 것이라고 생각할 때 날아오고
새라고 생각할 때 날아가 버린다.
내가 새를 아무것도 아닌 것이라고 생각하는 것은
내가 나밖에 생각하지 않기 때문이다.
내가 새를 새라고 생각하는 것은
그것이 날아가버리기 때문이다.

즉 시라는 것을 객관적 상관물에 의한 비유적 표현으로서의 산물이 아니라 시인의 비전을 관념적으로 서술하는 언어 매체로 보고 있는 것이다. 따라서 시라는 것이 이런식의 언어적 표현도 가능하다는 것 자체가 변화해 가는 현대시의 한 징후이다.

다시 말해 본질의 영원성을 알지 못하고 현실의 욕망에 집착하여 얽매여 있는 우리들의 의식을 일깨우기 위한 말이다.

관념적 서술의 산문 어조를 갖고 있는 이 작품은 우리의 현상학적 인식이 얼마나 허구인가를 말하려는 의도를 갖고 있으면서도 대상 사물과의 진정한 만남과 교통은 불가능하다는 절망과 근원적 고독을 말하기도 한다.

이렇듯 시인의 비전을 서술하는 양식은 황동규의 〈더욱 더 비린 사랑 노래 2〉에서는 사물을 관념(선입관)으로서가 아니라 '있는 그대로'의 순수존재라는 선적 분위기에로 까지 이끈다.

얼룩나비 하나가 날아와
고요함 속에 채 들어오려다 말고
생각이 채 되려다 말고
그냥 다시 나비가 되어 날아 갔습니다.

있는 그대로의 순수존재는 곧 일체의 판단을 보류하고 사물을 있는 그대로 보려는 노력의 산물이다. 김춘수가 시도한 무의미시 역시 이런 논리라 볼 수 있다. 이런 무의미의 차원도 역시 일상의 의식으로는 불가능한 선의 경지로 보아지는 것이다.

따라서 전통적 선시의 선적 정신을 갖고 있는 오늘날의 이러한 유사 선시 내지 선적 서정시는, 규격화된 삶의 틀 벗어나기라는 큰 개념적 범주 아래 그 표현양식 역시 일상의 표현양식을 차용한 시인의 비전을 독자에게 전달하는 관념적 서술의 양식을 많이 갖고 있음을 알 수 있다. 다시 말해 고전적 개념[13]의 시를 객관적 상관물의 비유적 표현물로 보는 것임에 비하여 현대의 선적 서정시는 이러한 표현양식도 가능하다는 말이고 이것이 현대시 변화의 한 징후라는 것이다.

---

13) 가령 랜섬(J.C.Ransom)의 '형이상시' 또는 엘리어트의 '통합된 감수성의 시'와 같은 개념

Ⅱ. 선시禪詩의 효용성

1. 선시의 유형

이 글은 리얼리즘 시의 반대편에 서 있는 정신주의 시의 한 형태라 할 수 있는 선시를 그 고찰 대상으로 한다. 여기서 선시란, 불교문학의 한 양식으로서 선사들의 오도悟道의 경지를 언어로 표현한 전통적 의미의 '불교적 선시'가 그 하나이고, 또 하나는 엄격한 의미의 선시라기보다 오늘날 정신주의시의 한 맥락으로서 무장무애한 정신세계의 경지를 추구하는 것으로 현대시의 한 변화 양상으로서의 선시를 포괄적으로 일컫고 있다. 이렇게 볼 때 후자는 '선적 방법론의 시' 또는 '선적 서정시'로 부를 수 있을 것이다.[1]

원래 선시란 불립문자不立文字의 경지인 선의 과정에서 일어나는 파편을 언어로 표현한 것으로 어찌 보면 그 논의 자체가 무의미한 것일 수 있다. 그러나 여기에 대한 논의 자체는 선이나 불교의 신앙 체험의 해명에 중점을 두고 있다기보다는 이것의 방법론에 더 비중을 두고 있는 경우들이 대부분이다. 따라서 엄밀히 말하자면 이것은 어디까지나 선적 방법론을 취한 시로 보아야 하기 때문이다.[2] 그래서 조지훈

---

1) 김준오는 『도시시와 해체시』(문학과 비평사, p.312)에서 이것을 '유사 선시'라고 말하고 있다.
2) 선시를 논하는 의미는 여기에 있다고 볼 수 있다. 그리고 이 점은 선시가 불교라는 종교적

도 일찌기 현대시에서 선의 수용은 선사상 자체보다 선의 방법론을 대
상으로 한다고 말한 바 있다.[3] 그러나 이 글에서는 논의의 편의상 앞
의 구분과 같이 옛날부터 있어온 불교적 선시와 오늘날의 선적 서정시
로 나누고자 한다.

여기서 문학의 궁극 목표가 현세 정화와 세상의 참됨과 올바름의 구
현이라면 이는 리얼리즘의 관점일 것이고, 한편 그것이 인간의 내적 자
유 또는 미의 세계를 지향한다면 이를 예술주의 혹은 정신주의라 할
수 있을 것이다. 그런데 이들은 궁극에 가면 만나게 되어 있다. 즉 세
상의 정화와 진실 구현은 곧 인간 정신계의 자유 또는 미적 세계로 이
어지는 것이기 때문이다. 단지 이들의 구분은 현실의 구체성의 여부에
따라 달리 보이는 시각의 차이일 뿐이다.[4]

그런데 여기서는 관점의 상대성에 따라 달리 보이는 문학, 즉 시의
양면성에서 현실 반영이 구체화된 애매한 정신주의 시보다, 정신계의
무장무애한 자유의 세계를 넘나드는 어찌 보면 비논리의 극치를 보이
는 선시禪詩를 통하여 인간의 진정한 자유세계가 어떤 것인지를 보고
자 함이며, 동시에 이러한 정신계의 자유세계를 통하여 정화시킬 수 있
는 현실 세계는 국소적인 현장성의 리얼리즘보다 이러한 원융무애한
선시의 세계를 통해서도 얼마든지 이루어질 수 있다는 것을 보이고자
한다. 아울러 리얼리즘 시와의 관계도 결국은 상대적인 것으로 관점에
의한 차이일 뿐이지, 정신주의 역시 현실적 효용성을 갖고 있음을 보이
고자 함이다.

배경을 떠나서 시 방법론상의 특수성 때문에라도 충분히 논의거리가 될만한 독자성을 갖고
있다는 뜻이 된다.
3) 조지훈 '현대시와 선의 미학' 『조지훈 전집』 제3권(일지사, 1973) pp.116~117 참조.
4) 이 역시 본인의 앞 원고에서 현실 구체성의 여부에 따른 정신주의 시의 구분을 시도한 바
있다.

2. 불교적 선시의 효용성

불교적 선시는 우리의 상식과 논리와 현실 세계의 이해를 초월한다. 앞서 말했듯이 선禪의 세계란 불립문자의 경지이기 때문이다. 그것은 깨우침의 과정 또는 깨우침 그 자체의 정신적 체험은 언어로 표현될 수도 없을 뿐더러 표현될 성질의 것이 아니다. 언어로 표현된다는 사실은 이미 선의 세계가 아니요 다만 선적 방법론을 취한 문학일 뿐이다. 이를 이름하여 선시라고 일컫고 있는 것이다.

선시를 논하는 많은 사람들도 선의 경지는 체험하지 못하면서도 그 개념과 세계에 대하여는 곧잘 말하기도 한다. 언어로 표현할 수 없는 오도悟道의 체험적 경지를 언어로 표현한 것이므로 선시란 그 자체가 모순일 수밖에 없다. 따라서 불도를 깨친 선사들 사이에서만 소통될 수 있는 일종의 수화이지 문학 비평의 대상이 아예 될 수 없다고도 말할 수 있다. 그럼에도 불구하고 이를 시론의 관점에서 논의하는 것은 시라는 문학 장르 자체가 일단 과학적 일상어의 표현법으로부터 벗어나 있는 것이라는 점에서 볼 때 선의 문자적 표현인 선시 역시 이와 상통하는 점이 있기 때문이다. 아울러 이러한 비논리의 체계로 이루어진 언어의 모습을 보면서 논리로 이루어진 우리의 현실세계가 얼마나 편견과 미망에 사로 잡혀 있는가를 깨닫게 하는 의미도 있다 하겠다.

따라서 이 글은 이러한 시가 궁극적으로 집착과 편견5)에 사로잡혀 있는 인간의 현실적 삶을 정화 내지 순화시키는 현실적 효용성, 이른바 참여적 기능을 갖고 있기 때문에 이 점을 주목하고자 한 것이다.

아울러 이것은 인간의 정신적 자유 추구와 속박으로부터의 해방을 염원하는 인간 정신의 한 산물로서 이와 같은 기능에 부합되기 때문이

---

5) 이를 불교적 용어로 무명이라 할 수 있다.

기도 하다.

그러면 먼저 불교적 선의 경지를 언어로 표현한 시 한 수를 본다.

> 남아란 어디메나 고향인 것을
> 객수에 갇힌 사람 그 얼마이던가
> 한 마디 버럭 질러 삼천세계 뒤흔드노니
> 눈속에 복사꽃 붉게 흩날리도다
> ─ 만해, 〈오도송悟道頌(정사년 2월 3일밤 10시경 좌선 중에
> 문득 바람에 물건 떨어지는 소리에 큰 깨달을을 얻다)〉 전문

'오도송'이란 문자 그대로 깨달음의 시이다. 남아의 거처란 어디에고 고향이요 자기가 위치해 있는 곳이 항상 내 집이요 고향이라는 것은 곧 집착으로부터의 해방이라는 깨달음의 표현이다. 그러나 사람이란 집과 고향을 떠나면 귀소본능의 '객수'가 일게 마련이고 이는 다름아닌 집착이요 색色, 수受, 상想, 행行, 식識의 五縕이 아니겠는가. 그러기에 '세상의 주인은 나다'하고 '한마디 버럭 소리 질러 삼천세계 뒤흔들어' 자기의 주체적 존재를 확인한 이후부터는 내가 가는 곳 어디든지 고향이 되고 자는 곳 어디에고 내 집이 되는 정신적 주체의 세계를 얻어낸 것이다. 이렇게 되면 바야흐로 '복사꽃 붉게 흩날리는' 무장무애의 정신세계가 펼쳐지는 것이다. 여기서 삼천세계를 뒤흔든 한 마디 '버럭' 지른 소리는 바로 공空을 깨치고 각覺의 경지에 들어서는 해탈의 순간에 발해진 포효였던 것이다.

이렇듯 시인의 오도悟道의 송頌은 곧 독자에게도 각성을 이루게 하여 이른바 교시성을 발휘한다. 현실지향적 벌언의 리얼리즘시 만이 참여시가 아니다. 이렇듯 선시의 교시적 기능으로서 인간의 내적 정화를 이루어내고 이것이 곧 현세 정화와 진실 구현을 이끌어 내는 하나의

효율적 방법인 것이다. 내적 깨우침은 곧 현실적 효용으로 이어지는 원천으로서 곧 정신주의시의 참여성으로 이어지기 때문이다.

① 장기자님, 어제 그끄저께 일입니다. 뭐 학체 선풍도골은 아니었지만 제법 곱게 늙은 어떤 초로의 신사 한 사람이 낙산사 의상대 그 깎아지른 절벽 그 백척간두의 맨 끄트머리 바위에 걸터 앉아 천연덕스럽게 진종일 동해의 파도와 물빛을 바라보고 있기에
"노인장은 어디서 왔습니까?"
하고 물었더니
"아침 나절에 갈매기 두 마리가 저 수평선 너머로 가물가물 날아가는 것을 분명히 보았는데 여태 돌아오지 않는군요"
하고 혼잣말로 중얼거리는 것이었습니다. 그런데 그 다음날도 초로의 그 신사는 역시 그 자리에서 그 자세 그대로 앉아 있기에,
"아직도 갈매기 두 마리가 돌아오지 않았습니까?" 했더니
"어제는 바다가 울었는데 오늘은 바다가 울지 않는군요"
하는 것이었습니다.
— 조오현, 〈절간이야기·3〉 전문

② 스승(馬祖)과 제자(百丈)가 해 저문 강기슭 길을 묵묵히 걷고 있을 때 한 무리 들오리떼가 울며 저녁 노을이 붉게 물든 서천으로 줄을 지어 날아가고 있었습니다. 문득 스승이 제자에게 물었습니다.
"저게 무슨 소리냐?"
"들오리떼 울음 소립니다."
한동안 말없이 걷던 스승이 다시 물었습니다.
"그 들오리떼 울음소리가 어디로 갔느냐?"
"멀리 서쪽으로 날아가 버렸습니다."
이 대답이 떨어지자말자 스승은 제자의 코를 잡고 힘껏 비틀었는데 얼떨결에 당한 제자가, 〈아야! 아야!〉하고 비명을 내지르자, 스승은

벽력같은 호통을 내리쳤습니다.

"날아갔다더니, 여기 있지 않으냐?"

언젠가 이 이야기를 듣고 통도사 경봉노사鏡峰老師에게,

"들오리떼는 분명히 날아갔는데, 스승이 왜 〈여기 있지 않느냐〉고 호통을 쳤습니까?"

하고 물었더니 경봉노사는 이렇게 혀를 차시는 것이었습니다.

"니가 공부꾼같으마 들오리떼 울음이 강물에 남아있다 커겠으나, 니는 공부꾼이 아니니 저 아래 돌다리 밑으로 떠내려가는 부처를 보고 오너라. 니가 보고 듣는 세계도 무진장하지만 니가 보지도 듣지도 못하는 세계도 무진장하다카는 것을 알고 싶으마……. 쯧 쯧 쯧"

- 조오현, 〈절간이야기 · 16〉 전문

③ 아침에 해 뜨는 것이

사랑이다

새들이 우는 것이

사랑이나

그러나 아무도 사랑을 말하지 않는다

- 돈연, 〈벽암록 · 7〉 전문

①의 시에서 장기자를 부르며 이야기하고 있는 시적 화자가 '초로의 신사'에게 묻는 다음날의 두번째 질문은 '두 마리 갈매기'에 대한 집착에서 벗어나지 못한 우문愚問이었다. 즉 '초로의 신사'의 두 번째 답은 이러한 화자의 어리석음에 뒤통수를 한방 때려주는 경구이다.

②의 시적 상황도 역시 비슷하다. 아까의 그 '들오리떼 울음소리가 어디로 갔느냐?'고 묻는 스승의 두 번째 물음에 제자는 동문서답 식의 선문답6)으로 응수하지 못하고 여전히 아까의 그 서쪽으로 날아간 '들

---

6) 즉 집착에서 벗어난 상태로서 무장무애의 경지를 드러내는.

오리떼 울음소리'의 집착에서 벗어나지 못하고 '멀리 서쪽으로 날아가 버렸다'고 답하고 있음을 볼 수 있다. 이에 스승이 촌철살인의 일침을 가하고 있는 것이다. 즉 스승의 두 번째 물음은 제자가 아까의 집착에서 벗어났는가를 시험하는 질문이었고, 코를 잡아 비튼 것은 아직 여기서 벗어나 깨우치지 못하고 있는 제자에게 가했던 일침이었던 것이다. 그리고 이어지는 뒷 소절의 이야기 역시 비슷한 상황으로, 이젠 시적 화자가 스승 경봉노스님에게 당하는 비슷한 상황이다. 즉 경봉스님의 말씀 역시 앞 얘기에서 집착으로부터 벗어나기를 바랐던 스승의 가르침을 깨우치지 못하고 역시 들오리떼에 얽매여 우문을 하고 있는 '공부꾼'답지 못한 화자에게 '돌다리 밑의 부처를 보고 오라'고 하며 동문서답으로 일침을 가하며 되돌려 주고 있는 것이다.

이상의 시들에서 보듯, '집착을 끊어라'는 가르침을 주고자 하는 것이 선시의 기본 원리이다. 집착은 삶의 모든 애愛와 욕慾에서 생겨나는 것이고 이것이 번뇌煩惱와 마군魔群의 근원이다. 따라서 이 집착으로부터의 이탈은 곧 정신적 자유 추구를 말함이다. 따라서 불교적 선시의 정신도 궁극적으로는 무장무애無障無碍의 자유 추구 정신이라고 볼 수 있다.[7] 이러한 자유 추구 정신은 곧 현대시에서의 해체시, 도시시의 '가벼움' 추구 정신과도 상통하는 면이 있다.

따라서 다음은 이러한 자유 추구 정신의 선적 방법론을 취한 현대시로서, 앞서 말한 이른바 '선적 방법론의 시' 또는 '선적 서정시'에 관해서 논하기로 한다.

---

7) 물론 이는 不立文字라는 선적 경지 그것이 이미 말로써 또는 문자로 표현된 상태로 되면 이는 불립문자의 '禪' 그 자체가 아니라 이미 '詩'라고 보아야 할 것이다. 따라서 여기서 논하는 것은 모두가 '선'이라기 보다 선적 방법을 취한 '시'라는 관점에서 보고 있는 것이다. 그러므로 '禪詩' 역시 선의 세계인 무장무애의 자유정신을 추구하는 것은 당연한 것이다. 즉 선시의 내용 역시 무장무애의 자유추구정신을 근간으로 하고 있다는 점이다.

3. 선적 방법론의 시

앞 장에서 논의한 것은 선시 중에서도 불교적 선사상 곧 空사상의 논리가 바탕 되어 시의 본질을 이루고 있는 '불교적 선시'가 그 대상이었다. 전통적 선시의 기본 요체인 마음 얽매임으로부터의 이탈은 곧 논리적 질서로부터의 이탈을 전제로 한다. 물론 이것은 궁극적으로 정신 해방 곧 자유추구정신이므로 현대시에선 기존의 논리적 질서에 의한 존재 내지 사물이 하찮은 가벼움으로 변용되어 드러나는 경향이 있다. 기존의 의미심장함이 논리적 일탈로 드러나 '존재의 가벼움'으로 나타난다. 이는 존재의 진지함을 가벼움으로 희화시키고자하는 경망하고 불순한 의도에서가 아니라 '집착과 얽매임으로부터의 풀어내기'라는 건강한 정신의 소산으로 볼 수 있다.

정일근의 시집 『그리운 곳으로 돌아보라』(푸른숲, 1994.9)에 있는 시 한 편을 본다.

잃어버린 나를 찾아서 저녁 운수사를 찾아갔습니다 운수사 빈 뜨락에도 나는 없었습니다. 낙엽 위에 쌓인 물소리를 쓸고 있는 동승에게 내가 간곳을 물었습니다. 동승은 내가 당도하자마자 내가 떠났다고 말했습니다 혹 내가 간 곳 아시는지 내가 물었습니다. 동승이 가리키는 손 끝 서쪽으로 혼자인듯 여럿인 듯 걸어가는 내 모습 언뜻 보였습니다 나여 나여 소리질러 부르고 싶었습니다만 홀연 목소리 강처럼 잠기고 내 모습 저녁노을에 싸여 이내 사라지고 말았습니다. 우두망찰 돌아서니 동승도 저녁 운수사도 떠나고 없었습니다 낙엽 위로 흘러가던 운수사 저녁 물소리도 서쪽으로 떠나고 고요했습니다 나를 찾아온 나도 어느새 떠나고 없었습니다.

—정일근, 〈저녁 운수사〉 전문

제임스 조이스가 참 자아의 '잃어버린 시간을 찾아서' 무의식의 무한 세계를 찾던 것처럼 '잃어버린 나'를 찾아 '저녁 운수사'를 찾는 시인의 방황은 고통스러우며 의미심장한 '무거움'이다. 그러나 그 곳 어디에도 '나'가 있을 리 없다. 역시 고뇌스러울 뿐이다. 그런데 '나'는 '내가 당도하자마자 떠났다'고 동승이 말함으로써 여전히 '나'는 찾을 수 없었고 결국 '참다운 나' 진실의 자아는 멀리 환영幻影으로 잠시 보이다가 강과 황혼 속에 사라져 버리고 그리고는 '껍질의 나'도 주위 배경도 모두 떠나 버리고 없다는 '자아 지우기'의 시이다.

시인이 원래 추구하는 자아가 현실의 자아로부터 벗어나 있고 그리고 참자아를 찾던 '현실의 자아' 조차 어디론지 흘러가 버리고 모두 떠나고 없는 무아無我의 지경으로 되는 '얽매임 벗어나기'의 선적 논리가 들어 있다.

이는 '가벼움'을 추구하는 시적 전경화foregrounding의 기법이다. 이 가벼움은 알고 보면 세속적 경망함의 가벼움이 아니라 무거움의 의미심장함이 바탕 되어 있음을 알 수 있다. 따라서 무거움과 의미심장함의 '풀어내기'로서의 가벼움이요 이것을 드러낸 시이다. 오늘날 시의 한 경향인 일상성을 소재로 한 선적 서정시로 볼 수 있다.

가치가 공동체 이념을 중심으로 획일화되어 있던 무겁고 힘든 시대가 지나면서 자연발생적으로 풀려져 나온 논리가 오늘의 시들에 반영된 예라 하겠다. 물론 지난 시대의 공동체적 '무거운' 가치가 잘못되었고 오늘날 물신주의적 세태의 경망스런 '가벼움'의 가치가 옳다는 것은 아니다. 말하자면 가벼움의 본질을 알자는 것이다.

이러한 가벼움의 의미를 단적으로 보여주는 시를 보자.

사진을 찍고 나서 좇기는 나를 몰고

바겐세일 레코드 상점을 찾아 맨하탄으로 나갔다
지금이라면 원효도 지하철을 탔을 것이다
우리처럼 빈손이었을 것이다
(거지의 마음
그 견딜 수 없이 가벼운)
지하철을 내려 지상으로 올라와
헐렁한 주머니에 손을 찌르고
慶州 거리보다 계속 직각으로 뚫려 바람이 세찬 長安거리를
한없이 작고 가벼운 존재가 되어 걸었을 것이다
　　　　　　－황동규, 〈견딜 수 없이 가벼운 존재들〉 전문

창밖의 캐나다 단풍잎이 피기 시작했구나
겨우내 비어 있던 느티나무 까치집에
오늘 한 쌍이 새로 전세 들었다
한편에선 학생들이 구호 외치며 행진하고
다른 한 편에선 학생들이 배구공치기를 한다
아랑곳 않고 까치는 집을 수리한다
나뭇가지 하나가 실수로 떨어지자
배구공 떨어지는 바로 옆이지만 재빨리 주워 물고 올라간다
　　　　　　－황동규, 〈관악일기 · 3〉 전문

　앞의 시는 밀란쿤데라의 소설 「참을 수 없는 존재의 가벼움」을 패
러디화한 것으로 극히 일상적인 삶을 서술한 것이다. 그러나 이 일상성
의 가벼움은 현대라는 거대한 조직사회의 중압감으로부터의 '풀어내기'
또는 '벗어남'의 해법인 것이다. 이를 통해 인간의 실존이 무엇이고 무
엇이어야 하는가를 재인식시키고자 하는 의도를 담고 있으며 또 이러
한 얽매임의 조직사회를 쉽게 풀어냄으로써 능동적인 삶을 살고자 하

는 건강함이다. 따라서 이 '가벼움'의 의미는 현대적 삶의 한 비전을 제시하고 있는 의미심장함을 담고 있는 가벼움인 것이다. 마치 진정한 코미디Comedy가 삶의 비극성을 극복하고자 하는 웃음을 본질로 하는 건강성의 비전을 제시하려는 것과 같은 논리이다.[8]

시인의 이러한 자세는 원래 엄숙 경건하던 종교도 그것의 진리도 일상성의 가벼움으로 처리되고 있다. 이것은 전통적인 '선시의 논리'가 앞서 보았듯이 기존의 의미심장한 언어적 의미를 아주 가볍게 던져 버리고 얽매임으로부터의 벗어남을 보여주는 것과 같은 원리다. 즉 이 시에서의 '원효'가 당나라로의 수행을 포기하고 신라로 되돌아온 동기처럼 집착하지 않는 것, '거지의 마음'처럼 '견딜 수 없이 가벼운' 존재가 되는 것, 그리고 시적 화자가 이국의 맨하탄 거리를 가볍게 걷는 것처럼 원효가 당나라 갔더라면 그도 '직각으로 뚫린 장안거리를 바람 맞으며 가볍게 걸었을 것'이라고 하는 것이 그것이다. 이것은 자유의식의 함축이요 선적 방법의 드러남이다.

이렇듯 선시 또는 선적 방법의 시들은 현실적 효용으로는 '무거운 세상 가볍게 살기'라는 삶의 명제[9]를 제시하기도 하고 또 얽매임으로부터 벗어나고자 하는 무장무애의 자유추구 정신의 일단을 보여주는 이른바 정신주의적 성향도 드러내고 있다. 이들이 서로 다른 것이 아님은 물론이겠지만.

그리고 뒤의 시도 마찬가지로 일상성 속의 모든 존재는 서로 침해함이 없이 각기 고유하게 생존하면서 공존한다. 여기서 정치의 무거움은 전혀 전경화되고 있지 않다. 그 무거움은 단지 일상성의 한 가벼움으로 처리되고 있을 뿐이다. 시가 씌어질 당시의 정치적 현실은 삶의 중심

---

8) 그러니까 패러디 기법에는 기본적으로 건설적 성질의 '풍자'가 내포되어 있기 마련이다.
9) 〈오늘의 작가를 찾아서〉(황동규 편), 『문학사상』, 1991.6 참조

이슈였고 풀리지 않는 무거운 세상의 대표적 표상이었다. 그러나 이 무거움이 이 시에서는 일상적 가벼움으로 변용되고 있는 것이다. 물론 여기에는 이러한 무거운 문제(정치적 상황)를 풀지 못하고 있는 현실에 대한 풍자도 깔려 있다.

선禪의 기본정신은 그 어디에도 얽매임 없는 무장무애의 자유자재한 경지다. 앞서 논의된 두 시인의 시들은 이러한 방법론을 취하고 있는데 김형술의 다음 시도 이러한 시적 자세를 보여주고 있다.

> 캐쥬얼 풍의 의상을 즐겨 입읍시다
> 가벼운 의식
> 가벼운 선택
> 발끝에서 굴러다니는
> 가벼운 세상을 가볍게 걷어차면서
> 가벼운 절망과 우주와 영혼
> 가벼운 미래를
> 가볍고 가볍고 가볍게 걸치고
> 가벼운 거리를 가볍게 걸읍시다
>
> 나이를 생각하자구요
> 나이가 무슨 상관입니까
> 시간이 무거워질수록
> 존재와 추억, 욕망이 무거워질수록
> 가볍고 편안하고 자유롭게
> 미찌꼬런던 혹은 게스 풍으로
> 당신도 한번 시도해 보세요
> 정색한 표정을 풀고
> 정장을 벗어던지고

격식과 전통과 관습을 잊어버리며

오! 캐주얼 드림
캐주얼 러브
캐주얼 섹스
캐주얼 라이프
어떠십니까
종이꽃다발처럼 가볍지 않습니까
자 이제 함께 날아가실까요
가볍고 가볍고 가벼운 죽음으로
　　－ 김형술, 〈즐거운 거리 － 도시는 날마다 가벼워진다〉 전문

　이 시를 보면 첫 연에서 가볍게 살자고 한다. 물론 이 메시지 속에
는 무거운 세상이기 때문에 가볍게 살자고 한 상대성이 전제되어 있다.
그것은 2연에서 보다시피 '나이'와 '시간의 무거움'과 '존재와 추억, 욕
망' 그리고 '정색한 표정'의 무거움을 의식하고 있음에서 확인된다.
　이 시에서 가벼워지자고 하는 것은 존재의 의미를 부여하고 있는 현
실의 각종 형식들로부터 벗어나자는 의미다. 즉 나이, 시간, 존재, 욕망,
성별, 각종 전통과 관습 등으로 인한 얽매임으로부터 자유로워지자고
하는 것이다. 이 시의 표현대로라면 꿈도 사랑도 섹스도 인생도 캐쥬얼
풍으로 말이다.
　그런데 여기서 시적 내면의 한 켠을 살펴 보면 끝 연에서처럼 이러
한 가벼운 삶에 대해서 '어떠십니까 / 종이꽃다발처럼 가볍지 않습니
까'로 반문함으로써 우리 삶의 모든 것이 진지함 없이 가벼워지고 있
는 오늘의 세태에 대하여 풍자를 보임으로써 비판도 있음을 읽을 수
있다. 아이러니 기법이다. 그리고 끝에 와서는 이 모두를 무화시키고

있음으로서 역시 空으로 나아간다.

저 오만하게 일어서 있는 건물들 아랫도리를 적시며 범람하는 불의 강
을 이글고 이 도시는 날마다 어디로 저리 가볍게 흘러가는 것일까 「
무거워」「못견디겠어」 거추장스런 나뭇잎 매달고 잠꼬대하던 가로수
어깨 문득 추스를 때

일순의 불안한 정적 가당치 않다는 듯 충혈된 눈 부릅뜨고 뛰쳐나온
구급차 한 대 비명을 지르며 달려가 묻힌 어둠 쪽으로 자꾸만 기우
뚱거리는 하현달 가까스로 붙들어주고 돌아서면 금방이라도 와르르
무너져 내릴 듯 흔들리는 그림자, 그림자뿐인…
　　　　　　　　　　　　　　　　　　　　－ 김형술, 〈가벼운, 무거운〉에서

　앞 연에서는 '도시의 건물'들이 '불의 강'으로 흘러가고 '거추장스런
나뭇잎'을 매달고 어깨를 추스리는 모습이고, 뒷 연에서는 '하현달'과
'그림자'가 '비명 지르는 구급차'의 무거움을 가볍게 한다. 이들 역시
의미의 틀 속에 갇힌 기성의 존재 의미로부터 벗어나기의 논리이다.

4. 맺음말

　밀란쿤데라의 소설에서 인유된 존재의 가벼움이란 실은 역설적이라
는 것을 알 필요가 있다. 이것은 삶의 엄숙함이나 진지함의 반대 개념
으로서의 경박함이 아니라 현실적 인간의 속성인 집착과 얽매임, 맺힘
등으로부터 벗어나기와 풀어내기의 해법이기 때문이다. 그럼으로써 참
다운 정신의 자유의 길로 안내하는 한 방법이기도 한 것이다. 이것이
선시의 효용성이란 것이다. 아울러 인간정신에 있어 집착과 얽매임[10]이

모든 화의 근원이 되어 위선과 다툼을 낳고 모든 악을 파생시킨다는 점에서 볼 때 선시 또는 선적 서정시가 지향하는 이러한 궁극적 목적성은 갈등의 풀림과 대립의 화합 등으로 향하고 있음을 볼 때 이 역시 선시의 효용성이라는 것이다. 사회정의와 진실의 구현은 곧 현세정화라는 명제에 귀착되고 이 현세정화는 곧 정신계의 집착에서 벗어날 때 가능한 것이라고 본다면 여기에 선시 또는 선적 서정시의 효용적 가치도 있다 하겠다.

현실이란 인간적 삶의 총체적 개념이고 정신이란 이것을 결정하는 근본 동인이기 때문에 인간적 현실도 역시 정신의 정화 여부에 따라 좌우된다 할 것이다.

---

10) 이것이 무거움 또는 의미심장함으로 상징화 될 수 있다.

Ⅲ. 정신주의 시의 현실 수용 양상

1. 머리말

언젠가 「시와 시학」이라는 시 전문 계간지가 창간되면서 표방한 슬로건이 참으로 인상적이었다. '하늘엔 별, 땅엔 꽃, 사람에겐 시'라는 것이 그것이다. 세상사의 어지러움을 만날 때 이 말의 의미를 생각하면 잠시 마음의 청정함을 되찾을 법한 말이라 여겨진 것이다. 우리를 싸고 있는 우주 만물 중 아름다움을 대표하는 세 가지 상징적 존재인 이들은 곧 순수의 한 정점이다. 우리가 이런 정신적 가치를 지향하며 나아가는 마음으로 살아간다면 삶의 현실은 어지러움과 혼탁함이 한결 정화된 세상으로 되어 갈 것이다.

우리의 삶에서 높은 정신적 경지를 추구하고 열망하며 살아가는 삶의 방식, 그것은 현실 외면의 정신적 내면세계에서만 놀고 있는 것이 아니라, 오히려 현실을 열정적으로 끌어안으며 땀 흘리는 데에서 이루어지게 될 것이다. 즉, 참다운 정신주의는 현실주의에서 출발하여 나아간다는 것이다. 다시 말해, 인간적 문화적 삶을 보장받을 수 있는 그런 시대, 인간의 자율성이 나름대로 추구될 수 있는 그런 시대라면 예술주의 문학은 곧 현실주의 문학으로 이어질 개연성이 아주 크다는 얘기다.

이에 신新·구舊 가치관의 뒤섞임과, 그 어디에고 가치는 존재할 수 있다는 이념 해체의 시대와 함께 새삼 뚜렷한 가치 체계로 떠오를 수 있는 것이 이 정신주의라고 할 수 있다. 이는 그 어느 지엽적 가치 체계보다 우위에 있는 것이니까. 정신주의적 형이상形而上의 세계는 사회 도덕적 측면으로 본다면 선善의 한 정점이요, 문예적 측면으로는 미美의 한 정점이기 때문이다. 이 글은 이러한 지향성을 드러낸 시들을 살펴 봄으로써, 이와 같은 세계로 길잡이되는 데 일조하기 위한 의도의 일환이다.

2. 정신주의 시의 생성 조건

물론 이러한 정신주의 시가 정신적인 경향을 추구하는, 궁극적으로는 더 높은 정신적 경지의 극점을 향하고 있다. 이는 곧 물질과 육체에 대한 거부에서 비롯된 상대 개념으로서 이것의 혼탁함과 악적인 요소를 부정하는 세계관에서 비롯되는 것인데 다분히 관념적이라 할 수 있다. 정신주의는 이러한 물질과 육체, 혼탁한 현실적 모습의 상대적 세계관이 드러남으로써 더욱 분명해 진다. 여기서 상대적 세계관이란 어디까지나 풋풋한 삶의 현장, 이른 바 속俗의 세상으로서, 정신주의란 이것이 있기에 얻어낼 수 있는 상대적 가치의 개념이라 할 수 있다. 아울러, 그러기에 그 세계가 더 빛나 보이는 것이기도 하다. 시인의 존재 이유도 시적詩的이지 못한 세상이 있기에 있는 것 아닌가. 따라서 일반 어의적 개념만의 정신주의란, 차원 높은 정신세계의 소요逍遙 내지 그 범위권 내의 관념적 사유의 세계라는 정도로 여겨지겠지만, 사실 이것은 단선적單線的 사고의 소치임을 곧 알게 된다. 다시 말해, 현실적 삶의 구체적 모습, 또는 그로 인한 체험 세계의 기초 위에서 올라

갈 수 있는 세계로서 상대성의 세계라는 점이다. 속俗의 모습이 튼튼하고 건강하게 제시될 때 상대적 선仙의 세계도 더욱 절실한 그리움으로 다가설 것이고, 그렇게 될 때 그 정신세계의 존립 근거도 더욱 튼튼하게 된다는 점이다. 물론 이것은 반드시 현실의 구체적 모습을 보여줌으로써만이 성립되는 것은 아니다. 그러나 아무리 관념적 정신계만 드러내는 경우라 하더라도, 최소한의 현실 상황의 전제라도 제시되어야한다는 것이다. 일단 이것이 정신주의시의 기본적 생성 조건이라고 볼수 있다.

다음의 시를 보자.

> 황혼이 새를 데리고
> 저녁산으로 갔네.
> 그 후 그는 소식이 없네.
>
> 저문 벌판 물 위로
> 별들만 첨벙첨벙 빠져 건너오네.
>
> — 이성선, 〈저문 벌판〉 전문

황혼과 함께 어둠이 오는 과정의 시간 경과와 함께 별이 나타나는 모습이 생동감 있게 나타나고 있다. 시적 자아가 자연과 합일된 상태로서 도가풍道家風의 시다. 정신주의 경향의 시로서 시인이 추구하는 세계는 분명 관념적 정신계다. '저녁산으로 새를 데리고 간 황혼은 소식이 없고, 물 위로 별이 건너 온다'는 것은 분명 명상적 분위기에 빠진 작자의 주관적 관념이기 때문이다. 그러나 이것은 이러한 도가적 경지 역시 시인의 현실적 삶의 공간적 배경인 '저녁산'과 '저문 벌판'이라는 상황적 조건에서 이루어지는 것이다.

따라서 추상적 관념을 읊었을지라도 그것이 포괄적 현실을 향한 발언인 현실주의 시일 수 있고, 현실의 구체성이 드러나더라도 이를 바탕으로 높은 정신계가 구현되어 있으면 그것은 정신주의 시인 것이다.

따라서 어떠한 형이상학적 정신주의 시일지라도 현실이라는 통로를 거쳐 관념적 정신계에 이른다는 것이다. 이러한 경향의 대표적 시인으로 꼽혀지고 있는 조정권의 〈신성한 숲-1〉을 보자.

> 여느 새벽보다 일찌기 수레를 끌고
> 숲으로 나갔다.
> 어둠이 걷히지 않은 하늘 위에는
> 희미한 하현달이 사위어가고
> 별은 구름장에 가려져 있었다.
> 동이 트기에는 이른 시간이었다.
>
> 내 당나귀가 간밤 늦게까지 실어나른
> 곡식들과 함께 곯아 떨어져 있었으므로
> 나는 어둠 속에서 살결을 쓰다듬으며 깨웠다.
> 소나무 껍질같이 거칠어진 잔등
> 당나귀는 몇 번인가 새벽 공기 속으로
> 입김을 불며 흰 꽃을 피워내고 있었다.
> (하략)

－조정권, 〈신성한 숲 1〉 부분

조정권 시세계의 빛나는 경건함과 신성한 정신세계는 결코 처음부터 높은 곳에만 따로 있지 않음을 보여준다. 그것은 우리의 일상 속에서 얼마든지 때때로 정신적 경험으로 만나곤 하는 그런 류의 것이면서, 또 삶의 질에 따라서는 얼마든지 찾아낼 수 있는 경험적 세계권에 들어

있는 것이다. 가령 '여느 새벽보다 일찍기 수레를 끌고 숲으로 나갔다'
는, 아침 출근길에서 오늘 하루 일과를 어떻게 즐거운 마음으로 시작하
느냐의 여하에 따라 하루의 땀흘림이 신성한 보람으로 가득할 수 있다
면 그것은 곧 이 시의 세계와 다를 바가 없기 때문이다.

그렇게 본다면 일단 현실이 전제되지 않은 시가 어디 있느냐, 또는
어떠한 선문답禪問答 풍의 시일지라도 그것은 그 시세계의 상대적 세
계인 현실에서 비롯된 것이 아니냐는 반문이 있을 수 있다. 물론 지당
한 말이다. 다만 여기서 문제 삼고자 하는 것은 그러한 관점이 아니라,
정신주의 시라고 해서 모두가 현실의 구체성이 없는 것은 아니라는 점
이다.

즉 정신주의 시는 '인간의 냄새가 없어 너무 고고하다, 관념적이다
또는 신화적 세계에 갇힌 듯하다'[1]는 등의 문제가 제기될 수 있으나
사실은 그렇지 않고 인간의 냄새가 있고 또 인간의 냄새라는 통로를
거치고 있는 것이 대부분이라는 점이다. 단지 문제는 현실의 모습이 얼
마만큼 구체화되고 있느냐 또는 그렇지 못하느냐 아니면 앞 이성선의
시처럼 최소한의 조건만 제시되고 아예 관념적 형이상학의 세계만 형
성시키고 있느냐에 따라서 그 정도의 차이가 있을 수 있다는 것이다.

이러한 현실 모습의 제시 정도와 양상에 따라서 이 분야 시의 분류
가 가능해 질 것이고 리얼리즘시와의 관계도 밝혀질 것이다.

---

1) 『오늘의 문예비평』 1993. 겨울호(통권 11호), p.72~73. '특집 좌담' 중

3. 현실 제시 양상에 따른 정신주의 시의 유형과 리얼리
즘과의 관계

그렇다면, 이러한 정신주의 시의 모습은 다음 시인들의 시에서 조금씩 다른 모습으로 나타나고 있는데, 이 차이를 통하여 그 유형이 정리될 수 있겠다.

여기에 먼저 최승호를 들 수 있겠고, 다음은 정신주의 시의 논의를 촉발시킨 조정권을 들 수 있다. 그리고 또 하나는 이성선과 돈연스님의 시를 들 수 있다. 이는 먼저 최승호 시에 나타난 물신주의의 풍자적 비판으로서의 현실 모습의 구체적 제시가 그것이고, 또 조정권 시에 나타난 세속 도시의 역상으로서 삶의 모습이 차용되는 수준의 현실이 또한 그것이다. 그리고 또 이성선, 돈연스님의 시에 나타난 최소한의 상황적 소재와 정신계 형성의 조건들로만 제시된 현실의 모습이 그것이다.

그러면 먼저 최승호의 시에 나타난 현실 제시의 모습을 본다.

그것은 물신주의가 지배하는 오늘의 세태는 궁극적으로 비인간화의 죽음에 이르는 길이라는 점을 경각시키기 위해 제시되고 있다. 이러한 문명 비판을 통해서 궁극적으로 인간화의 길을 지향하고 있다. 그러나 그것은 현란하고 다양한 양태로 관념화되고 있는 죽음 그것이다.

> 단숨에 죽는 자가 아니라, 고통을 겪을 만큼 겪으면서 느릿느릿 죽어가는 자의 병이기에, 회저에는 긴 울부짖음이 있다. 그러나 그 울부짖음도 소용이 없는 텅 빈 무덤 속에서 진물 흐르는 썩은 살을 긁어내며, 흙더미 허물어지는 소리를 우리가 만약 듣게 된다면…… 그런 회저의 시간이 찾아 온다. 자신의 인생에게 홀로 침묵으로 예배해야 하는 시간이, 어느날 예기치 않게, 또는 꿈길로, 우리의 첫번째 죽음을 예고하면서.
> — 최승호, 〈회저의 시간〉 전문

온몸의 살이 썩고

온몸의 뼈가 허물어져서
재 밑의 재로 나는 돌아가리라
지금은 살이 썩고 곪아도
손으로 다 긁지 못하지만
터뜨리지 못하는 고름주머니 육신의
심한 가려움증도 그 재의 밤엔 다 나아 있으리

온몸의 살이 썩고
온몸의 뼈가 다 허물어져서
재 밑의 재로 나는 돌아가리라

지금은 재 위에 주저앉아
추한 꼴로 썩어가는 몸을 재로 씻으며
까마귀떼 울음 소리 듣고 있으나
재 휩쓸어가는 바람의 밤엔 다 조용해지리

나 없는 그 밤에
울음도 타 버린 마른 재를 맡기면서
침묵의 밤으로 나 돌아가리라
재의 입술이 떨어지는
흙의 밤 속으로

— 최승호, 〈회저〉 전문

    '회저'는 '괴저병'이라 하여 살이 썩어 들어가 신체가 탈기능화되어 죽음에 이르는 병이라고 하는데 이것의 시적 변용이다. 서정주, 김동리의 작품에 나오는 과거 문둥병은 차라리 운명론적인 것으로 낭만적이기까지 했다. 이에 비하여 오늘날 최승호의 '회저'는 물신주의적 현실에 대한 비판의 극치이다. 이승의 모든 삶을 죽음의 전주곡으로 간주하고 있다. 현실 자체를 썩은 물이 흐르는 저주스러움이 극에 달한 곳으로 전제하고 있다. 마치 악마가 사는 세계인 양, 아니 악마 같은 인간이 죽음과 저주의 장소로 만들어 놓았다는 것이다. 최승호가 가고자 하는 정신의 경지는 이토록 어둡고 저주스런 현실과의 등짐, 곧 죽음을 통해서 가능한 세계다. 그런데 문제는 그 죽음에 이르는 과정과 분위기가 너무도 어둡고 끔찍하다는 것이다. 그리하여 도달한 죽음의 세계는 물론 평온과 안락의 세계이다. 이러한 현실의 모든 더러움과 썩음은 '재'로 화하고 이것은 곧 죽음으로 대치된다. 이러한 죽음의 세계는 어둠 속에 모든 것이 용해되고 화해되어지는 그런 성질의 것이다.

앞의 시에서 어두운 현실을 통하여 다다른 정신세계도 역시 어둠의 최고 경지로 관념화되고 있음을 본다. 여기서는 죽음이라는 관념세계에 도달하기까지 과정의 현실 상황을 분명히 제시하고 있다는 점을 주목한 것이다. 아울러 죽음에 대한 최승호의 이러한 문제 제기는 우리의 향락적, 물질적 삶에 대한 비판과 반성을 제고하려는 비전 제시이기도 하면서 동시에 죽음에 대한 실존적 의미에까지 연장되고 있다는 점에서 고무적이라 하겠다. 다음의 시를 보자.

> 어두운 밤길 걸어가는 나의 육신 앞에, 먼저 재 된 사람은 서 있다.
> 그는 나의 미래이자 거울이다. 나는 호주머니에서 재의 탯줄을 꺼내
> 그에게 준다. 그리고 그를 부둥켜 안는다.
>
> —최승호, 〈재 된 사람〉 전문

죽음·사라짐의 상징인 '재'는 곧 '나의 미래이자 거울'이다. 그래서 종내는 '탯줄'로 이어져 끌어안을 수밖에 없다. 그래서 죽음을 삶 속에

들앉아 있는 필연적 실존 관계로 인식하고 있다. 그러나 그 '재'는 다시 "너의 재로 / 나는 / 잿물이 되고 // 잿물에 삶는 빨래가 되고 // 빨래를 널어 놓은 흰 모래밭이 된다 // 너의 재로 / 나는 / 잿물 끓이는 / 장작이 되고 // 빨래터 아낙네의 시냇물이 된다"에서 처럼 생명의 원천으로 화하기도 한다.

우리의 삶은 누구 할 것 없이 항상 죽음과 이웃하고 있으며, 죽음을 늘 보고 있고, 그 죽음의 환경 속에서 살며, 또 누구나 죽음과 만날 수 있다는 관점으로서, 죽음을 우리 삶과 더불어 함께 있는 실존적 대상으로 인식하고 있다. 이렇듯 죽음은 우리와 함께 하는 실체임에도 '최소한 나만큼은 죽음과 거리가 멀다'라는 식의 오만한 사고방식에 일종의 반성을 요청하고 있다. 동시에 죽음으로 치닫고 있는 환경문제의 심각성까지 경고하는 비전적 차원으로 나아가고 있다.

> 지에미가 울면서 수장시킨 머리 둘 달린 곱사등이 아이
> 그런 것들이 여기서는 물렁물렁하게 녹는다
> 늪은 거대한 반죽통이다
> 수렁, 혹은 황갈색의 즙
> 그 즙을 마시고 물풀들을 게우고 싶다
>
> 나는 갈라 터지면서 살아온 것일까
> 조각조각 깨어져 널려 있는 질항아리가
> 내 초상의 파편들일까
> 나의 내장들이 철사가 아니라
> 넘쳐 흐르는 샘물과 속삭이기를
> 나의 꿈들이 사해死海가 아니라
> 낮은 풀들과 두루미와 성스러운 영혼들과 속삭이기를
> 한 자세를 고집하고 있는 마네킹이야말로

오랫동안 바짝 구워 말린
한 남자의 뒷모습이 아닐런지

                   -최승호, 〈반죽〉에서

  시인 역시 신성하고 밝은 곳에서 살기를 꿈꾼다. 그러나 현실적으로
그렇지 못한 시인은 역시 마네킹 같은 존재일 뿐이다. 이렇듯 최승호가
창안해 낸 그로데스크의 극치들이 어찌 보면 다분히 작위적이긴 하지
만, 어떻든 오염된 현대 문명사회의 실상을 '구체적'으로 제시하면서
이를 실체적 대상으로 끌어안음으로써 도달해야 할 정신세계를 향하고
있는 것이다.

  이처럼 최승호의 시가 현실의 모습을 '구체적'으로 제시하면서 이상
적 정신계[2]로 나아가고 있는 모습을 보이고 있다면, 조정권 시에서의
현실 모습은 정신계의 형성 조건으로 제시되고 있음을 알 수 있다. 물
론 이것은 주로 밝고 건전한 '빛'의 이미지로서 최승호와는 정반대의
대조를 보이는 것으로 관념적 정신계로 이어지는, 또는 연결시키기 위
한[3] 경험세계이다. 그것은 도시의 일상이든 또는 시골 자연의 들과 산
가릴 것 없이 다양하다. 물론 이렇게 제시된 다양한 현실 경험적 소재
들은 어디까지나 관념의 형상화를 위해 필수적으로 제시되어야만 했던
현실이다.

낙방落房에 홀로 남아
먼 하늘에서 참나무 장작 패는 소리를
약藥으로 듣는 늦은 겨울날 오후

                   -조정권, 〈갑사甲寺〉 전문

---

2) 이는 달리 말하면 관념의 형성이다.
3) 물론, 여기서 조정권은 최승호의 경우처럼 작위성이 노출되지는 않는다.

이 시에서 보면 '참나무 장작 패는 소리'는 온돌의 난방을 위한 노동 행위에서 들려오는 것으로 현실적 삶의 모습이다. 그런데 시인은 이 것을 '먼 하늘에서' 들리는 소리로 변용함으로써 정신계로 상승시키고 있다. 아울러,

영혼의 숲 속에서 하느님과 함께
당나귀는 여름 내내 언덕을 오르내리며
고된 물통을 포도밭으로 져다 날랐습니다.
포도밭의 포도알들이 알알이 익어가고
그 중에서도 제일 크고 잘 익은 송이들은 그분 몫이지요.
당나귀는 밤이 되면 서늘한 물가에서 쉽니다.
밤바람은 포도밭으로 별 한 됫박을 퍼붓고 은싸라기를 뿌립니다.
당나귀는 압니다.
하느님이 바람의 일을 거들라 시키신다면 도울 재주가 없다는 것을.
포도밭에 포도송이들이 탐스럽게 매달리고
사람들은 열매를 상자에 가지런히 담습니다.
당나귀는 양 어깨로 기쁨의 수레를 끌며 마을로 내려갑니다.
(하략)

-조정권, 〈나귀〉에서

1.
나무 잎새마다
고요하게 깃들인 새들의 저녁 만가晩歌 들으며
둥글고 둥글은 마음 안에 보금자리 편다.
한없이 평화로운 둥그러운 열매들을
저 지상의 두 팔 위에 내려 놓는다.
세상의 모든 저녁이 바구니를 들고 있다.

2.
오래 전부터 내게는 의미 깊은 저녁이

가라앉아 음악을 이룰 때가 있다.
과일 속에 단맛을 들여 놓듯.
(하 략)

　　　　　　－조정권, 〈지상地上의 바구니〉에서

　이와 같은 시들에서도 현실적 소재들이 같은 방식으로 제시되기는 마찬가지다. 앞의 시는 프랑스풍의 고전적 시골 전원을 떠오르게 하는 영상미가 가득한데 이 속에 삶의 싱그러움과 부지런함이 살아 있다. 기분 좋게 땀 흘리는 건강한 삶의 현장으로 우리를 이끌어 내면서 일의 참다운 의미와 신성함을 깨닫게 한다. 뒤의 시 역시 서구적 분위기를 떨칠 순 없지만, 삶의 의미는 역시 충만된 보람에서 획득된다는 평범한 진리를 내놓고 있다. 현실에 임하는 건진한 자세와 그 대상인 현실의 모습들이 모두 빛나고 건강한 정신세계를 이루는 요소가 되고 있는 것이다. 역시 조정권의 정신주의는 빛의 세계요 건강미 넘치는 세계다. 그러기에 그의 시에 보이는 현실은 항상 땀 흘리는 신성한 곳이 되어 있는 것이다.

　따라서 조정권의 시에서 제시되고 있는 현실의 모습은 최승호보다는 덜 구체적이지만 '땀 흘리는 현장의 상징성'으로 드러난다. 이것이 현장성의 관념화를 이루어내는 그만의 개성이요 이러한 독특한 시적 수법이 곧 '정신주의 시'라는 용어를 낳게 한 단초로 보여진다.

　그리고 이러한 형이상의 차원에 가장 높게 도달해 있는 또 한 유형의 대표적 시인으로 이성선을 꼽을 수 있다. 그의 시는 최승호, 조정권과는 또 다른 모습의 동양적 자연관에서 출발하고 있다. 이성선은 자연을 통한 동양적 선禪의 경지 자체가 그의 시의 출발점이다. 자연은 현실이자 그것 자체가 곧 도가적 선의 경지이기 때문이다. 그의 세계관과 시정신의 현주소를 잘 보여주는 시 한 편을 보자.

설악산은 나의 지붕이다.
지붕 끝으로 밤이면 별이 뜬다.
기왓골 깊이 깊이 물소리가 잠긴다.
동해는 나의 마당이다.
새벽에 일어나 뜨락을 쓴다.
일렁이는 푸른 잔디밭에 올라온

펄쩍거리는
생선 한 마리
붉고 싱싱한 햇덩이

나는 빙긋이 웃으며
젓가락으로 집어 숯불에 구워
아침 상에 올린다.
　　　　　　　　　-이성선, 〈나의 집 · 1〉 전문

　사람에 관한 것은 하나도 없고 모두가 나를 중심으로 자연과의 교감에 관한 것들뿐이다. 마치 무위無爲로써 자연自然에 이른 도가적 경지를 보이고 있다. 이 때의 자연은 현상적 자연 그 자체이기도 하지만 이는 곧 무한 자유, 법열의 경지와 가까운 것이 아닐까. 지적 경지가 이즈음에 이르러서야 시인도 끝에 가서는 한 사람 철학자의 몫을 해내고, 또 그 독특한 세계를 열어 보여주는 사람이기도 한 것이다. 이렇듯 청정한 정신계의 모습을 독자에게 제시하는 길 또한 혼탁한 현실의 정화 기능이라고 한다면, 이것 역시 현실지향적 리얼리즘시의 역할과 다를 바가 없다. 그것은 오히려 현실을 향한 주장이라는 의도성보다 현실을 계도하는 자세라 할 것이다. 그 대표적 보기가 돈연스님의 〈벽암록·39〉가 그것이다.

> 늙은이는 밭을 갈았다
> 갈지 않으면 먹지 않는 늙은이
> 늙은이의 평생은 밭가는 일
> 밭에서 한 발자국도 떠나지 않았지만
> 밭에 얽매인 적이 한 번도 없었다
>
> — 돈연, 〈벽암록 · 39〉 전문

'밭에서 한 발자국도 떨어지지 않을' 정도로 열심히 일(노동)했건만 '한 번도 밭에 얽매인 적이 없다'고 함으로써, 진정한 마음의 자유와 해방은 땀 흘리는 노동에서 찾아진다는 사실을 깨우쳐 주는 감동적인 시이다. 자유의 본질을 역설의 논리로 선명히 제시해 주고 있다. 노동이란 사람들이 자연과 관계를 맺고 자연을 어떤 방식으로든 변용하는 창조의 행위로 볼 수 있다. 그것은 자연을 사람들의 요구와 지향대로 변모시키면서 세상의 주인으로서 자신을 고양시킬 수 있는 원동력이 되는 행위이다. 이러한 깨우침을 주는 일화가 있다.

옛날 백장화상은 노년에 이르러서도 결코 일을 놓지 않았습니다. 이를 본 제자들이 안타깝게 생각해서 그가 쓰는 호미와 낫, 괭이 등을 숨겨 버렸다고 합니다. 그는 하는 수 없이 하루 일을 쉬게 됐습니다. 제자들이 공양을 올렸으나 그는 하나도 입에 대지 않고 다음과 같이 말했습니다. "너희들의 마음은 고마우나 하루 일을 하지 않았으니,

하루 굶는 게 당연하다."는 것이었습니다.[4]

요즘같이 무위도식하거나, 남을 해롭게 하는 악한들이 많은 세상에 이러한 노동의 사상은 아름답고 숭고하기까지 하다고 할 수 있을 것이다. 역시 참다운 자유, 마음의 평화는 열심히 땀 흘리는 현실적 삶을 추구함으로써 얻어질 수 있는 것이고 이것이 노동의 신성함인 것이다. 모든 인간은 현실에서 발을 떼고는 살 수 없는 숙명적 존재이다. 따라서 현실을 떠나 마음의 자유를 얻겠다는 것은 원천적으로 불가능하다. 가령 출가하였다 한들 출가 이후의 거처 또한 또 다른 현실로서 세간의 한 장소에 불과한 것이고, 거기서 또 출가하여도 역시 또 다른 하나의 현실, 그리고 이것은 연속될 수밖에 없다. 결국 우리는 영원한 현실적 존재일 뿐이다.

따라서 진정한 자유는 현실을 떠나서 얻어지는 것이 아니라 현실을 뜨겁게 껴안음으로써 획득될 수 있다는 현실지향적 논리가 선연히 드러나 있는 시이다.[5] 이렇듯 정신주의 시의 일종인 이러한 선시에서 오히려 현실의 소중함을 일깨우는 교시성이 있는 것이다.[6] 따라서 이 시 역시 상징적이긴 하지만 '밭'이란 '현실'이 제시되고 있다는 사실과, 이 상황 조건 속에서 시적 대상인 '늙은이'가 존재한다는 점에 이 글의 논점이 있다. 즉 최소한의 시적 조건으로 현실이 등장하고 있다는 것이다.

이성선의 시에 나타난 현실도 이와 유사하다. 그의 시 역시 구체적 현실 모습이기보다는 최소한의 시적 조건으로 제시되고 있는 현실이라

---

4) 김재홍, 『그대 왜 그리 허둥대는가』(시와 시학사, 1991), p.212. 참조
5) 만해 한용운이 불교의 도道를 두고, "세간世間을 버리고 세간에 나는 것이 아니라, 세간에 들어서 세간을 나는 것"이라고 한 말은 곧 이 뜻을 단적으로 드러낸 말이다.
6) 따라서, 교시성은 현실주의 시만의 전유물이 아님은 물론이다.

는 점에서 그렇다.

① 마주 보며 평생을 엉키지 않고
   나란히 걸어가는 사랑하는 두 사람.

   진달래 피는 봄 언덕에서 여름 해변을
   끼고 가다가 다시 낙엽 쓸쓸히 떨어져
   흩어지는 벌판을 지나 백발의 겨울 눈밭으로
   두 길은 말이 없다. 부부는 말이 없다.
                                    —이성선, 〈철길〉 전문

② 친구하고 저녁에
   술 한잔 하고 그냥
   집에 돌아가기는 싫어라.

   다른 녀석네 대문을 박차거나
   낯선 여자 지저분한 분내에 안겨
   아무렇게나 하룻밤 잠들고 싶네.

   그래도 그러지 못하고
   바보처럼
   허청허청 돌아오는 길.

   내 지붕 위에 나지막히 내려 걸린
   하늘의 북두칠성
   아, 저기로나 기어 올라가서 하룻밤
   잠들어 볼까.
   (하략)
                                —이성선, 〈별의 여인숙〉에서

③ 대 자유인이여

하늘 누덕옷 구름 기워 입고
물소리 베개 베고 꿩 울음 솔향기로
끼니를 때우던 이여
(하략)

-이성선, 〈초승달〉에서

④ 소와 한 지붕 아래 살았습니다.

부엌을 가운데 두고
서로 마주 바라보는 북방식 가옥.

소는 매일 나를 들여다 보았습니다.
나무 아래 먼 산 보고 서 있는
그의 발 아래 나는 땅을 뒤져
쇠똥구리를 잡았습니다.

개천에서 미역 감을 때면
그는 저만치서 참선하듯
물에 그림자 던지고 있었습니다.
(하략)

-이성선, 〈소와 나의 신화〉에서

현실의 시적 소재들이 관념적 정신계로 나아가기 위한 조건으로 제시되고 있는 시들이다.

①에서 진정한 사랑의 의미가 선적 경지로 나아가고 있음은, 한없이 멀리 가도 엉키지 않고 만나지 않는 '철길'이라는 현실적 소재의 속성에서 시적 착상이 출발되고 있기 때문이다. ②의 시 역시 평범한 일상인으로서의 인간적 감정이 도가적 경지로 변용되는 모습이, 그리고 ③

의 시는 현실 소재들이 도가적 분위기 형성을 위한 최소한의 조건으로 제시되어 있고, ④ 역시 현실 상황은 '소'와 '나'의 자연스런 어울림이 이루어질 수 있는 차원 높은 곳으로 변용되고 있다. 시골의 집과 자연 환경 등이 그것이다.

4. 맺음말

지금까지 정신주의 시에 드러나고 있는 현실의 양상을 시적 변용의 방법에 따라 세 유형으로 나누어 보았는데 이를 정리하면 다음과 같다.

첫째는 최승호의 시에 나타난 현실의 구체적 제시 모습이 그것이다. 그의 시에 제시되고 있는 현실의 모습은 우리의 이웃 도처에 늘려 있는 죽음이라는 관념의 세계에 도달하기까지의 과정으로서의 그것이다. 그리하여 죽음을 이웃하고 있으면서도 나와는 무관하다는 식으로 여기고 있는 오늘날 죽음의 인식에 대한 반성을 촉구하고 있다. 여기서 죽음이란 물신주의가 지배하는 오늘의 문명사회를 상징하는 것이며 아울러 문명사회를 풍자적으로 비판한 용어이다. 이것은 실존적 대상으로 끌어안아야 할 명제로서 우리의 인식 제고를 요청하는 의미를 갖고 있으며, 그의 시도 이런 류의 정신주의라고 할 수 있다.

둘째는 조정권의 시에서 정신계의 형성 조건으로서 제시되고 있는 현실의 모습이다. 그것은 주로 밝고 건전한 빛의 이미지로 형성되는 정신세계로서, 이를 위한 기본 조건으로 제시되는 현실 모습일 따름이다. 따라서 최승호 시의 문명사회에 대한 부정적 시각의 구체적 현실 제시에 비하여, 조정권의 시는 이것이 덜 구체화되어 있지만 관념적 정신계의 형성 조건을 위한 건강한 현장의 상징으로 제시되는 현실이라고 할 수 있다.

셋째, 이성선의 시에 나타난 현실은 당초부터 형이상적 성향이 짙다. 그것은 주로 자연이요 이 자연은 곧 형이상적 세계 그 자체이기 때문이다. 다시 말해, 도가적 세계의 자연인 것이다. 따라서 그의 시의 현실 모습은 자연이요 그 자연은 곧 형이상적 정신계의 자연으로서 시적 자아 역시 이 속에 함께 혼융된 경지에 있는 그런 모습으로 나타나고 있다. 아울러 그 현실은 당초부터 이러한 선적 경지를 이루기 위한 상황적 조건으로서의 현실이고, 그것도 종내는 그 경지 속에 들어 앉은 모습으로 화하여 버리는 정신세계를 경험케 한다.

그런데 이러한 선적 정신계를 경험케 하는 선시로서 오히려 우리들의 현실적 삶의 자세를 깨우쳐 주는 것들이 많음은 주목해 볼 일이다. 앞의 돈연의 시에서 본 것이 그 단적인 예다. 이것들은 물론 기존의 자동화된 고정관념을 깨뜨리기 위한 의식의 충격요법으로서의 기법을 사용한 정신주의이지만, 이것이 오히려 강한 현실적 효용성을 내포하고 있음은, 기존 리얼리즘시의 현실 지향성과 비교하여 주목할만한 문제라 하겠다. 이 부분에 관한 논의는 다음 과제이다.

결국 정신주의 시란 물신주의 또는 현실주의 시의 상대 개념으로서 어떤 양태로든 물신 또는 현실이 역상으로 비친 세계라는 점은 당연한 귀결이라 하겠다.

Ⅳ. 『진각교전』 4·4조의 장르적 성격과 불교사적 의의

1. 미와 성

문학은 근본적으로 종교와는 그 추구하는 지향점이 다르다. 문학은 인간에게 미적 감동을 주어 정신적 카타르시스를 구하고자 하는 측면이 강한 반면 종교는 우리 삶의 현실적 욕망의 얽매임에서 벗어나 정신적 영원의 세계를 추구하기 때문이다. 이에 문학의 궁극적 지향점은 美라 할 수 있고 종교의 지향점은 聖이라 하겠다. 다시 말해 문학이 문자언어를 통한 미적 쾌락추구의 측면이 강하다면[1] 종교에서는 현실적 미의 개념을 넘어선 초월과 영원의 세계를 추구하므로 그 근본의 차원이 다르다고 할 수 있다.

결국 종교에서 성의 세계는 문학에서의 미의 세계가 추구하는 정신세계의 미적 쾌락까지 포괄하는 개념이라 하겠다. 즉 이 미와 성은 서로 다른 방법을 통하여 얻어지는 정신적 체험 세계로서 문학이 현실적 삶의 다양한 모습을 언어로 표현된 정신적 산물이라면 종교는 인간의 한계와 이로 인하여 해결하지 못하는 삶의 근본적 문제 가령 생노병사

---

1) 이때의 쾌락은 미적 쾌락이라고 할 수 있는데, 문학에서 미의 추구는 심지어는 수단 방법을 가리지 않는 경우도 있다. 탐미주의의 미 추구 경향이 그것이다. 이는 미를 탐하는 것으로 비도덕적 악마의 방법까지 동원하여 정신적 쾌락을 얻으면 그만이라는 논리이다. 문학에서 흔히 카타르시스라고 하는 미적 정화의 기능은 정신적 쾌락 추구의 경향이 있기 때문에 문학의 이런 면모는 종교가 추구하는 정신과는 아예 상반되는 측면이다.

또는 탐진치의 번뇌 등을 해결해 보려는 최후 방법으로서 인간이 지향하는 이른바 신앙 즉 믿음이다. 따라서 일단 미는 예술세계에서의 개념으로서 인간적이라면 성은 종교에서의 개념으로서 인간세계에서의 일체가 초월적 세계까지 연결된 세계관이라 하겠다.

그리하여 돈오와 점수 즉 '깨달음과 이에 이은 부단한 수행'을 통하여 깨달음을 이어가고 있는 사람의 무장무애한 정신적 경지 그 자체는 곧 모두가 시일 수 있고 음악일 수 있고 훌륭한 예술의 세계와 다름이 없다는 것이다. 오히려 예술의 경지를 넘어선 것이라고도 할 수 있다. 따라서 종교적 성의 경지는 문학적 미의 세계까지도 포괄하는 한 차원 높은 세계라고 일단 말할 수 있을 것이다.

이렇게 볼 때 종교적 깨달음의 경지에 이른 사람의 정신세계는 이미 문학에서의 미의 세계까지도 포괄된 체험을 내포하고 있다고 하겠다. 따라서 불교에서 해탈의 경지 곧 불립문자의 경지는 이미 문학적 미의 경지까지 내포된 것이기 때문이다. 다만 문자로 표현되지 않았을 뿐이다.[2]

한국 현대불교에서 밀교적 성격의 새로운 불교를 구현하여 진각종이라는 종문을 연 회당 손규상의 사상은 이러한 불교적 깨우침의 경지를 철저히 생활 속으로 끌어 들임으로써 생활 속에서 심인 즉 부처님의 마음을 구현할 수 있다는 점을 역설하였다. 이른바 부처님의 가르침은 가까이 곧 내 마음에 있는 것임을 강조한 이른바 온 만물에 깃들어 있는 법신불의 정신을 스스로 깨닫고자 설파한 개혁불교이다. 그의 이러한 생활 속의 개혁불교는 그 정신이 『진각교전』에 결집되어 있다.

불교를 이런 식으로 생활 속에서 실천하고자 한 정신은 특히 우리의 호흡 장단에 맞는 4·4조로 만들어 쉽게 외워 지고 또 접근하기 쉬운

---

2) 이것이 문자로 표현된 것이 선시인데, 이것도 엄밀히 말하면 선적 과정의 한 파편을 문자로 기록한 것일 뿐이지 깨우침 그 자체는 아니다. 깨우침의 세계는 문자로 기록될 성질의 것이 아니기 때문이다. 선시는 어디까지나 문학으로서의 한 종류일 뿐이지 선 자체는 아니다.

방식으로 경전 속에 담아 놓음으로서 여기에는 실천불교 뿐만 아니라 문자와 거리가 먼 서민 대중을 위한 교화정신도 함께 들어 있어 여러 가지로 고찰하여 볼 가치가 있는 것이다. 이 점은 회당의 사상을 문학적인 관점에서 접근할 수 있는 두드러진 부분이다. 이 점에 착안하여 이 글에서는 이 『진각교전』의 실행론을 중심으로 4·4조 율조를 몇 가지 관점에서 고찰하고자 한다. 먼저 4·4조의 근원을 밝히면서 아울러 이러한 율격을 가진 우리 고전문학 장르들 즉 민요, 향가, 시조, 가사 등과 그 내용·양식 면에서 대비적으로 고찰하고자 한다. 또한 회당의 이 4·4조는 우리나라 불교 게송의 역사적 측면에서도 큰 의미를 가지는 바 이 점에 대하여서도 함께 논의하고자 한다.

2. 4·4조의 근원

국문학사상 우리말로 된 최초의 우리 노래는 역시 신라의 4구체 향가이다. 이를 흔히 민요형 향가로고도 하는데 그 이유는 당시 그만큼 널리 불려졌다는 뜻이기도 하다. 가령 서동요, 풍요, 헌화가 등이 그것인데 이 4구체 향가는 8구체로 발전되었다가 다시 10구체의 환성형으로 발전해 갔다는 것은 이미 정설로 되어 있다. 여기서 이 4구체가 민요형 향가라는 사실에 주목할 필요가 있다. 왜냐하면 4·4조의 근원은 아무래도 우리 노래의 근원인 민요에서 찾아져야 할 것 같기 때문이다. 그런데 이 4구체 향가의 한 구가 현대의 우리말 형태와 같은 4·4조와 일치하는 것은 아니다. 그것은 당시에 우리말의 온전한 표기 수단이 없었기 때문에 이 4구체가 향가가 민요형향가라 하도라도 당시 민요의 형태가 구체적으로 4·4조였는지 어떠했는지는 지금 알 길이 없다. 그렇다면 여기서 우리가 주목해 볼 수 있는 것은 이 가락이 당시 서민 대중들에게 가장 널리 불려졌던 민요 형태라는 점이다.

따라서 우리 가락의 가장 원시적이며 뿌리 깊은 율조의 형태는 역시 민요라고 할 수 있다. 물론 민요 가락도 그 형태가 아주 다양하기 때문에 4·4조가 곧 민요의 전형적 형태인 것은 아니다. 한국 시의 전통 율격 연구에 일가를 이루고 있는 김대행은 민요 율격의 유형이 2음보 3음보 4음보격의 세 종류로 분류되고 있는 일반론을 지적하면서3) 2음보격이 기본단위라는 설을 내놓았다.

이와 마찬가지로 진각교전의 4·4조 역시 이 2음보격을 기본 단위로 한 하나의 전형이라는 점을 말하고자 한다. 물론 이것이 의미상 완결성을 이룰려면 대체로 배로 늘어나야 하는 경우가 많고4) 이렇게 되면 의미상 완결성을 이루어 한 행이 이루어지는 것이다. 이렇게 하여 한 행을 4음보로 본다 하더라도 이는 역시 2음보의 확장에 다름 아니기 때문이다. 문제는 4·4조란 율격은 최소 단위 2음보를 기본으로 한

---

3) 김대행은 『한국 시의 전통 연구』(1980, 개문사)pp.20~21에서 예창해, 조동일, 성기옥 등의 이러한 일반적 견해에 수정을 가하여 '2음보격' 설을 내놓으면서 3음보격과 4음보격은 인정하기 어렵고 말하고 있다. 그 이류로 먼저 3음보격의 경우는 결국 4음보로 읽힐 소지를 갖고 있고 또 실지 그렇다는 것이다. 가령
"아리랑 / 아리랑 / 아라리요 // 아리랑 / 고개로 / 넘어간다 // 나를 / 버리고 / 가시는 님은 // 십리도 / 못가서 / 발병난다" 라든지
"빨래를 / 갈라면 / 강가로 가지 // 저건너 / 삼밭에 / 뭘하러 갔나" 와 같은 노래에서 '아리랑'의 경우 "넘어간다", "가시는 님은", "발병난다"와 '빨래타령'의 "강가로 가지", "뭘하어 갔나" 등은 이미 2음보가 확보된 상태로서 결국 한 행이 4음보라는 것이다.
이것은 일본 唱歌의 음수율인 7·5조가 우리나라에 들어와서 마치 우리의 민요조인 것처럼 위장되어 버린 데에도 그만한 이유가 있다는 것인데 이는 바로 7·5조가 4음보 율격이기 때문이라는 점(김대행, 한국 시가 구조 연구 삼영사, 7·5調考)에서 해명될 수 있는 것과 같다. 그리고 4음보격은 2음보격이 배로 연장된 형태로서 그 기본은 2음보격이라는 것이다. 따라서 최소 단위인 2음보격을 기본단위로 보고 있다. 결국 김대행은 3음보격과 4음보격은 인정하지 않고 있다.
4) 가령, "이세상에 나는사람 어디에서 온것이며"의 4음보가 되어야 일차적 의미 구성이 되지 "이세상에 나는사람"의 2음보만 갖고는 그렇지 못하다는 말임.

'민요'에서 그 율격적 근원을 찾을 수 있다는 사실만 밝혔으면 본고의 목적은 이룩된 셈이다. 이러한 민요 몇 수를 예로 들어 본다.

① 한설 적에 어멍 죽인 이년 상망 지여 먹구 푸ー 푸
　 두설 적엔 아방 죽인 이년 상망 지여 먹고 푸ー 푸

② 둘러 주소 둘러 주소 얼른 펄쩍 둘러 주소
　 들르길랑 내 둘르께 둘러 주소 둘러 주소
　 하나 둘이 갈아도 둘러 주소 둘러 주소
　 열 스물이 가는 듯이 둘러 주소 들러 주소

③ 새야새야 파랑새야 녹두남게 앉지 마라
　 녹두꽃이 떨어지면 청포장사 울고 가고
　 두부장사 웃고 간다[5]

④ 하늘에다 베틀놓고
　 구름잡아 잉어걸고
　 짤각짤각 짜느라니
　 편지왔네 편지왔네
　 한손으로 받아들고
　 두손으로 펼쳐보니

⑤ 성님성님 사촌성님
　 시집살이 어떻더뇨
　 고초당초 맵다하나
　 시집살이 당할소냐

---

[5] 세 민요 모두 任東權, 『한국민요집』(집문당, 1961)에서 발췌, 김대행 앞의 책에서 재인용.

열두폭 치마폭이
눈물젖어 다썩었네

　①은 '풀무질노래' ②는 '멧돌노래' ③은 동학혁명 이후 생긴 참요
성격의 민요 ④는 '배틀노래' ⑤는 '시집살이요'이다. 이러한 민요적
율격이 본격적으로 3·4 또는 4·4조의 정형적인 형태를 띠고 문학장
르로 드러난 것은 어떤 것이며 또 언제부터냐 하는 문제가 제기되는데
이는 곧 시조와 가사이다.

　시조가 고려 중엽 이후 발생되었다고 하는 것과 가사가 조선초 정극
인 이후부터 호남지방을 중심으로 가단을 형성하여 하나의 문학장르로
서 자리잡은 것은 이미 정설로 되어 있다.

　시조가 3장 6구 4음보의 정형적 형태라는 사실은 주지하는 바이고
여기서 예를 들어 인용하는 것은 생략한다.

　그리고 『진각교전』의 4·4조에서 한 음보(foot)의 음절수 4는 우리
고전문학 작품에서 3 또는 5로 가감되는 경우도 있으나 한 음보 단위
의 가장 보편적 수치이다. 그것은 '한국어 화자라면 익숙하게 알 수 있
는 마디(colon)6)의 개념'으로 볼 때 그렇다는 것이다. 그것은 물론 주위
의 환경에 따라 다르지만 한 음보의 발음 시간상 가장 보편적 음절단
위(일반적으로 Breath—unit, 앞의 개념으로는 colon)의 수치가 4음절이
라는 사실에서이다. 김대행도 '한국민요의 경우 각 음보를 대체로 4음
절의 길이로 읽으려 하는 경향을 보인다'7)고 했다.

　그런데 문제는 한 음보의 발음시간이 동일한 것만으로 율적 규칙이

---

6) 마디(colon)란 원래 Lots가 설정한 개념이나 한국시의 이해에 매우 유용한 것으로 보인다고
　김대행은 말한다. '마디'란 '응집력을 가지는 어구'로서 주위의 언어적 환경에 따라 상대적
　이라는 것이다.(김대행, 『한국시의 전통 연구』, 앞의 책, p.16 참조)
7) 김대행, 「한국시의 전통 연구」, 앞의 책, p.17

이뤄진다면 모든 산문도 율문이라고 할 수 있다.[8] 그것은 2음보 대응을 기본 단위로 할 때 율성(律性)이 이루어진다는 것이다.

결국 2음보 기본의 이 4·4조야말로 우리 민족의 가장 보편적 전통적 율조라는 결론에 도달하게 되는 것이다.

3. 4·4조의 장르적 성격

그리고 가사는 그 형태가 4·4조의 운문 형식을 띠고 있는데 그 내용은 산문적이며 교술적인 내용을 가지고 있는 것으로 산문적 내용에 운문의 형식을 띤 것이다. 흔히 운문적 표현에 산문적 정신이 나타난 독특한 장르라고 하는 점이 그것이다. 『진각교전』 4·4조의 장르 성격은 바로 가사의 이런 점과 유사성을 갖는다고 하겠다. 그러나 더 본질적인 문제는 가사의 장르적 특징이 교술성에 있다는 점이다.[9] 즉 '작품 내적 자아'가 '작품 내적 세계'와 '작품 외적 세계'에까지 함께 '가르쳐서(敎) 서술(述)'해 주는 장르적 성격이 그것이다.[10]

---

8) 이 사실은 정병욱이 〈古詩歌韻律論序說〉『국문학산고』(신구문화사, 1959)에서 한국 소설 작품의 문장 중 75%가 3-4음절임을 밝힘으로써 3-4음조의 율격론의 허구성을 밝힌 바 있다. (김대행, 『한국시의 전통 연구』 p.18 참조)

9) 조동일이 가사를 교술장르로 분류하고 있는 것은 이 때문이다.(조동일, 『한국소설의 이론』, 지식산업사, 1977, pp.78~104 참조)

10) 가령 시와 같은 서정장르는 작품내적 자아 및 세계만으로 이루어져 있으며 자아와 세계의 대립이 자아 쪽으로 귀착된 '세계의 자아화'이고, 소설과 같은 서사장르는 작품내적 자아 및 세계에 작품외적 자아(숨어있는 작가 또는 화자)가 개입하고 있으며 자아와 세계가 어느 한 쪽으로 귀착되지 않고 대결하는 양상을 갖는 경우이고, 경기체가나 가사와 같은 경우는 이 둘의 어느 형태도 아닌 작품내의 대상(세계)도 작품외적 세계가 그대로 작품 속에 인식되고 객관화되어 드러나는 양식을 취하고 있으며 '자아가 세계에 귀착된 것' 으로서 곧 작품내적 자아는 외부 대상(세계)을 가르쳐서(敎) 설명하고 서술하는(述) 역할 외에 다른 것이 없는 이런 장르를 교술장르라고 명명하고 있다.(조동일 앞의 책 p.94, 99 참조)

따라서 오늘의 불교 진각종 창시자인 회당의 『진각교전』상의 설법 내용들 중 4·4조도 모두 이와 같은 장르론의 논리에 부응하기 때문에 역시 교술장르에 해당된다 하겠다.

그 이유를 좀 더 구체적으로 본다면, 『진각교전』을 일단 텍스트로 보아 다음과 같은 자아와 세계와의 관계가 성립된다.

첫째, 『진각교전』상의 '작품내적 자아'로는 설법하는 사람 즉 회당이고 둘째, '작품내적 세계'로는 설법 속에 나오는 다양한 모습의 현실적 삶 또는 설명의 대상과 소재, 가령 삼밀, 육행, 진호국가 등을 비롯한 실행론에 나타나는 대부분 설법상의 소재가 그것이고 셋째, '작품외적 자아'로는 설법을 듣는 또는 교전을 읽는 신도가 그것이고 넷째. '작품외적 세계'는 역시 둘째와 같다.

이렇게 됨으로써 '작품내적 자아'와 '작품내적 세계'에 '작품외적 세계'가 개입하면서 일치되고 있으며 자아가 세계 쪽으로 귀착된[11] '자아의 세계화'이므로 이는 곧 교술장르라는 것이다.[12]

그리고 가사와 진각교전 4·4조의 자수율이 4·4로서 일치되는 점은 우연이기보다는 교시를 위한 방법상의 용이함 때문으로서 당연한 것으로 여겨진다.

따라서 『진각교전』상의 4·4조는 그 장르의 형식적 본질적 성격상 '가사의 현대적 계승'이라는 점이 강하다고 하겠다.[13] 물론 이 중에는 '무상게송'과 같이 장르의 성격을 아예 '게송'이라고 볼 수 있는 것도

이렇듯 자아와 세계와의 관계양상을 토대로 한 조동일의 4분법 장르론은 학계에서 이미 통설로 인정되고 있는 것으로서, 그는 이 교술장르의 예로 경기체가와 가사를 들고 있다.

11) 즉 자아는 세계에 대하여 교술하고만 있을 뿐임
12) 물론 이는 장르의 성격규명의 기초적 시도에 불과하므로 본격적인 논의는 하나의 과제로 남는다.
13) 이 점에 대해서는 나옹화상의 西往歌가 극락왕생의 나무아미타불을 기원한 게송적 성격의 가사라는 점에서 진각교전과의 대비 고찰도 하나의 과제가 될 수 있다.

있으나 4·4조 모두가 게송은 아니다.[14]

4·4조의 대표적 장르 중 시조는 지금까지 명맥을 이어오고 있는데 가사는 조선 말기로 생명이 끝난 걸로 국문학사는 기술하고 있다. 그러나 최강현은 결코 그런 것만도 아니라고 주장한다.[15] 이 점에 대하여서는 가사가 완전히 끊어진 것이라기보다는 현대로 접어들면서 주로 종교적 교화의 방법으로 그 명맥이 이어져 오고 있는 걸로 봐야 한다. 천도교의 포덕가사布德歌辭나 용담유사龍潭遺詞 등이 있고 심지어 현대에 와서는 1973년에 지어진 오고산吳杲山 스님의 '화엄경약찬가華嚴經略讚歌'까지도 가사의 현대적 계승으로 보고 있다.[16] 『진각교전』의 4·4조 역시 이런 맥락에서 볼 수 있다.

4. 4·4조의 효용성

1) 문학사적 검토와 회당 밀교에서의 수용 목적

① 문학사적 검토를 통해본 효용성

4·4조가 문학으로서의 시조나 가사와 같은 장르적 형태를 갖추어 본격적으로 나타난 것은 조선초 이후부터이다. 그러므로 이는 당시 국가의 기본 이념이었던 유교윤리를 교시하기 위한 수단으로서 서민 대중에 대하여 우리 입에 맞는 전통적 율조인 이 4·4조가 자연스럽게 택하여진 것이다. 다시 말해 고래로부터 교훈적 내용을 주지시키기 위

---

14) '게송(偈頌)'은 산스크리트로 '가타'라고 하며, '아름다운 말로 부처를 찬미하는 것'(조동일, 『한국문학통사1』, 지식산업사, p.194)이란 뜻으로 반드시 언어적 기법이 구사되어 시적 측면의 문학성이 드러나야 한다.

15) 최강현, 〈가사의 발생사적 연구〉, 국어국문학회 편, 『歌辭文學硏究』(정음문화사, 1986) p.79 참조

16) 최강현, 앞의 글, 앞의 책, p.79.

하여 양반계층에서는 당시의 절대적 사회윤리의 분위기에 편승하여 유교윤리를 주입시키기 위한 방편으로서의 시조와 가사이기도 했다는 것이다.

따라서 4(3)·4조의 시조와 가사는 교훈적 내용의 교화 수단으로서의 성격도 강했다는 것이다. 즉 송강의 단가나 가사, 이를테면 훈민가 16수나 충신연주지사라고 하는 '사미인곡', '속미인곡', 맹사성의 '강호사시가', 주세붕의 '오륜가', 고산 윤선도의 많은 단가, 그리고 여말 선초의 많은 충의가, 절의가 들이 모두 유교윤리의 교훈을 담는 그릇으로서의 것으로 이 4·4조가 차용되고 있다는 사실이다. 그 일례를 들면,

> 지아비 밭 갈나간듸 밥고리 이고 가
> 반상을 들오듸 눈썹의 마초이다
> 친코도 고마오시니 손이시나 다른실가.

와 같은 것으로서 이는 주세붕의 오륜가의 하나인데, 지아비는 '친코도 고마운' 존재라는 의미부여를 하면서 지아비를 공경하라는 백성 계도의 한 교화수단으로서의 시조를 보인 것이다. 반면 서민계층 혹은 부녀자들에게는 또한 이것이 소박한 생활감정의 표현 수단이기도 하였다. 영·정조대 이후의 많은 사설시조와 내방가사 평민가사 등이 그것이다.

② 회당 밀교에서의 수용 목적

앞서 4·4조 율격의 시조와 가사와 마찬가지로 현대 생활불교를 제창하고 있는 회당의 밀교정신 역시 4·4조는 서민 대중의 종교적 교화를 위하여 차용되고 있다는 것이다.

가령 법신불의 성격을 집약하여 보여주고 있는 '자성법신'을 비롯하

여 밀교의 기본 교리인 "밀은색을 이로하여 일체세간 현상대로 불의법과 일치하게 체득함이 교리이니 체험이곧 법문이요 사실이곧 경전이라"[17]고 한 '당체법문當體法門'에서 보듯이 생활불교의 핵심 요체이자 일반불교와 구분되는 변별적 특징을 일목요연하게 설파하여 율격화 시켜놓고 있음을 볼 수 있다. 특히 이와 비슷한 성격으로 '응용편'. '제이절 기도의 의의(가)'를 보면

불교원래이세간과 떨어진교아니므로
세간만약더러우면 이를정화하는것이
무릇불교본지므로 특히우리밀교에서
먼저세간정화해야 되는것을연설하고
이육신의때없애고 청정한몸얻게되며
미를전해각얻음이 성불이라하는니라

－『진각교전』 p.100

인데 4 · 4조의 율격을 맞추기 위해 조사를 생략하던지 첨가하던지를 보여주고 있는 한 예로서 든 것이다. 그런데 여기서 띄어쓰기를 무시하고 여덟자씩 붙여 쓴 것은 회당의 제세 당시 꽂이경(經)을 만들 때 한정된 지면에 많은 경구를 넣기 위해 임시 방편으로 시도한 것을 교전으로 발간하면서 그래도 수용하여 현재까지 내려온 것이라 한다.[18] 회당은 이 꽂이경을 만들 때에 정확하게 만들어질 때까지 고치는 작업을 무수히 반복하였는데 고칠 때에는 항상 염송정신을 먼저 해보고 수정하였다고 하는 일화 역시[19] 회당의 경전제작 당시 대중 교화의 용이

---

17) 『진각교전』 p.109
18) 회당학보 제3집 '회당일화(2)'중 pp.282~3

함을 위하여 얼마나 세심함을 보였느냐를 잘 보여주는 대목이고, 아울러 이 정신이 곧 4·4조로 나타났던 것이다. 가령 위 교전의 구절을 정상어법의 문장으로 고쳐보면 이렇게 된다.

불교는 원래 이 세간과 떨어진 종교가 아니므로 세간이 만약 더러우면 이를 정화하는 것이 무릇 불교의 본지이므로 특히 우리 밀교에서 먼저 세간을 정화해야 되는 것을 연설하고 이 육신의 때를 없애고 청정한 몸을 얻게 되며 미를 전해서 각올 얻음이 성불이라 하느니라.

조사를 살려서 정상의 문장으로 바꿔본 것인데 사뭇 다른 모습의 산문으로 변해 버린 듯한 느낌을 갖는다. 이런 식으로 율격을 흩어 버리면 염송의 맛이 깨어져 무미건조하게 되어버림을 알 수 있다.

그런데 여기서 또 한 가지는 한글 옆에 그 한글의 뜻을 알아볼 수 있도록 한자 토[20]를 새겨 붙여 놓았다는 점을 주목할 필요가 있다.

이것은 첫째, 알아보기 쉬운 한글을 우선으로 하고 한자는 뜻의 이해를 위하여 달아둔 것임을 알 수 있다.[21] 여기에서도 회당의 서민대중을 위한 세심한 배려를 읽을 수 있고, 둘째 4·4조 율격에 있어 음율의 일률성을 기하기 위하여 반드시 한자를 한글 옆으로 빼내어 표기하여 인쇄했다는 사실이다. 이러한 인쇄법은 회당의 의도임이 분명하다. 그것은 현 『진각교전』의 원전이었던 『응화방편문』과 「법불교」가 회당이 생존할 당시인 1961년(단기4293년)에 간행된 것으로 책 뒤의 판권에 회당의 이름으로 되어 있는 것으로 보아 알 수 있다. 가령 한

---

19) 위의 책 p.286
20) 여기서의 토란 엄밀한 의미의 토(吐)가 아니고 '뜻을 새기는 훈'(訓)이다. 원래 토는 한문을 읽기 편하게 하기 위하여 그 사이 사이에 넣는 우리말 음을 말한다.
21) 이를 흔히 國主漢從이라 하여 조선 세종 세조 때의 '月印千江之曲', '月印釋譜' 등의 발행 당시 기록의 표기 원칙도 이렇다.

자를 옆으로 빼서 인쇄하지 않고 한글 뒤에 괄호를 하고 한문을 넣는
식으로 표기하면 시각상의 일률성이 깨져 버리기 때문이다. 가령 위의
내용을 이와 같은 식으로 표기해 보면,

> 불교원래이세간(世間)과 떨어진교(教)아니므로
> 세간만약더러우면 이를정화(淨化)하는것이
> 무릇 불교본지(本旨)므로 특히우리밀교(密教)에서

와 같이 되어 이것을 세로쓰기로 했을 경우에 행의 간격이 일률성을
잃게 되어 버리는 것이다. 이는 사소한 것이지만 회당의 무지한 서민대
중을 위한 배려의 일면을 보여주는 것으로 간과하기 쉬운 부분이다.

따라서 시조, 가사가 유교윤리의 교화 방법으로써 지어지고 불려졌던
의도가 있었던 것처럼 회당의 불교정신이 구현된 『진각교전』의 이 4
·4조 역시 서민대중 즉 민중에게 생활불교의 실천과 이를 위한 교화
의 방법이었던 것이다.

아울러 이는 대승불교의 극치인 밀교정신[22]으로서의 서민대중사상,
민중사상[23]의 발현이기도 한 것이다.

2) 유교적 교시성과의 대비

그런데 앞서 말했던 시조와의 가사의 4·4조는 주로 백성들에게 유
교윤리의 교시를 위한 것이었다면,[24] 『진각교전』에서의 4·4조는 물론

---

22) 정태혁, 『정통밀교』(경서원. 1991) p.29
23) 여기서 민중사상이란 선민의식, 양반사상 등의 특권의식 대립되는 개념으로 '백성의 무
  리'라는 자구적 의미일 뿐 계급적 개념의 민중은 아니다.
24) 물론 이것은 사대적으로 전선전기(임란 이전)에 국한된 경우가 대부분이다. 조선 후기로
  가면 유교 윤리를 드러낸 것만이 아니라 여기서 벗어난 개인의 생활정서를 읊은 것들에
  로 그 범위가 확대되기 때문이다.

서민대중의 종교적 교화를 위한 것이다.

시조나 가사에 드러난 유교 윤리는 흔히 말하기를 무지한 백성들을 가르치기 위한 명목이었던 것이 사실이지만, 그 실상 유교윤리의 바탕에 깔린 저변을 보면 백성들에게 충과 효를 강조함으로써 국가 통치를 용이하게끔 하는 일종의 통치수단으로서의 윤리이기도 했던 것이다.

그러나 밀교에서 충 곧 진호국가 사상과 효 사상은 유교적의미의 충과 효와는 근본적으로 다르다. 회당의 밀교에서 말하는 진호국가와 부모에 대한 효사상은 어디까지나 불교이념 구현의 한 방법론에 해당한다고 볼 수 있다. 국가라는 것은 우리가 살고 있는 현실 사회 조직의 총제적 개념이며 아울러 법신불의 이념인 현세정화 역시 실천을 강조하는 매우 현실적 개념이다. 현대 밀교에서의 '생활불교'는 곧 '현세정화'를 이루는 지름길이요 현세정화는 곧 밀엄정토의 현실국가 건설에 귀착되는 이론이다.

따라서 그 근본이 밀엄정토로서 현세정화를 이루고자 하는 시공 초월적 개념의 내세에까지 이어지는 불교적 세계관과 현세적 개념인 유교정신은 그 이념과 근본 자체가 다른 것이다.

효사상 역시 유교적 의미에서는 충과 양면일체의 성질로 볼 수 있는 것과는 달리 회당의 밀교에서는 현재 부모는 물론 선망부모까지 그 범위를 확대시켜 해탈되게 함으로써 밀엄국토가 이뤄지게 함[25]으로써 궁극적으로 종교적 세계관으로 나아가고 있다.

따라서 유교는 그 세계관 자체가 현실 생활윤리로써 근본이 종교가 아님에 비하여 현대 밀교는 행활 속에서 부처님 정신을 찾아가고 실천하는 것으로서 궁극적 지향점은 도피안到彼岸이요 바라밀의 세계로서 현실을 포함한 초월적 세계이다.

---

25) 『진각교전』, p.185 '추복불사' 참조

그러면 회당의 밀교사상에서의 충의 개념은 구체적으로 어떻게 나타나는지를 본다.

> 오대서원세울지라 이세간에일체재난
> 모두소멸해야함은 개인이나국가거나
> 아니하면안될지니 자기일신안락위해
> 기원함은중생이요 일체봉사하기위해
> 자기안전얻는것은 이것이곧불도니라
>
> —『진각교전』 p.102

'제삼절 진호국가'의 뒷부분이다. 이걸로 보아 밀교의 진호국가는 유교처럼 백성의 최후 귀착지인 국가와 이를 위한 충성이 아니라 오대서원으로서의 불교적 개념이다. 이러한 개념은 같은 책의 다음 내용에서도 확인된다.

> 우리들이성불함은 자기혼자성불하려
> 하는것이아님이요 일체중생모두함께
> 부처되게하는것이 참성불이되는니라
> (다)
> 진호국가그이념도 오직이에있는고로
> 우리들이살고있는 이세계를정화하여
> 밀엄국토만듦이니 이와같이만들자면
> 의무다해나라도와 국민도를실천하고
> 남의인권남의이익 먼저존중할것이라
> 보살행은이타므로 자기이익뒤로하며
> 나라일을먼저하고 자기일은뒤에하니
> 곧이것이진언행인 삼밀묘행하나이요

불이되는수행중에 제일보가되는니라·

'제십절 성불과 진호국가'이다. 결국 진호국가의 개념은 소승적 의미
의 성불이 아니라 대승적 개념의 성불이다. '개인의 보살행은 곧 이타'
라는 논리인데 이것은 곧 국가를 진호하는 것으로 이어지기 때문이다.
회당의 밀교에서는 이점을 '불이되는 수행중에 제일보가 된다'고 하고
있다. 결국 '보살행=이타=진호국가'의 등식이 성립되는 것이다. 회당
의 밀교를 앞서 말했듯 대승불교의 극치라고 하는 이유도 여기에 있는
것이다.

그리고 효사상에서도 앞 항목에서 말한 유교적 교시성을 보인 많은
시조·가사와 대비하여 회당의 밀교에서는 『진각교전』상에 수없이 나
타나고 있으나 겉으로 드러난 대표적인 구절이 '은혜경'26)의 항목인데
여기서의 인용과 언급은 생략한다.

5. 4·4조의 불교사적 의의

1) 문체를 통해 본 만해 사상과의 비교

만해 한용운은 불교의 혁신을 꾀했다는 점에서 회당과 유사성을 갖
고 있다. 그러나 그것을 불교계에 실질적으로 실행한 측면에서는 많이
다르다.

만해는 그의 '조선불교유신론朝鮮佛敎維新論'에서 '불교의 유신은
파괴로부터(論佛敎之維新宜先破壞)'27)라고 하면서 철저한 불교 혁신

---

26) 『진각교전』 p.176의 "어버이에게 효순하면 자식도 또한 효순할지니…"가 그것이다.
27) 김재홍, 『한용운문학연구』(일지사 1982) p.23에서 재인용

을 주장했고 산중불교의 무기력성을 비판하면서 불교가 대중 속으로 귀환해야 한다고 주장했다. 즉 산중불교를 항려巷閭불교로, 승려불교를 민중불교로 만들고자 외쳤다.

만해가 대중 불교를 주창하며 불교를 "세간世間을 버리고 세간에 나는 것이 아니라 세간에 들어서 세간에 나는 것"[28] 으로 인식했던 것과 마찬가지로 회당 역시 "세간世間을 토대土臺로 출세간법出世間法을 설하여 인간사회의 도덕적 생활을 고조高調한 것"[29]이라고 하여 대승적 생활불교 실천의 측면에서 일치점을 보이고 있다.[30] 만해 역시 그의 불교혁신사상을 몸소 실천한 것은 주지의 사실로서 이는 3·1운동에의 주도적 참가를 비롯 조선불교청년회 조직, 시베리아 만주 등지에로의 망명생활과 『유심惟心』, 『불교佛敎』 등의 잡지 간행 등 많은 일화로 알려져 있다. 그러나 이것은 회당과 같이 실제 생활 속에 적용시켜 오늘과 같은 종파로 실현시켜 심인구현의 밀교 창건과는 구분되는 것으로, 만해는 어떤 종파의 창건이나 개종으로 까지 나아가지는 않았다.[31]

한편 문필가로서 또는 시인으로서 만해는 이렇게 불교의 혁신을 주장하면서도 정작 이것을 주장한 '조선불교유신론'의 문제는 한문중심체를 벗어나지 못하고 있다. 그리고 다음해(1914년)에 간행된 『불교대전』역시 한문이 주가 되어 있다. 이 점에 대해서는 『한용운문학연구』(일지사, 1982)를 펴낸 김재홍도 '그의 사상이 혁신적이었음에 비해 문체는

---

28) 『한용운 전집 2』(신구문화사, 1973) p.167 '조선불교의 개혁안' 중 '6.대중불교의 건설
29) 『진각교전』 p.8
30) 이러한 회당의 사상은 『진각교전』 곳곳에 나타난다. 그 일례로 앞서 인용했던 '기도의 의의' 역시 마찬가지인데 "불교원래이세간과 떨어진교아니므로 세간만약더러우면 이를 정화하는것이 무릇불교본지므로.."가 그것이다.
31) 물론 이를 두고, 회당은 종파 개념에 충실한 인물이었기 때문으로 본다면(정병조, 〈한국 근·현대불교개혁론비교연구〉 회당학보 제2집 p.84)이는 불교 진리의 어느 특정부분에 강조점을 두었다는 측면에서 그렇게 본 것이고 본고에서는 실질적인 불교 혁신이라는 결과론적인 면을 두고 대비한 것이다.

오히려 당대의 보편적 수준보다 뒤떨어지는 것이었다'고 말하고 있다.[32]
상세한 것은 이 연구에서 이미 밝혀졌으므로 새삼 언급을 피한다.

이렇듯 만해는 그의 혁신적 사상에 비해 정작 그가 즐겨 썼던 문체
는 한문이 한글보다 더 많은 분량을 차지하고 있다. 더구나 불교의 교
화 내지 그와 관련된 논설들은 주로 한문으로 적고 있음을 알 수 있다.
따라서 대중불교를 역설하던 그의 사상에 비하자면 여기에 부응되는
문체로서 일치되어 실행되었다고 보기는 어려울 것이다.[33]

이 점은 그의 한글에 대한 생각도 마찬가지이다. 즉 만해의 우리글
에 대한 인식은 당시 까지만 해도 한문에 익숙되어 있던 시대적 분위
기에 비하면 상당히 진보적이었음을 알 수 있는데, 이는 1926년 제정
한 가갸날[34]에 대하여 만해가 밝힌 다음의 소감으로써 알 수 있다.

「가갸날」이라고 한 이름을 지어 놓은 것이 그리 새롭고 반가와서 이
상한 인사을 주게 됩니다. 가갸날에 대한 인상을 군태어 말하자면 오

---

32) 김재홍, 『한용운문학연구』(일지사, 1982) p.24

33) 이 점은 김재홍 역시 "그의 수필 내지 일기 등 상용어로 쓸 수 있는 것마저도 한문투
로 되어 있다는 것은 그의 문체의식이 아직도 완고한 '漢文=眞書'하는 보수주의에서
별로 벗어나지 못하고 있음을 말해주는 것"이라고 말하고 있다. 물론 만해가 이글을 썼
을 시대는 1913년이고 회당이 교전의 초기 형태인 『응화방편문』과 『법불교』를 편찬하
고 불경번역을 할 연대가 1957, 8, 9년 정도 이니까 연대적으로 많은 차이는 있겠으나
이 점만으로 본다면 시대적으로 회당이 교화를 할 당시에도 역시 한문 우위의 시대적
분위기임은 마찬가지라 하겠다.
아울러 만해는 1926년 12월 동아일보에 발표한 수필 '가갸날에 관하여'에서 한글의 중
요성을 역설하고 있고 또한 이를 동년에 간행한 시집 『님의 침묵』을 통해서 실천으로
보이기도 했다. 그런데 불교와 관련된 그의 논설 또는 『불교대전』 등 경전의 집성은
꼭 한자(漢字)를 버리지 않았다. 이는 불교는 한자와 뗄 수 없는 어 떤 연관성을 가진
것으로 인식한 만해의 사고에 기인한 것이라고 본다. 이에 비하면 회당의 경우는 이러
한 사고에서 벗어난 실천적 불교개혁의 정신을 표방하고 서민대중을 지향하여 경전의
한글 번역과 함께 그것도 우리 전통적 4·4조의 율격으로 창안한 점이 만해와 다른 면
모라 할 것이다.

34) 1446년 병인년 훈민정음을 반포한 년도가 병인년임을 맞추어 조선어학회에서 정한 오
늘날 한글날의 옛 이름임

래간만에 문득 만난 임처럼 이숙하면서도 새롭고 기쁘면서도 슬프고
자 하여 그 충동은 아릅답고 그 감격은 곱습니다.[35]

일제 치하에서 원래 자주 독립정신이 투철했던 만해로서는 물론 한
글이 우리글이었기 때문에 그 중요성과 반가움을 나타내고 있다. 그럼
에도 불구하고 만해는 실질적인 실천이 미약하고 한글보다 한문을 선
호했던 것이다.

따라서 한글에 대한 만해의 인식은 자주독립의식에 투철했던 그의
기질 탓에 반가움을 나타낸 것이며 만해의 문체관은 역시 한문을 선호
했던 보수적의 성향이었음이 사실이다.

그가 한글을 직접 썼던 것은 시집 『님의 침묵』(1926)에 나타난 시
88편과 소설 〈흑풍〉(1935) 그리고 불교 잡지에 게재한 다수의 글들이
었는데 이는 그가 남긴 한시 총 164편에 비하면 반에 해당하는 숫자이
다. 물론 『님의 침묵』이 1925년 한해 쓰여진 것임에 반해 한시는 일제
의 조선병합 전후부터 1939년 까지 약 30년간에 걸쳐 씌어진 것이므로
비교 자체가 무리라 할 수 있으나 결과적으로 이것은 한시를 꾸준히
써 왔다는 사실을 보여 주는 것이며 이 점은 곧 한자에 대한 그의 습
관과 미련을 버리지 못했음을 아울러 말해 주는 것이라 하겠다.

이에 비한다면 회당의 문체관과 불교개혁은 사뭇 다르다. 먼저 불교
개혁으로서 생활불교의 실행 자체를 강조했던 것이고, 이것이 불경번역
이나 교화의 방법에서 바로 순 한글의 이 4·4조로 발현된 것이다. 이
것이야말로 중생교화를 일차적으로 쉽게 이룰 수 있는 방법으로 생각
했던 것이다.

이와 같은 회당사상의 면모를 대표적으로 보여주는 것이 역시 『진각

---

35) 『한용운전집』, 앞의 책, p.386

교전』의 '실행론' 총 56항목이 그것이다. 이 '실행론' 항목들은 모두가 생활 속에서 법신불의 이념을 실행하게끔 하는 덕목들로 이루어져 있기 때문이다.

2) 생활불교 실천의 문체적 구현

앞서 말했듯이 회당이 불경번역과 실행론에 의도적으로 이 4·4조를 쓴 것은 곧 생활불교의 실천을 문체로서 구현한 경우라 하겠다. 이것은 곧 일반불교[36]의 방편설법이 아닌 밀교의 진실설법으로서의 최후 수단이었다고 볼 수 있다. 왜냐 하면 진실설법이란 원래 육자진언을 통해서 스스로 진리를 깨우쳐 가는 무위법이기 때문에 사실은 문자 교화가 불필요한 것이기 때문이다.

그리고 특히 다른 불경 번역에 있어서도 이를 완전히 소화하여 서민 대중들이 암송하기 쉽게 4·4조로 의역을 해 놓은 사실은 누구도 발상하지 못한 것으로 회당의 생활불교 실천정신이 아니고는 이루어질 수 없는 독특한 부분이다. 가령 『진각교전』의 '응화방편문', '四장 무상', '1. 열반해인'의 내용은 "사람이 이 세상에 날 때에 어느 곳에서 왔으며 죽으매 어느 곳으로 가느뇨. 나는 것은 한 조각 뜬 구름이 일어나고 죽는 것은 한 조각 뜬 구름이 멸한 것이라. 뜬구름 자체가 본래 실상이 없으니 나고 죽고 가고 오는 것도 이와 같으니라"고 설명조로 말하고 있는데 이것을 '2. 무상게송'[37]으로 다시 '게송偈頌'화 하여 4·4 조로 바꾸어 놓고 있음은 회당의 이런 정신을 뒷받침한다.

그런데 '실행론'에서의 '2. 무상게송'과 '유마경'을 번역한 '3. 무상게송'은 그 내용이 비슷한 것임에도 '실행론'의 '무상게송'은 훨씬 그 비

---

36) 밀교의 상대적 개념으로 '현교'라는 용어를 쓴다.

37) 『진각교전』 p.117

유가 현대인의 현실의식을 잘 고려한 창작이라는 데에 그 의의가 있다. 아울러 유마경의 번역 역시 4·4조로 의역해 놓은 점 역시 민중사상이 드러난 일례라 하겠다.

이렇듯 불경 번역에 있어 4·4조로 의역한 경우는 회당의 심인불교에서만의 특징이라 하겠다. 역사적으로 불경의 우리말 번역은 훈민정음 창제 직후인 세조 때의 '간경도감'에서부터 있어 왔으나 이러한 4·4조 율격으로의 음율화는 고안치 못했던 것이다.

6. 맺음말

『진각교전』에 나타난 4·4조 율경은 법신불의 진리를 생활 속에 실천하기 위해서, 그리고 살아 있는 생활불교를 이룩하기 위한 정신의 일단이 문체상에 나타난 것이다. 그것은 실행론을 중심으로 한 설법 내용 그 자체는 극히 산문적인 것임에도 이를 운문으로 율격화 하여 놓았다는 사실이다. 이것은 우리의 고전문학 장르인 가사가 산문정신의 운문적 표현이라는 문체정신과 비교해 볼 때 상통한다. 동시에 이 4·4조는 장르 본질적 성격상 자아의 세계화인 '교술장르'라는 점에서도 가사와 일치한다. 따라서 이는 '가사의 현대적 계승'의 측면이 강하다고 하겠다.

그리고 이 4·4조는 우리 조상들이 상고시대부터 광범위하게 써 내려온 가장 연원이 깊은 전통율조라는 점인데 그 근원은 율격의 최소단위 2음보를 기본으로 한 민요에서 찾을 수 있다.

그리하여 이것이 본격적으로 드러나기는 시조와 가사에서이다. 이들은 둘 다, 가사가 교술적 성격으로서의 기능을, 그리고 시조가 유교적 교시성을 담는 그릇으로서의 기능을 다하기 위해서 4·4조의 율격을 사용했다고 본다면 회당이 택한 『진각교전』속의 4·4조 역시 이와 같은 맥락으로 볼 수 있다. 물론 시조와 가사가 주로 유교적 교시성이었다면 『진각교전』의 4·4조는 생활불교 실천의 방법으로 차용된 것이란 점에서 다르다.

따라서 이것은 중생제도를 위한 교화의 방법으로서 진리와 법을 설교하기에 가장 용이한 방법으로 택한 것이요 이는 곧 회당의 민중사상의 소산이라 하겠다. 더구나 이 사실은 교전의 내용 모두가 한글로 표기되어 있다는 사실과 경전 번역에 있어 율격화를 시도한 사실에서 더 확연히 증명된다.

그리고 이 사실은 또한 불교사적인 면에서 중요한 의미를 지닌다. 즉 『진각교전』속의 실행론은 물론이거니와 경전 번역에 있어 이를 완전히 소화하여 서민대중들이 암송하기 쉽게 한글의 4·4조로 의역해 놓은 사실은 회당의 생활불교의 실천 정신이 아니고서는 이루어질 수 없었던 것이라는 점이다. 이 점은 불교 개혁을 주장하며 한글에 대한 애정을 가지고 그 중요성을 역설하던 만해 한용운도 실제 문필 활동에서는 이를 실행하지 못하고 오히려 한문을 선호한 보수적 문체관을 보이고 있었기 때문에 더욱 그러하다.

제3부

미당 서정주 미공개자료 『신라연구』

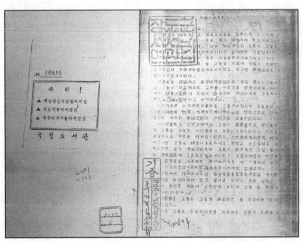

옮겨 적음에 있어
편집자가 밝히는 표기원칙

이 글의 원본 자료는 띄어쓰기와 맞춤법 등이 어법에 맞지 않게 쓰여진 것들이 상당히 많다. 사투리를 비롯 비표준어로 쓰여진 것은 물론 철자법에 어긋나게 쓰여진 것, 띄어쓰기가 어긋난 것 등이 많은 자료다. 이는 원작자인 미당선생의 창작적 관습으로 볼 수 있는 것도 있고, 특히 띄어쓰기의 경우는 최초 원고를 보고 베껴 쓴 필경사의 오기일 가능성 등이 합쳐진 소산이 아닌가 한다.

이 중 사투리 계열의 비표준어와 철자법에 어긋난 단어들과 구두점 등의 경우는 원작자의 창작정신을 살리는 뜻에서 원본 자료의 표기를 최대한 살려 쓰고, 띄어쓰기는 '편집자의 임의적 판단'에 따랐음을 밝힌다. 이는 원자료의 표기대로 살리는 것이 원작자의 창작 의도를 살리는 것인지 그렇지 않으면 오늘의 띄어쓰기 어법에 맞게 쓰는 것이 바른 것인지를 판단할 필요가 있었기 때문이다.

즉 띄어쓰기는 현대 어법을 무시한 원문의 표기대로 살린 곳도 있고 현대 어법에 맞추어 고친 것도 있다는 것이다. 가급적 현대 어법에 맞게 고쳐 쓸려고 노력하였으되 원문의 표기대로 이를 무시하여 표기함으로써 미당선생의 원작의도가 살아나는 부분은 현대 어법에 어긋날지라도 원문 표기를 살려 쓴 것도 있다.

이는 원자료의 띄어쓰기가 최초 원고를 베껴 쓴 필경사의 작위에 의해 띄어쓰기 어법이 무시된 듯한 부분이 매우 많은 것으로 보이기 때문이다.

　다만 사투리를 비롯한 비표준어 계열의 어휘들 중 독자의 이해를 돕기 위하여 현대어로 풀어 밝혀야 할 필요가 있는 것은 각주로써 밝혔고, 철자법에 어긋날지라도 작가 특유의 창작적 요소가 가미된 낱말로 의미가 통하여야 된다고 판단되는 말은 창작 정신을 살린다는 뜻에서 그대로 두되 필요한 것은 각주에 현대어 풀이를 하여 밝혔다. 미당의 시에 많이 등장하는 전라도 사투리와 철자법에 어긋난 표기가 시적 묘미를 살리는 데 기여하듯이, 이 자료에서도 이 점은 같은 맥락으로 볼 필요가 있어서이다. 이 자료 역시 창작의 요소가 강한 글이기 때문이다.

　따라서 원저자가 쓰고 있는 어휘들 중 어법에 맞지 않은 것이 있을지라도 최대한 그대로 살려 쓰도록 하였고, 다만 띄어쓰기에 있어서는 위와 같이 편집자의 주관적 판단에 의하여 바로 고친 것과 원문대로 둔 것이 있음을 밝힌다.

　아울러 본문 속에 인용되고 있는 『삼국유사』, 『삼국사기』, 『삼국사절요』 등의 내용을 인용하고 있는 부분은 이 문헌의 내용을 찾아 이 글 원문의 내용이 불분명한 것은 문헌의 정확한 한자(이두 포함)로 대체하여 옮겨 적었음을 밝힌다.

序 章　新羅人의 天地

여기에 하늘이 있다.

그러나 이 하늘은 그 밑엣[1]사람들을 굴복시켜 그 아래 엎드리게만 하거나 그의 一生을 罪의 懺悔속에 흐느끼게 하는 — 그러한 하늘은 아니다. 다만 빛이 거기서 오듯이 그들도 거기서 오고, 또 돌아가는 것이라고 생각하면 그만인 것이다.

이 밑에 태어난 運命은 결코 그들을 못 견디게 하는 것이지만, 찌부러뜨리는[2] 것이 아니라 늘 그들을 天涯에 맞닿는 넉넉한 날개와 같이 天涯에 맞닿게하는 것이었고, 또 그런 飛翔과같은 기쁨이기도 한 것이었다.

그들은 늘 獰猛하고 눈 맑은 매를 날리곤 곧잘 處女인 그들의 딸아이들의 마음까지도 그 뒤를 따르기를 勸告하였다. 하여 이런 猛禽의 慧眼이 마침내 選定하는 場所야말로 그들 男女의 究竟의 精神의 處所라고 생각하였다.

이렇게 되면 이미 宿命의 重壓은 그들의 어깨 위에 있을순 없다. 그렇기 때문에 新羅人에게는 '에디푸스'의 悲劇으로써 極端을 삼는 宿命的 希臘悲劇의 어떤 것도 있을 수 없었다.

— 이런 意味의 天空과 짝해서 그들이 農事를 짓고 장사를 할 때 그들은 저절로 이런 意味의 水準以下로 내려와서 무엇을 생각하거나 무엇을 行爲할 수 없었다. 이런 意味의 水準에 呼吸하면서만 그들은 綠豆나 木花의 씨도 뿌렸고 순도 집었고 結實過程도 같이 해왔기 때문에 그들의 物件들도 그냥 單純한 使用價値에 그치는 것들은 아니었

---

1) 밑의
2) 활자가 불분명하여 "허물어뜨리는"으로 읽힐 수도 있음.

고 그렇기 때문에 이렇게 해서 된 것들을 사고파는 商行爲까지도 이 '意味의 水準'을 에누리하는 것이거나

蹂躪하는 것이어서는 안 되었다.

"우리집에서 자네가 사가신 솜을 賣買를 모르는 우리집 매(鷹)가 자네집 마당귀에서 보고 물어온 것이니 도루 받게"

"매가 한 짓은 하늘이 한 짓인데 우리가 그걸 또 어떻게 다시 처리하는가"

— 이런 調로 그들은 그들의 商品觀念을 우리에게 傳해 보이고 있다.

그래서 그들은 그들의 物質을 치레하는 天意의 水準과 그에 接交해 있는 自己와 自家眷屬의 生命의 呼吸을 무엇보담도 첫째로 지키려 하였다.

그들은 또 그들의 祖上이 하늘로부터 내려왔음을 앎과 아울러(이 '앎'의 實際라는 것을 나는 여기선 번거러이[3] 說明치 않겠으나) 또 그들의 왼갖[4] 道德과 藝術까지가 그곳[5]에서 본떠져야할 것을 잘 알았다. 하여 倫理는 制約이기 前에 限없는 理解요 사랑이고자 했고 藝術은 또 바로 그것이 神命의 일이었다.

처녀들은 그 찬란한 시절을 마치고 시집에 들 때, 그들의 속살이 묻은 옷을 벗어 (○○)[6] 이[7] 언저리에 바쳤고, 남의 아내된 사람이 홀로 될 때에도 그들은 그 情緖를 익히어 이[8] 가까운 곳으로 갔다.

---

3) 번거롭게
4) 온갖(이하 이 자료에서 '왼갖'으로 표기된 것은 모두 같음)
5) 앞의 '하늘'을 가리킴
6) 희미한 활자를 추정하여 전후 문맥상 '여기'라고 추정 판독할 수 있으나 단정할 수 없음. 이에 원문 활자 불분명 판독 불가능 부분으로 일단 결론지음. 이후 이런 부분은 전후 문맥을 고려하여 전문가와 상의 추정하여 잇는 방법도 있을 수 있으나 오독의 가능성이 없지 않아 이번 간행에는 이렇게 밖에 처리할 수 없음을 밝힘. 이와 같은 부분의 향후 판독은 추후 해결해야 할 과제임.
7) 앞의 주5)와 같음

땅을 보고는 그들은 '어머니', '아버지', '아들', '딸'이라고 불렀다. 孝道와 子女養育과 같이 그들은 땅에 處하여 땅이 줄 수 있는 왼갖 것을 다해갔던 것이다.

ㅡ그들은 그 生産生活의 絶頂에 興과 讚嘆과 崇仰과 參天的 公約을 兼한 황홀한 儀式들을 빚어내었다.

七月 百種께쯤 되면, 그들 자신이 이미 새로피어나는 벼이삭이나 수수이삭과 같었으리라.

七月 보름으로부터 八月 한가위에 이르는 한달 동안의 五穀成熟期의 낮과 초저녁을 政府의 뜰에 모여서 길쌈을 하여 그 才藝를 서로 겨루며 질기다가[9] 한가윗날은 드디어 그 중 고운 솜씨와 맵깔을 고르고, 이일을 讚嘆하는 춤과 잔치로서 끝을 맺었다는, ㅡ 저 羅初女人네들에 對한 記錄은, 우리에게 이들 上代農民들의 農閑期의 餘裕의 모양을 뵈이는 것이지만, 이 擧國的 餘裕의 운律連(혹은 '建')○[10]과도 같은 儀式의本質은, 그들의 땅을 가꾸는 誠實性이 맺어낸 황홀한 感動이자 同時에 또 하늘로 向하는 讚嘆에 있는 것이다.

그들은 마치 넉넉한 枝稟과 튼튼한 根幹을 가진 나무가 땅의 滋養을 充分히 써서 잘 너울거리듯이 제 집에서나 딴데서나 춤도 썩 잘 추었다.

---

8) 앞의 주5)와 같음

9) 즐기다가

10) 원문 활자 불분명, 판독 불가

第 一 章 　 老人獻花歌[11]

　붉은 바윗가에 잡은 손의 암소놓고 날 아니부끄리시면 꽃을꺾어바치
리다.

　─ 이것은 어떤 신라의 늙은 사내가 젊은 여인네에게 한 수작의 노
래다.

　붉은 바윗가에 잡은 손의 암소놓고 날 아니부끄리시면 꽃을꺾어바치
리다

　─ 햇빛이 포근한날 그러니까, 봄날 진달래꽃 고운 낭떨어지아래서
그의암소를 데불고 있다가 문득 그의 앞을지내는 어떤 남의 안사람보
고 수작한 노래다.

　자기의 흰 수염도 나이도 다 잊어버렸던것일까. 물론 다 잊어버렸었다.

　남의 아내인것도 무엇도 다 잊어버렸던것일까. 물론 다 잊어버렸었다.

　꽃이 꽃을보고 웃듯하는 그런 마음씨밖에 딴 배포는 아무껏도 가진
것이 없었다.

　기마(騎馬)의남편과 동행자(同行者)들 틈에 여인네도 말을 타고있었다.

　'아이고마 꽃도 좋아. 그것 나 좀 한 송이 가져봤으면'

　꽃에게론듯 또 공중에론듯 말위에 갸웃등하고 여인네의 하는말을 남
편은 숙맥인양 듣기만하고, 가까운 동행자들은 주춤거려보류(保留)하고
낯선한애비가 우연히 얻어듣고 도맡은 대답이다. ─

　붉은 바윗가에 잡은 손의 암소놓고 날 아니부끄리시면 꽃을 꺾어바
치리다.

---

11) 이 제1장은 미당이 1957년 『현대문학』지에 발표한 시 '老人獻花歌'의 내용이 산문시
　　형태로 거의 비슷하게 옮겨진 것으로 산문시로 보아도 무리가 아니다. 따라서 이 장은
　　띄어쓰기를 원문의 표기대로 살렸음을 밝힌다.

벼랑의높이마자[12] 고스란히 그만잊어버렸던것일까.

물론 여간한높낮이도 다잊어버렸었다.

한없이 맑은 공기(空氣)가 — 요새말로하면 그 공기가 그들의 입과 귀
와 눈을 적시면서 그들의 말씀과 수작들을 적시면서 한없이 친한 것이
되어가는 것을 알고 또 느낄 수 있을 따름이었다.

第 二 章　구 름[13]

여기, 한떼의 구름이 山위에서 일어난다하자.

이것을 가끔 바라보는 일은 아조 바쁜사람 아니면 요새도 더러한다.

畵家 운客이나 어린少年少女들이나 사람끼릿일에[14] 실패한 男女들
은 시방도 상당히 많이 바라 보고 산다.

그러나 이것[15]을 모시는일은 요새사람들은 벌써부터 않고있지만 신
라사람들은 그것[16]을 하였다.

좋은 구름이 일어나서 놀고있으면 그 언저리를 그들은 특별히 맑히
고 그 근방수풀에선 나무도 찍어내지않고 구름의모양 구름의 興을빌어
다리도 빚어 그런데에 걸었다.

실성닛금(實聖尼師今) 十二年 가을八月 구름이 낭산(狼山)에 일
믈[17]바래보니 다락같고 향기그윽하야 오래 쉬지않거늘 왕이가로대 이

---

12) 높이마져
13) 이 장 역시 산문시(서술시)의 요소가 있어 원문의 띄어쓰기 표기를 거의 그대로 지켰다.
14) 사람끼리의 일
15) 앞의 '구름'
16) 구름을 모시는 일
17) 읾을, '일다(起)'의 명사형 '읾'에 목적격조사 '-을'이 붙은 것임. 즉 일어남을.

반드시 仙靈의 네려노심이라하야[18] 福地로삼고 이뒤론 사람이 나무찍음을 금하야 새로히 평양주대교(平壤州大橋)를 이루니라.

    — 三國史記 卷三 新羅本記 三(實聖尼師今) 條

  그들은 그들의 구름과의사귐을 이程度로 우리에게 傳해뵈이고 있거니와 이런일은 그냥 우리들보단 原始的으로 — (요새는 까딱하면 옛일은 모두 이런 말 딱지를붙여 얕잡아 보는 버릇이 늘어간다.) — 한 술 더뜬 일이라고 쯤 생각하여 접어버리면그만일까.

  접어 둘래야 접어 둘수없을 만큼, 그들의精神은 우리의것보단 豊盛코 到底코 또 實히 아직도 살아서, 우리의 空虛와 우리의 不實을 나무래고있는것을 어찌 하는가.

  神靈인 구름 — 모든 自然力이 그랬던것처럼, 新羅人에게는 사는 힘의 한 커 — 다란 原動力이었던 이 靈性의 구름은 오늘도 따분한 우리들의 背後에, 마치 아득히 잊어버린 어느찬란했던 아침의 일과같이 휘영청히 걸려서 반편된 우리에게 한정없는 鄕愁를 자아내게하고있다.

第 三 章　해와 달

  日月이 주는 光澤과 文彩는 위선 먼저 사람에게 貯藏되었다가 그들의 하는 모든 짓거리로 波及되어 나가야 했다. 빛으로 나라를 다스리는 걸 理念으로하던 政治로부터 모든 藝術技藝까지가 다 그래야 했다.

  아랫얘기를 보시라.

  아달라(阿達羅) 임금四년. 동녘바닷가에 길삼(織造) 잘하는 연오(燕烏) 세오(細烏)의 내외가 살고 있었는데 하루는 연오(燕烏)가 바다에

---

18) 선령이 내려와 노는 것이라 하여

나가 나물을 뜯고 있다가 문득 헌 바위에 (어떤 얘기엔 고기였다고도 했지만) 업혀 일본(日本)으로 갔드라. 그래 일본 사람들이 그를보고

'행내기가 아니라'하여 임금을 삼었드라.19)

세오(細烏)는 지애비가 돌아오지 않음을 수상히 여겨 나가 찾아보니 벗어논 신발이 뵈이는지라, 또 그 언저리 바위에 오르니, 바위가 또 그를 업고 먼저마냥으로 가매 거기 사람들이 발칵 뒤집혀 임금께 드리게 되어 둘 이 다시 만나서 귀비(貴妃)가됐드라.

이때.

신라의 해와 달엔 빛이 없어질세, 해점쟁이(日者)가

"해 달 精氣가 우리나라에 내렸다가 시방은 일본으로가 이 야단이올 시다."고, 두양주의 일을 아뢰게 되어 임금이 부림꾼을 보내 둘을 찾으니 연오는

"내가 일루 온것은 하늘이 시킨일일세. 인제사 어떻게 돌아가겠는가. 허지만 내 안사람이 짠 가는 생초(生草)짜치가 있으니 그걸 갖다가 제사나 잘 디리게.20) 그럼괜찮으리."하고 그생초(生草)비단을 내주었드라. 하여 부림꾼이 돌아와 그말 전하고 하라는대로 제사지냈더니, 그뒤론 도루 해달빛이 그전같이 됐니라.

－三國遺事 紀異 第二 '延烏郎 細烏女'條

이 얘기는 요새사람들의 話法과 비교해 볼 때에는 좀 허황한 듯이 느끼어지는 '사람을 업고가는 바위'와 '해점'을 말하는 두대목만 제외한다면－(허나 이것도 事實은 古人들의 事物의 性質을 간절하게 享有한데 基因한 比喩語勢요(바위의 關한것) 認識의 實狀(해 점에 關한

---

19) 모음조화를 지키지 않은 것은 미당선생 특유의 시적 표현의 한 관습으로 자주 등장하는 데 이 부분도 여기에 해당한다고 볼 수 있다. '－드라' 역시 철자법에 어긋나지만 사투리식 발음을 시적 표현으로 인정하여 그대로 둘 필요가 있다.

20) 드리게

것)일 따름으로서 그렇게만 여기고보면 조금도 虛荒하지 않을 뿐만아
니라 오히려 무엇들을 모두 훨씬더 實感있게 우리에게 傳達해주고 있
는 것이지만)―그대로 우리에게도 잘 通達되는 織造技藝의 日本流入
을 말하는 것으로서, 물론 얘기꾼들이 빛내기에 注力한 것은 그들의
하는 짓거리가 짜낸 비단배짜치의 찬란한―햇빛같고, 달빛같은 光澤이
요 紋彩다.

오늘 市정이나 閨房의 비단장사나 織造女人 쯤이야 問題 밖으로
하기로 하자. 현대의 어느 形而上學者가, 어느 司敎가 대체 그들의 손
끝으로 하는 일까지를 이만큼한 性質의 것으로서 철저히 믿을 수 있겠
는가.

손해를 보고 있는건 어느 편인가. 어리석었다는 古代人인가? 科學으
로 무엇으로만이 똑똑해졌다는 우리들인가.

第 四 章 별

우리 앞마당의 煩雜이 아무리熱하고 또 시끄러운 것일지라도. 우리
뒤안의 꽃밭의 燈明과같이 별은 또 늘 우리 背後에, 頭上에, 底部에
싱그러히 자리잡고 있어야 할 일이 아닐까. 우리의 混濁하고 여럿한
彷徨 뒤에 우리가 찾아야할 故鄕의 마지막 슬기를 代表하는―잊힌
자리에 또렷한 아즈먼네나[21], 處女나 또 聰明한 눈을 가진 어린 것들

---

21) 원문의 띄어쓰기가 되어 있지 않은 상태에서는 전후 문맥을 헤아려 해석이 모호한 부분
임. 그러나 다음과 같은 추정 판독이 가능함.
'아즈'는 '아주'를 잘못 기록한 것으로 본다면 '아주 먼 네나'로 읽을 수 있음. 그러나
이는 추정일 뿐이며, '네나' 역시, 이웃 사람에 대한 고유명사 뒤에 붙는 접미사 가령
'철수네 집안' 또는 '영희네 가족'이란 뜻의 '―네'로 읽을 경우 전후 문맥상 의미가 연

과 같은 맛으로 끝끝내는 그래도 우리에게 있어야 할 것이 아닐까.

저 香味로운 水源의 原質과 같은 것, 저 우리 누추한 감정의 더위들을 식후는[22] 凉味의 精髓와 같은 것, 저 깊디깊은 花園 안의 제일 그린[23] 密語와 같은 것. ─그러나 그것들은 現代人인 우리에겐 어린 애들에게나 그저 形容할 수 없는 반가운 것으로 더러 살아 있을까. 그 밖에는 거의 他山의 돌과 같이 되어 버렸다.

저, 영 매마르는 일이 없이 예민하게도 절개 군어 뵈이는 것 無限誘拐 속의 시원한 遁居와 같은 것은 … 그러나 新羅人에게는 길이나 마당 쓰는 비짜락마냥으로 까지 널리 씌여졌던 것이 사실인 상싶다.

옛 東 물가 蜃氣樓에 놀은 城을랑 바래고 倭軍도왔다 烽뢴가(邊) 있어라.

三花의 오름보삼을 듣고

달두 바즐이혀럴바에

길 쓸 별 바라고 慧星여 사뢰온 사람이 있다.

아으 . 달 . 아래떠갔더라.

此也友(感歎詞) 무슴ㅅ 慧人기있을고.[24] ─(融天師作〈彗星歌〉(眞平王代)의 現代語譯)

위의 鄕歌 特히 그 中에서도 끝으로부터 四句째의 것을 눈여겨 보

결되는 판독이 가능함. 즉 '一네'를 '이웃 아무개 집안' 또는 '이웃 아무개 가족' 등으로 해석할 경우 '이웃들이나' 또는 '이웃 사람들이나'로 읽을 수 있을 것임.
이렇게 본다면 이 구절은 '아주 먼 이웃들이나' 또는 '아주 먼 이웃 사람들이나'로 판독이 가능함.

22) 식히는

23) '그리운'으로 해석이 가능함

24) 혜성가 이른바 8구체에 해당되나 이 글의 원본에서는 이러한 형식도 지켜지지 않았을 뿐 아니라 다른 현대어번역문과 다소 다른 부분이 있다. 그러나 미당의 해석적 번역을 존중하여 원본의 번역문 그대로를 옮겨 실었음을 밝힌다.

라. 그렇지 아니한가?

"이것은 眞平王 때 居烈郎, 實處郎, 寶同郎 等의 花郎徒가 楓岳에 오르고저 할 즈음에 慧星이 딴 별을 犯하려 함을 보고 迷信하여 길뜨는 걸 작파하려하니, 融天이라는 사람이 짓어 노래해 그들을 出發케하고, 또 때마침 侵入해 있던 日本兵까지를 撤還시키는데 힘이 되었다는 由緖가 붙은 것이지만" 이 별을 좀 정신채려 보라. 그 하나도 迷信스럽지 않은 것 까지가 하나도 꺼릴 것 없을 만큼 잘 사귀어진 꼭 무슨 우리 뜰 위에 뇌인 生活必需品 같지 않은가?

註, 一 上擧 鄕歌의 現代語譯은 梁柱東氏의 것을 再譯한 것으로서 初句 中 '蜃氣樓'의 原語 '乾達婆'는, 氏는[25] 그 一方의 意味 '후 香神'으로 봤으나 이건 LANKA(룽伽經) 等에 뵈이는 것과 같이 '蜃氣樓'로 읽음이 當然할 것 같아 그리해 두었고, 末句 中 '此也友'는 '이어우'로선 위선 現代語로 化해 適當한 말이 생각되지 않아 原文 그대로 놓아 두었음을 附記해 둔다.

第五章 神仙

一

어떤 사람이 딸을 가졌었다.

길삼하는 것, 꽃 가꾸는 것, 낮 들일 밤 풍류(風流) 다 가르치어 말 달리기, 활쏘기, 매사냥질까지도 다 가르치어 시집갈 나이만큼 되었었다.

몸둥아리 어느 곳에도 병은 깃들지 못하게 하여 四肢는 무엇을 하기에도 자유로웠고, 머리의 윤스기, 눈의 촉기도 벌써 길찰대로 길차 있

---

25) 양주동씨는

었다.

그래, 그 이상은 아무도 더 가르칠 수 없는— 이 계집아이의 검은 밤 풍류(風流)가 여울져 흐른 다음에, 이 계집아이의 손끝 꽃밭에 밝은 어느 아침에, 애비는 헐수없이 그 곁에 끌리어 가듯이 가 닥아서서 말을 하였다.

"인제는 아무겻도 아가, 더 가르칠 것 없다. 신선(神仙)이나 되기 전에는……"

하여 계집아이는 이날로 집을 나서서 그의 마음의 항아리에 아직도 모자라는 것을 더 채우기 위해서 먼 험한 山으로 갔다. 그의 먹을 것을 위해서, 또 고향집과의 소식을 서로 통하기 위해서, 한 마리의 영약한 매(鷹)가 그의 길동무로 그를 따랐다.

하여, 그가 잘못 보는 데는 매가 보고, 매가 잘못 찾는 데는 그가 찾고 하여, 그가 일쯕이 겪어보지 못한 맑고도 그윽한 곳에 와서 그만 깜빡 집에 돌아가는 걸 잊어버리고 말았다.

다만 그의 친구 매가 드물게 이 젊은 수행자(修行者)의 멀쩡함을 그의 부모에게 전할 따름이었다.

오래 지낸 뒤에, 돌아오지 않는 딸에게, 아버지는 다시 그의 마음을 편지로 써서 매(鷹) 발에 매달아 보냈다.

"인제부터는 아가, 매가 날라가 멎는 곳을 찾어서 아조 네 집을 해라"

사람에게서 水位와 같이 무엇이 불어 오르는 것밖에는 더 잴줄 모르는 아버지의 뜻을 알아, 딸은 그 글을 받는 길로 곧 손등 위에 매를 날렸다.

그리고는, 또 그 뒤를 따라 또 어느 峻嶺의 짙푸른 곳에 이르러 무성한 잎사귀들을 헤치고 그의 숨결을 거기 있게 하였다.

여기서부터 이 女人의 목숨을 사람들은 神仙이라 하였다.

二

이러한 신선들이나 신선수행자들은, 신라에는, 화랑(花郞)이나 원화
(源花)의 이름이 생기기 훨씬 전의 開國初葉에도 상당히 좋은 경치들
속에 자리 잡아 있었던 것으로 보인다.

그들의 첫임금 ― 朴赫居世의 어머니(西鳶山神母)도 이런 신선 가
운데 한 사람으로, 그 光明理世한 왕의 精神의 바탕에 該當할만한 그
修行을 쌓았었다.

허나, 정말로 딱할만큼 無力했던 것은 後世史家들의 마음 길력이다.

三國史記의 著者 金富軾은 宋나라의 神舘에서 똑똑히 自己 눈으
로 이 自國의 西鳶神母의모셔진 像을 보고도 一個 舘伴學士 王보의
입만을 그대로 믿어 '中國 계집애 애 배 쫓겨난것'[26]으로 생각했고 三
國遺事의 著者 一然은 또 '서방질한 處女'의 條件만 지워 金富軾의
생각을 그대로 踏襲해 버린 程度의 맘길력이다.

王보가 말한 바와 같은 '處女孕胎'의 일쯤이라면 그게 事實이라 하
드래도 人類界엔 古今을 通해 가끔 있는 일이요 神仙修行에도 별 支
障도 없을 일이라. 一然의 念慮와 削除는 必要치도 않다. 허나, 思想
의 宗主國으로 까지 自處君臨하든 大宋으로서도 오히려 모셨던 自己
할머니의 얼굴을 一 舘伴學士 따위의 言勢에 依해서 남의 나라 사람
으로 妄信해 버린 富軾의 無氣力의 表現은 그 뒷사람들이 되도록 빨
리 지워버렸어야 할 것이 一然 以後 오늘까지 그대로 남아서 우리의
옛 모습 바로 그 自體가 接近해 오는 것을 막아내게 한 것은 크게 遺

---

26) 전후 문맥으로 보아 '중국 계집애가 애를 배어'. 원문은 '中國계집애 애배쫓겨난것'으로
표기되어 띄어쓰기가되어 있지 않음.

憾이었다.

그러나 인제 千年에 가까운 歲月의 흐린 認識의 幕을 뚫고, 이 우리의 古代神仙들이 우리 앞에 다시 그 얼굴들을 들어낼 수 있을만큼 센 힘을 마련해 가졌었던 것은 多幸한 일이다. 이것만이 하나 多幸한 일이다.

그들은 그들이 能히 經歷한 모든 荊棘 中의 한 荊棘 그들이 능히 維持한 모든 香氣 中의 한 향기를 감당하기에도 拙해져 버린 우리를 에워싸고 인제사 그 圓滿한 全體經歷의 거세고도 完美한 輪廓 속에 우리를 놓기 비롯는다.

第 六 章　新羅의 商品

一

솜(綿)과 곡식이 있었다. 밝게 개인 날의 큰 솜구름덩이 만한 한 덩어리의 솜과 한 꺼럭도 죽은 놈이 섞이지 않은 알곡 한광주리가 있었다.

인관(印觀)이라는 사내가 이 솜덩이를 얻고, 서조(署調)라는 사내가 이 곡식을 안고 장에 나가 서로 막바꾸어 갔는데 서조(署調)가 그 새로 산 솜을 그의 집 마당귀에 갖다 놓아두었더니 인관(印觀)네 집 매(鷹)가 공중에서 맴돌다가 거길 내려다보고 저의집껀걸[27] 눈여겨[28] 되루 채 가 버렸다.

그래, 인관(印觀)이 양식장을 보러갈 때 두 번째 또 그걸 갖고 나가

─────────────────

27) 저의 집 것인 것을
28) '본 뒤' 또는 '보아 두었다가'가 생략됨

서조(署調)의 앞에 놓고 "여보게 이걸 우리집 매(鷹)가 모르고 물어 왔기에 가지고 왔네" 하니

서조(署調)는

"이 사람아 매가 모른건 사고 판 일 뿐 아닌가, 제가 더 잘 알아서 그런 일이니 못 받겠네"

하여 솜은 인제는 그냥, 두 사람이 매매(賣買)하기 전에

'매가 누구보다 더 잘 아는 것'으로서 두 사람 사이에서 멍울거리고 있게 되었다.

인관(印觀)의 밭에서 인관(印觀)의 아내와 인관(印觀)의 딸의 숨결 옆에서 꽃으로 멍울거리고 있던 때와 똑같이… 또 여물어 다시 피였을 쩍 그 가꾼 이의 함박우슴 속에 멍울거리고 있던 때와 똑같이. … 또 그리고, 그 가족과 그것이 그 밭과 뜰에서 그렇게 어울어져 있을 적에 그 위의 희한한 정기(精氣) 속에서 눈밝은 그 집 매(鷹)가 묵묵한 가운데 마음 속으로 찬양하며 굽어보고 있던 때와 똑같이…

"그럼 자네 곡식도 도루 돌려줌세"

인관(印觀)이 말하였다.

"장본 지가 벌써 이틀이나 됐으니 그건 자네게된지²⁹⁾ 오랜 데"

서조(署調)가 대답하였다.

그래, 이번엔 곡식을 가지고, 또

"도루 받게"

"못 받겠네"

타시락거리고 있는 동안 드디어 이것마자, (그나마 이건 매가 광우리채 고스란히 날를 수도 없는 것을) 물건값으론 어떻게도 처리할 수 없는 것을 만들어버리고 말았다.

---

29) 자네 것이 된 지

양식 광우리도 그들의 마음 속에서, 주인을 잃은 채 서조(署調)네 집 뜰을 거쳐 서조(署調)네집 밭에 가 그의 가족과 같이 뇌이더니, 잎이 피고 꽃이 피고 여물져 너울거려 그들을 노래불리기 비롯하였다. 아직 팔 일도 살 일도 모르던 때의 노래를…

하여 마침내 두 상고(商고)는 마치 읊조리기나 하듯이 말을 나란히 하였다―

"그럼 이것들을 여기 그냥 놓아두어버리세"

"그러세"

二

위의 두 개의 新羅의 商品에서 우리는 단순한 使用價値 以上의 것을 보았다.

이것은 무엇인가? 商人으로 하여금 어느 경우에는 그 使用價値의 가지는 煩雜을 免하기 爲해 버리게까지 했던 이것은 무엇인가? 하나도 죽은 데라고는 보이지 않는, 이 넉넉한 웃음갈고, 또 無盡藏한 興과 같은 이것은 무엇인가?

이것들은 물론, 우리가 쓸 物質들임엔 틀림없지만, 이것들엔 늘 만든 이의 싱싱하고도 향기로운 呼吸과 노래가 깃들어 있고, 그 어렵고도 恍惚했던 生産過程을 通해 그들이 길러냈던 꽃송아리가 깃들어 있고. 또 그 꽃 위의 하늘이 感動的인 걸로서 깃들어 있다.

이것들은 어느 때 어느거나 한결같이 最後段階 위의 相逢과 같이 반가운 것이고, 그런 相逢이 우리에게 자아내게 하는 즐거운 微笑와 同質의 微笑를 자아내게 하는 것이다. 이것들은 우리의 손끝의 奴僕이라기보다 오히려 마음의 벗과 같고, 腹部로 消費할 것이라기보다 胸裏의 隣近과 같다.[30]

그렇기 때문에 이것들은 物質이란 말이 단순히 使用價値만을 뜻하는 것이라면 그런 '物質'은 이것들이 너무나 살아있는 緣由로서 될 수 없는 '神明이 붙은 무엇'들이다.

이렇게 그들이 '산 것들'로 그들의 '物件'을 만들어 가졌던 理由는 무엇일까?

그것은 그들이 生産하고 生活함에 있어 그들의 神明을 잃지 않고 늘 이어 가져온데 淵源한다고 생각한다.

어떤 苦難 어떤 暗膽속에 있어서도 認知나 感情을 物資 그것만의 限界 안에 放置하거나 限定하지 않고 항시 神明의 밝고 푸른 여울 안에서 探索하고 熟達시켜 나온 때문이라고 생각는다.

第七章 춤

一

그 전 파사임금(婆娑尼師今)이 유손(유손)[31] 못(澤)에서 사냥할새 태자(太子)가 따르다가, 끝난 뒤에 한기부(韓歧部)를 지나매, 이손(伊飡) 허루(許婁)가 잔치하여 술이 거나할쩍 허루(許婁)의 아내가 딸을 데불고 나와 춤을 추니, 마제이손(摩帝伊飡)[32]의 아내도 또한 그 딸을 끌어냈더라.

---

30) "손끝의 奴僕", "腹部로 消費할 것이라기보다"는 "말초적이며 육체적 욕망으로 받아들여 이해하기보다"의 뜻이며, "胸裏의 隣近과 같다"는 "가슴 속 마음과 같은 것"의 뜻임. 따라서 문맥 전체의 뜻은 "말초적이며 육체적 욕망으로 이해하기보다 가슴 속 마음으로 받아들여 이해하여야 한다"는 뜻임.

31) 『三國史記』 원문 '榆飡'(유찬)의 오기인 듯함. 즉 문맥상 '榆飡의'로 풀이하는 것이 무방.

32) '摩帝 伊飡'의 오기임

(……初婆娑王 獵於楡湌之澤 太子從焉 獵後過韓歧部 伊湌許婁
饗之. 酒酣 許婁之妻推門少女子出舞 摩帝伊湌之妻亦引出其女……)

　　－三國史記 卷一 新羅本記 ‘婆娑尼師今’條[33]

　　－이것은 집에 반가운 손님이 왔을 때 그들을 맞이해 즐기기 위해
서 主婦와 딸이 함께 춤을춘 例이고,

　　…임금이 이미 六部를 정하매 中央을 둘로 나눠, 왕녀(王女) 두 사
람을 시켜 각기 부내의 여자들을 패를 지어 거느리게 하여 칠월보름에
서 시작해서 날마닥 아침부터 六部의 뜰에 모여 삼베를 짜다가 二更
에 파해 팔월보름에 이르러 그 공의 대소(大小)를 장고하니, 負者가
酒食을 놓고 勝者에게 사례할 새 이에 노래와 춤과 왼갖 놀음을 다
짓으니라.

　　(…王妃定六部 中分爲二 使王女二人各率部內女子 分朋造黨 自
秋七月旣望 每日早集大部之 庭績麻 乙夜而罷 至八月十五日考 其
功之多少 負者置酒食 以謝勝者 於是歌舞百戲皆作…)

　　－三國史記 卷一 新羅本紀 ‘儒理尼師今’條

　　－이것은 팔월 추석날 노래와 어울려 벌어진 떼춤을 보이는 예(例)
이고

　　…헌덕왕(憲德王) … 六年 봄 三月 뭇 신하를 숭례전(崇礼殿)에서
마시일 새[34] 질검[35]의 끝에 왕은 거문고를 두다리고 이찬(伊湌) 충영
(忠永)이 이러나 춤을 췄드라.

---

33) 이 ‘婆娑尼師今’條는 ‘祇摩尼師今’을 잘못 적음. 『三國史記』 속의 이 이야기는 ‘祇
　　摩尼師今’條에 있는데 그 내용이 파사왕 이야기가 나오므로 ‘婆娑尼師今’條로 착각하
　　여 잘못 적은 듯함.

34) 원문에는 ‘마시일새’로 되어 있는데, 문맥상 ‘뭇 신하를 숭례전에서 맞이할 새’로 해석
　　하던지, 그렇지 않고 ‘마실 새’로 해석할려면 ‘뭇 신하를’ 다음에 ‘거느리고’를 빠뜨리거
　　나 생략한 것으로 보면 이런 해석이 가능함. 뒤에 즐거운 춤과 풍악이 있는 것으로 보
　　아 ‘마실 새’로 해석함이 무방할 듯함.

35) ‘즐거움’, 이하 이 장의 ‘질검’은 모두 같음.

(… 憲德王 … 六年春三月 宴君臣於崇礼殿, 樂極玉鼓琴 伊湌忠
永起舞)

－三國史記 卷第十 新羅本紀 第十 '憲德王'條

－이것은 임금과 신하가 그들의 기쁨을 막 버물러 춤을 낳은 예(例)
로서, 이 밖에도 그들의 질검을 춤으로 나타낸 예를 우리는 지금 그
때에 관계해 남아 있는 책들 속에서만도 상당히 많이 추려낼 수 있거
니와 질검 뿐이 아니라 설음과 괴롬의 위에다 까지, 거지반 참기에 不
可能한 感情的 苦痛 위에다 까지, 그들은 이 和暢한 것을 빚어 가졌
었다.

二

… 이름 曰 處容이라. 임금이 아름다운 계집으로써 장가, 드리고,
그 뜻을 머물리려 또 급간(級干) 벼슬을 주었더니 그 계집이 많이 고
은지라 잡것이 그려하여[36] 사람 시늉하고 밤에 그 집에 가서 훔처 같
이 자거늘, 處容이 밖으로부터 집에 이르러 둘의 자는걸 보고 노래하
고 춤추어 물러가니라.

(… 名曰處容 王以美女妻之 欲留其意 又賜級干職 其妻甚美 疫
神欽慕之變爲人 夜至其家 竊與之宿 處容自外至其家 見寢有二人
及唱歌作舞而退)

－「三國遺事」 卷二 '處容郎望海寺'條

－이것이 그 괴롬 우에 빚은 춤의 하나요,

東京 밝은 달에 밤들도록 노니다가

들어 자리 보니 가랄(脚)이 넷이어라

둘은 내해어니와 둘은 뉘해언고

---

36) 그리워하여, 사모하여

본대 내해다만은 빼앗(奪)은 걸 어찌하릿고

─ 梁柱東氏 譯 處容歌의 現代語譯 ─

─이것이 그 춤과 같이 부른 노래다.

卽 마누라가 잡놈과 붙어 자는걸 제눈으로 보는 경우에도 暴力을 行使한다던지 울고불고한다던지 그런 일이 없이 잘 견디고 잘 풀어 너울거린 춤이요, 그 춤의 노래다.

땅 우에 목숨을 타고난 그 누가 이런 경우를 이 以上으로 健在하여 이 以上으로 運營해 갈 수 있겠는가.

예수그리스도의 嚴親께서 겪어낸 일이 소문대로 보자면 이 비슷하긴 하였다, 허나 處容의 이 춤은 그 우에 다시 한 두름의 大金剛力을 加한 者이다.

心靈의 움직임이 춤으로서 다 솟아날 수 있는 것이라면, 그 괴롬을 마지막 디디고 旋回하기 비롯할 때의 處容의 춤의 그 첫 旋回의 나타남만은 다시 地殼을 뚫고 흔들리는 봄풀을 어루만지듯 모조리 하나도 빼지 않고 어루만저 주고 싶지 않는가.

어떻던 悲運도 얽어매어 落下시킬 수 없는 그들의 風流性 ─ 참으로 壯한 것은 그들의 風流性이었다.

第 八 章 處 女

一

處女時期라는것을 男女老少의 딴 어느 性 딴 어느 時期보다도 아름답다보는일은[37], 口生幼臭의 어린이들만 빼놓고는 아직도 누구나 가지는 一般的인 느낌인 듯하다, 허나 사람의 어느 時期보다도 아름다운 그 性의 時期를 치레하기 爲해서 神의 現實的 沒落以後사람이 무슨 意味를 거기 背景해 주고 있는가를 생각해 보면 참으로 아찔하지 않을 수 없다.

上代人類의 靈的 現實의 死滅 後. 規範哲學과 物質主義와 科學이 그들에게 제일 잘 준것이랫자 겨우 딴딴한 機械類나 多種의 寶石類, 瓦石製 의 居處, 絹毛皮製의 입성 따위 뿐 그냥 아무 까닭도 속 걸도 別로 없는 구석의 꽃밭같은 데를 마지막 디딜판으로 해 겨온 山노루와 같이 있다가 타고난 善美한 天性의 消費를 意味하는 婚姻에 서고 서고 해 온 걸 생각하면 참으로 아찔하지 않을 수 없다.

이 人生이 가지는 最美한 長點마자 이것이 最美한 줄은 번연히 알고 느끼면서도 恒久한 光輝와 持續力을 줄 수 있는 背景과·訓練을 주지 못하고, 이것이 눈 앞에 發顯돼 있는 것 中에 위선 제일 곱다 하여 허천나자 발·머리없어진 者들 수선스럽게 물퍼먹어 버리듯 性急하게 퍼먹어버리는 짓만 되풀이 되풀이 해 온것이다.

하여 人生을 精靈的 現實로 하는 案內하는 關門이 돼야 할 이 最美한 焦點은 그 光源으로의 何等의 穿鑿도 없이 各人이 任意로 感覺한 限度內에서의 目前의 相 그것만 가지고 飮盡키에 급급한 나머지, 드디어는 그 소슬한 淵源으로의 通路로부터 아주 遮斷된 特殊別立한 制限된 도가니 안에고 惑의 新酒와 같이 되어 있다가 近來에 이르런 또 많이 濫造된 均一品의 對酒로 까지 그 값이 低落되어 있는 것이다.

그러나 古代는─우리가 늘 어둡고 어리석었다고 비웃는 古代는 그들에게 준 物品의 數爻가 적었을는지는 모르지만 그들의 美의 究竟處

---

37) 의미 해석을 위하여 원문 그대로 표기하고 현대어로 띄어쓰기 하지 않았음. '아름답다고 보는 것은'의 의미로 해석함이 무방할 듯함.

로의 通路를 어떤 것으로도 막지는 않았다.

더구나 新羅人에게 있어서는 (꼭 處女에게뿐만도 아니지만) 이 푸른 背景이란 우리가 살을 대면 觸知할만큼 現實的인 것이다.

二

입은 바 綾織의 바지를 벗어 폐백으로 山靈께 드리니라. …
(…解所著綾袴爲贄 遺于山靈也…)
－「三國遺事」紀異 第二「駕洛國記」條
－이것은 伽倻 初代의 王 金首露가 그의 아내로서 印度 阿유陀國 公主 許黃玉을 맞아들일 때 그 印度人인 新婦가 한 行爲라는 딱지를 붙여 僧一然이 記錄해 놓은 것이지만 그 '印度'의 딱지는 그 記錄者가 중이기 때문에 그렇게 붙게 되었을 뿐이고, 史實은 어느 모로 보든지 當時의 嶺南南部의 (卽 新羅에 倂呑되기 前의 '伽耶'의) 國俗을 말하는 것으로서 그때 우리 處女들의 精神의 '第一 이웃'이 무엇이었든가를 시방도 우리에게 歷歷히 實感케 하고 있다.

이것을 單純히 그 形式的 面을 떼가지고 '原始'의 이름으로 下視하고 말것인가? 허나 그들의 마련했던 精神의 容量을 凌駕할 만큼 充實한 어떠한 意味도 우리의 生命과 生命의 背景에 우리는 시방 담아가지고 있지 못한다.

하시하지 못할 뿐만 아니라 우리의 物質主義와 科學과 數多한 所謂 理論体系들 때문에 참으로 딱해져버린 이 虛無化한 意味의 空間은 비록 얘기로라도 그들의 것을 담을 때에만 비로소 생기가 도는 것을 어찌하는가.

自己의 婚姻날에도 잊지 않고 자기의 살이 닿은 바지를 벗어 폐백이라도 들이지 않고는 못견딜 程度였으니 新羅處女들의 精靈과의 交

流는 유난히도 맑은 물과 또 유난히도 그걸 즐기는 고기들의 것과 같았으리라. 그들이 마치 上流에 遡及한[38] 피르래미와 같이 山邊의 精氣 속에 그들이 '山神靈'이라 이름 붙인 −(이름이야 아무려면 어떤가)− 그 精氣 그것의 살아 隆隆함을 意識하고 서 있을 때, 그들의 生의 充足感과 歡喜는 길어내도 길어내도 끝없는 것이었으니라. 精氣와 그들 새에는 이 精氣를 늘 肯定하여 意識하기 때문에 깃돋아나는 황홀한 '光背'가 늘 움돋아 나 있었으리라.

저들의 산 일을[39] 回顧하고 우리의 되어 있는 몰골을 살펴볼 때, 우리는 무엇을 모두 많이 수다스럽게 複雜하게 만들다가, 우리의 자녀들까지도 半 죽은 屍身들을 만들고 있는 것같은 感慨를 免할 길이 없다.

第 九 章 가 난

狼山 밑 새말 사람 百結이는 가난하여 주렁 주렁 주렁 주렁 옷을 지어 입은게 매추래기[40] 꿰미[41]를 매여단 것같대서 사람들이 그리 이름지어 불렀다.

그러나 그에겐 오래 두고 익쿼온[42] 슬기를 한 채의 거문고가 있어서 밤낮으로 마음을 잘 풀어갔기 때문에 가난도 앞장질러 서지 못하고 뒤에서 졸래졸래 따라 다녔다.

---

38) 원문에는 '…上流에소及한…'으로 표기되어 있는데, 전후 문맥으로 보아 이렇게 해석함
39) 원문은 띄어쓰기 없이 '산일을'로 되어 있는데 이를 전후 문맥과 함께 풀어서 이어 보면 '저들이 살아온 일을 회고하고'로 해석됨
40) 꿩과의 작은 새인 '매추라기(준말: 메추리)'의 사투리
41) 구멍 뚫린 물건을 꿰어 묶는 노끈 또는 꿰어 놓은 묶음
42) 익히어 온

그래서 나날이 해같이 되루 밀이 물같이 구기잖게 살아 갔었다.

그러다가 어느해 섯달 그믐날 저녁은 이웃집 좁쌀방아 찧는 소리에 마누라의 배가 그만 깜박 솔깃해

'좁쌀…'이라 한마디를 드뇌였더니, 거문고가 울리어 이걸 썻어서 또 다시 물같이 흘러 내렸다.

　　－三國史記 卷 四八 列傳 八 '百結先生' 條－

第 十 章　피리와 노래

… 月明스님은 늘 四天王寺에 살아 피리를 잘불었니라.

일　이 달밤에 門앞 행길을 피리불고 지내니 달이 이 때문에 굴르기를 멈춰서, 그래 그 길을 月明里라 이름했니라.

(…－明常居四天王寺善吹笛　嘗月夜吹過門前大路　月馭爲之停輪 因名 其路曰月明里)

　　－三國遺事 第五 '感通' 第七 '月明師兜率歌' 條－

　　－여기 보면 좋은 피릿소리엔 달이 멈춰 서는 걸로 돼있거니와 피리 뿐만 아니라 노래도 춤도 또 무엇도 그들의 마음이 빚어내는 모든 格調 있는 것을 그들은 雲霧 위의 天心에 까지 갖고 가서 그런 데를 모두 그들의 氣脈에 呼應해 오는 그들의 意志의 屬國으로 삼지 않고 는 견디지 못하였다.

오늘 이에 散花 블어

삐운 꽃아 너는

곧은 마음의 命을 심부름키

彌勒座主 뫼시여다

－梁柱東氏譯 '月明師兜率歌의 現代語譯－

　－이 노래는 역시 그 피릿소리로 달을 멈추게 했다는 月明이 景德王 때 日蝕(當時 表現에 依하면 '二日竝現' 當時 認知에 依하면 日怪)을 빌어 씻는 자리에서 主意味로 짓어 부른 노래이지만, 여기서도 우리를 눈부실만큼 놀라게 하는 것은 그 意志力이요, 그 意志의 質이다.

　그 얼마나 큰 힘을 얼마나 찬란한 아름다움을, 얼마나 빈틈없는 自信들을 마련해 지녔으면 하늘에 屬하는 것 中에서도 가장 큰 者인 해의 不調 까지를 한바탕 꽃삐우는 짓거리의 노래로 씻는다 하고 月輪의 運行 까지를 한 곡조의 피리의 音律 위에 멎게 한다 하는가.

　여기 그들의 손끝으로 만져진 꽃기운은 낱낱이 그들의 願과 情과 앎으로 살아 그들 사이를 소용드리쳐 넘나들다가 어느 새인지 彈力이 센 날개가 돋아 그들의 宿命의 庫ㅅ집 까지를 任意로운 걸로 하는 것이고, 여기 그들의 목구녁의 肉壁을 스쳐 울려나온 피릿소리들은 이미 參天하러 가는 여러 구비 들을 넘어서, 인제는 더없이 길들인 그들의 황홀한 天國을 어느 때나 부르고 싶으면 불러내릴 수도 있을만한 힘 까지를 가진 것이다.

　이렇게 되면 어떻게 되는가? 신(神)ㅅ바람 나고도 또 天上天下 어디에서도 꺽일 줄도 모르는 것이 우리의 마음 속 깊히 어디 마련되어 살아 있다가 늘 우리의 모든 疑惑 苦難 悲哀 倦怠 索漠 等을 그 恍惚과 그 남고처지는 力量으로서 깨끗이 瞬時에[43] 씻어버리고 씻어버리고 하고 마는 것이라면 어찌되는가? 勿論, 이렇게 된 그들(新羅사람들)에게 있어서는 宿命은 어떤 重壓力을 가진 것도 괴로운 것도 설어운 것도 딱하고 따분한 것도 될 必要는 없다. 人生은 墮落하거나 漠

---

43) 원문은 띄어쓰기 없이 '깨끗이순時에'로 표기되어 있음

漠할 必要가 없다.

麗李朝思想의 中核이 되었던 儒敎性理學이나 開化 以後 우리의 精神形成의 主動力이 되여온 近代以後 西洋의 科學, 理論神學이 마련한 것들의 最上의 氣質, 效力과 比較해 볼 때 天壤의 差가 느끼여짐을 우리는 어찌할 길이 없다. 麗李朝의 儒敎性理學이나 西洋의 理論神學[44]은 神·天의 證明에만도 애먹어 마침내 우리를 하펑케 하는 權威가 되어 버렸고 SCIENCE라는 것은 若干의 物質的 便利를 爲主하다가 우리의 重要한 生命의 氣運마저 무척은 팍팍하고도 漠漠한 걸 만들어버리고 말고 있지만 저들(羅人)은 이 쬐그만 이야기를 通해서까지도 天·神인 것을 변두리에 멎어서 證明行脚도 拒否도 않는 代身 直接 그 속에 뛰어 들어 實体驗하고 任意를 게함으로써[45] 훨씬 더(比較가 안될 만큼) 人生을 소슬하게 살만한 것으로 만들어 있던 흔적을 보이기 때문이다.

모든 神의 證明 수닷군들의, 또 모든 科學的 分析家들의 全體의 理性의 産出物보다도 오히려 우리의 生을 滋養케 하는 이 新羅의 靈性, 우리가 回復해야 할 것은 먼저 이것이다.

第 十一 章 靈

一

옛날 옛적 고랫적 (물론 먼 옛날이라는 뜻이다) 세상에 아랫목에서 퍼먹고는 윗목에 가서 똥누는 게으른 놈 하나가 있었는데 이웃집 長者

---

44) 원문은 '理論學神'으로 표기되어 있음
45) '任意를 ○○게 함으로써'의 탈자인 듯

네 이뿐 가시내 이뿐 것을 눈여겨 본 뒤부터는 그 가시내한테 장가들 생각에 病이 나서 먹는 것도 잊어버리고 끙끙 앓게 되었다.

그래, 그 어머니가 한 길 다 큰 자식 죽을까 가슴이 더럭해서 염치도 체면도 자기네집 같잖은 것도 다 잊어버리고 長者네 집에 가서 비리팔팔 통사정을 해 보았으나 長者는 펄쩍 千 길이나 뛰며 눈을 부라리고 욕이란 욕은 모주리 퍼부어 몽둥이 찜질을 해서 아 버렸다.

그래, 어머니는 할 수 없이 집으로 돌아와서 그 長者가 하든 말을 모주리 말하고

"얘야 헐 수 없다 잊어 버려라" 하였더니 아들은 잠잠히 듣고 있더니만

"그럼 어매. 나 자그만헌 燈불 하나 허고 매(鷹) 한 마리만 꾸어다 주소" 하여서 어머니는 자식 아끼는 맘에 동네 팔방으로 샅샅이 헤매고 돌아다니며 구석구석 눈치를 살펴서 겨우 어떻게 어떻게 그것들을 꾸어다 주었다.

그랬더니, 자식은 비로소 자리에서 뿌시시 일어나더니만 피모시(皮苧) 한 다발만 더 꾸어 오라 하여 부지런을 내어 길게 새끼를 꼬아 그걸로 매 발을 단단히 매어들고 또 불을 가져오라 하여 燈에 켜선 그것도 거기같이 달아가지곤 밤이 되자 입은 다 홀딱 벗어버리고 뻘흙으로 몸둥아리를 까맣게 칠한 다음에 냉큼 長者네 집 감나무 위로 올라가서 큰소리로

"長者야 네 이놈!! 長者야!" "네이놈 長者야! 네이놈!"하고 점잖게 소리를 짓어 불렀다.

그리고는 뜻밖에 부르는 소리에 長者가 깜짝 놀래 窓을 활짝 열어제치고 사방을 두리번거리는 짓이 보이자 매의 줄끝을 바짝 손에 감아쥐고 프르르 그 燈불 켜단 매를 멀직암치 날리며

"네 이놈 長者야! 나는 시방 玉皇上帝님의 심부름으로 와서 여기 있다마는, 거 너 딸이 있지? 금방 시집가게 다 큰 아이 말이여"하고 한결 더 큼직하고 점잖은 소리로 타일렀다.

二

그래 長者는 玉皇上帝님의 심부름 오신 이의 뵈이지 않는 위엄도 위엄이려니와 그 날아다니는 불에는 그만 기겁을 하여 꼼짝 못하고 모기만한 소리로

"예이… 그저 분부대로 하오리다"고 다수굿이 승낙하지 않을 수가 없었다.

"그럼 네이놈! 논 밭 마직이도 뚝뚝 여무는 좋은 놈으로 골라 태우고, 비단 이부자리랑 잘 장만하야 돼야지랑 한 마리 잡어 쉬이 혼인잔치를 열렸다!"하고 또 분부를 내리자,

"여보게 거 우리 돼지 불알 간 지가 몇 달이나 되지?"하고 옆에 있는 마누라에게 한번 다져,

"댓달이나 될 걸" 해 버리자,

"예이…"

또 그것도 하라는 대로 하잘 수밖에 없었다.

"그럼 인젠 문 닫혀라… 나는 곧장 바루 하늘로 갈테니 전갈한 일 두루 어김없으렷다?"

"예이…"

"만일에 어기는 날은 또 불이 내려와서 큰 벌이 있을 줄을 알렸다!?"

"예이…" 下略 ―

― 이것은 우리 촌 사람들이 아직도 잊지 않고 가끔 하는 이얘기 중의 하나요.

善德王 末年 大臣 毗曇 廉宗이 女主가 잘 다스리지 못한다 하여 兵을 일으켜 廢코져 할 새 王이 스스로 안에서 막으니, 비曇 등은 明活城에 머물고 王軍은 月城에 진쳐 攻守키 十日을 풀리지 않더니 三更에 大星이 月城에 지는 지라 毗曇 等이 士卒에게 가르대

"내 들으니 진 별 밑에는 반드시 流血이 있다 하니 이건 女主의 敗할 징조다"하여 士卒의 외치는 소리가 땅에 진동트라.

왕이 듣고 갈피를 채리지 못하거늘 庾信이 王을 뵙고

"吉凶은 無常하여 오직 사람의 부르는 바니 … (中略) … 星辰의 變異는 족히 두려울 게 되지 못합니다. 王께선 염려마소서"하고, 이에 허수아비를 만들어 불을 둘러붙여 연(鳶)에게 달아서 날리니 마치 하늘의 짓 같더라.

이튿날 사람을 부려 길거리에 전해 가로되

"어젯밤에 진 별이 되루 올라갔소" 하여 賊軍에게 무섬을 주고 …(中略)… 祝해 가로대 …(中略)… "이제 毗曇 等이 臣下로써 임군되기를 꾀하야 아래에서 위를 犯함은 이 所謂 亂臣賊子로서 人神의 같이 미워할 배요 天地의 容納치 못할 배어늘, 하늘이 이에 뜻이 없는 듯 도로혀 王城에 異怪를 뵈임은, 이 臣의 疑惑하여 깨닫지 못할 일이다. 오직 하늘의 戒嚴은 사람의 意欲을 좇을 뿐이니 善을 좋아하고 惡을 싫어함이 神의 羞恥를 짓지 않음이라" 하여 뭇 將卒을 독촉하여 이를 치니 毗曇 等이 敗走하는지라 좇아 베니라.

－(三國史記 卷四 十一 列傳 金庾信 上)－

－이것은 먼저 얘기의 원둥어리가 되는 金庾信의 어떤 行爲를 적은 三國史記의 記錄이어니와 이로서 보면 新羅의 靈이라고 하는 것은 決코 迷信에 자리잡고 있던 건 아닌 걸 알 수 있다.

三

即 靈現이라 하는 것은 하늘을 통해서 우리에게 作用해 오는 경우에도, 金庾信 같은 이의 생각을 빌 것 같으면 事實과 떠나 - 사람과 온갖 善하고 惡하고 眞實하고 거짓되고 美하고 醜한 생각과 言語行爲의 事實들과 떠나, 그것들과 어긋나게 힘을 부리는 不可避한 威壓力이 아니라(即 天變이니 地異니 그 따위 짓을 우리 人生의 實際의 必然과 어긋나게 부릴 수 있는 힘인 것이 아니라) 人間의 意志 꼭 그대로를 한눈의 에누리도 없이 좇아야 했던 것임을 알 수 있다.

金庾信의 생각에 依하면 靈의 庫집46)인 "天의 威力이란 다만 사람의 意慾을 따라 善을 善하고 惡을 惡할 수 있을 뿐(唯天之威 從人之欲 善善 惡惡)인 것"47)으로서 그 以上인 것이 되는 境遇에는 그것은 사람들이 모두 재빨리 拒否해 씻어 버려야할 '부끄러운' 것에 지나지 않았다.

그렇기에 그는 여무지고도 알찬 생각으로 '星怪'같은 人間力을 束縛하는 迷妄을 가벼운 諷刺로 씻어 返上하는 배화제 '裵(?)火篝(?)'48) 같은 것 까지를 만들어 오늘날에 까지 그 익살의 슬기른 흔적을 여러 代의 共感한 마음을 通해 이얘기로 傳하고 있는 것이다.

그럼 新羅의 靈性이라는 것은 어떠한 氣質의 것인가.

위의 金庾信의 '星怪返上' 案을 通해서 强調해 보인 것과 같은 것일 뿐일진대 그것은, 요즘의 科學的 認知에 依한 '人間精神' 性格과

---

46) '庫ㅅ집' 즉 '곳집'을 말함

47) 원문은 "사람의 意慾을 따라 善을…"로 되어 있고 따옴표 뒷부호는 없음, 이를 문맥상 본문과 같이 따옴표l의 위치를 바로잡아 정정함

48) '裵'와 '篝'는 불분명한 활자로서 유사한 글자로 추정한 것임. 불교용어에 '불을 붙여 올리는 제사'란 뜻의 '裵火祭'라는 말이 있으나 이 역시 '篝'자와 맞지 않아 확실치 않고, 원문의 희미한 글자를 추정한 결과 '篝'로 보이나 확실치는 않음.

별 다를 것도 없는 것이다. 그러나 내가 이 글의 第一章에서 본것과 같은 '月明師의 피리'나 '兜率歌'가 體驗하고 있는 內容으로 볼진대 그것은 第十章에서도 잠간 言及한 바와 같이 科學的 認知力이나 神, 天, 理論家들의 河畔의 證明事業과 같은 것으로서는 도저히 理解치 못할 무슨 河中의 究極的 恍惚體驗과 같은 것이어서 麗李朝 中心思想이었던 性理學 中心으로 認知把握해 있던 氣質이나 開化 以後의 歐美近代情神에 依한 이 方面의 把握과는 그 性格부터가 判異한 것이다.

四

卽 前者는 더 많이 人倫中心에 依據한 것으로서 많이 人本主義化한 우리에게도 가까운 것이 되나 後者는 일테면 天倫天本에 依據한 것으로서, 칸트의 말을 잠간 하나 빌려 쓰자면 우리로선 '可思惟'할 것은 되나 이미 體驗하고 認識하고 있지 못하는 것으로 이것을 全然히 實質로 모르기 때문에 前者와 이것과의 사이에 實質的 脈絡을 어떻게 붙여야 할 것인지도 우리는 사실은 모른다.

허나 新羅에 있어서는 우리 精神이 시방 가지고 있는 人倫的 氣質과 시방은 가지고 있지 못한 天倫的 氣質이 둘이다 健全히 살어 있었음은 上擧 두 例로써도 알 수 있거니와, 둘이 아울러 살아 있었을 뿐 아니라, 이 두 活路는 서로 作用하고 서로 뒤대면서 一大 貝走圓滿의 世界를 이루고 있었음을 우리는 現存文獻만 가지고도 여러 군데서 엿볼 수 있다.

金庾信 將軍의 境遇만 가지고 보더라도 上例에서 味得할 수 있는 그 地上人으로서의 堅實性은 그의 少年時代 以來의 參天的 訓練(三國史記 卷四 十一 列傳 '金庾信上'條를 보라)에 대여진 바 큼을 알

수 있거니와, 가령 本話 第四章에 引用된 鄕歌 '彗星歌'의 境遇만
가지고 볼지라도 그건 조금도 程度 以上으로 등넘어서지도 또 程度
以下로 헛짚어 헤맬 것도 없는 適當한 參天의 惶惚과 땅을 디디고
사는 者의 不惑性이 잘 一致해 있는 者이다.

그리하여 新羅에 있어서는 精神의 이 天本的 地本的 두 개의 氣
質의 竝存과 一致는 오늘날의 우리의 精神 性格과는 本質이 다른 한
綜合的 形成層을 이루고 있었으니 그 性格은 오늘날 우리 人本主義
的 '理性이라는 거나 感性으로서는 겨우 料量할 수는 있으나 그걸 그
대로는 도저히 알 수도 感得할 수도 없는 豪華하다면 아주 豪華하고
또 堅實하다면 그 以上 갈 수 없을 만큼 堅實한 것이었다.

─ 이런 것이 그들의 精神 卽 그들의 말에 依하면 '靈'이었다.

그럼 이런 新羅人의 '靈'에 對한 認知는 오늘의 學者들이 '新羅의
靈'에 對해 附加하고 있는 意味들과 일치하는가?

누구나 開化 以後의 新羅學者들의 新羅에 對한 態度에 關心을 가
진 이면 알 일이지만 나는 그게 조금도 一致하고 있지 않았다고 記憶
한다.

西洋의 近代思想 그 中에도 科學思想에 길든 學者들은 터무니없이
上代는 얕잡아보는 病에 빠져서 이런 新羅까지도 '토템이즘'이나 '쇠만
이즘'의 意味안에 집에 넣어 두고 있는 것이다. 그래 이런 學者들에
依하면 '新羅의 靈'이라는 것은 어느 나라의 原始時代ㅅ거가 대강 마
찬가지로 人力으로는 꼼짝도 못하기만 해야 할 人力 以外의 무슨 별
난 魔力○[49]같이 되어 있다, 마치 善德 末年의 '星怪' 事件에 있어서
의 逆賊 '毗曇' 등의 迷妄에 依해서 意味해진 것과 마찬가지로…

허나 그것이 '토템이즘'이나 '쇠만이즘'일 뿐이고 迷妄에 빠진 毗曇

────────────

49) ○은 판독불명

廉宗이나 그 部下들이 지닌 劣性의 것에 겨우 該當할 따름이라면 上記한 바에 依해서 우리가 봐온 優性의 남고 처지는 認知의 氣質들은 무얼로 說明하는가? 더구나 한 時代精神이라는 것이 그 時代를 指導하는 精神을 말함일시 分明하다면 上例의 그 優生의 精神이야말로 新羅의 時代精神 바로 그것을 이루는 것이 아닌가.

第 十二 章 政 治

一

眞德王세상에 閼川公 林宗公 述宗公 虎林公 廉宗公 庾信公이 있어 南山 于知巖에서 모여 國事를 議論터니 때마침, 큰 호랑이가 앉은 데로 뛰어들어 諸公은 놀라 일어났으나, 閼川公은 거기를 조금도 옮기지 않고 태연히 談笑하며 호랑이 꼬리를 잡아 땅에 메부쳐 죽이니라. 閼川公의 힘이 이 같이 윗자리에 자리 잡았으나 그러나 諸公은 다 庾信의 威力에 따르니라.

(王之代有閼川公 林宗公 述宗公 虎林公(慈藏之父) 廉長公 庾信公. 會于南山于知巖 議國事 時有大虎走入 座間 諸公驚起 而閼川公略不移動 談笑自若 捉虎尾撲於地而殺之 閼川公臂力如此 處於席首 然諸公皆服庾信之威) 一三國遺事 卷一 眞德王

이로써 볼 것 같으면 新羅에서 政治를 하던 힘이란 호랑이 잡는 '힘' 하고는 많이 달랐던 게 사실인상 싶다.

그들의 初代王名과 王稱은 '光明理世'의 뜻(赫居世)과 齒理의 뜻(尼師今)으로 되어 있지만, 그것은 어디까지나 最高의 育成力과 淨化力과 不亂의 理路를 바란 所以로써 위의 引用文에서도 그 表情이 잠

간 드러나 뵘과 같이 모든 '捉虎尾撲於地面殺之'하고 君臨함으로써
能事를 삼는 政道와는 그 表情부터가 아주 다른 것이었다.

그들은 초기부터도 執政者의 第一成立條件을 이ㅅ금('齒理'의 '理'
의 古訓은 틀림없이 現在南部方言에서 '條理'의 뜻으로 쓰이는 그
'금' 이었을 것이다)의 쪼록쪼록하게 바름과 그 굳은 性稟에 두고(이것
은 지금 보기엔 좀 單純한 듯 하나 上代의 觀念으로선 當然일 뿐이
아니라, 優秀한 把握이었다고 생각는다) 그 波及力을 '光明'의 氣質
에 둠으로써 國民의 個個의 周到와 아울러 '情'의 빈틈없음을 期하였
던 것이다.

二

하여, 理路의 光輝와 아울러서 빈틈없든 그 情은, 執政者된 者 길
을 지내다가 굶주리고 치위50)에 떠는 國民을 볼 땐, '이건 내 罪라'하
여 옷을 벗어 덮고 밥을 말어 먹이게 까지 하는 것이었고(…是子之罪
也 解衣以覆之 推食以食之… 三國史記 卷一 儒理尼師今 條) 또,
왼 國中의 홀아비 홀어미들 까지도 두루 찾아 그 孤獨을 두루 이어서
撫問까지 하는 것이었다. (이 鰥寡撫問의 記錄은 新羅上代以來恒茶
飯이었다.)

그래서, 이런 政治의 情義는 거의 習慣化되어 그 對象이 目前에
있는 境遇에도 없는 境遇에도 그들을 늘 놓지 않었다.

十四年 봄 여름 가물51)에, 王은 自己를 責해 밥상에 항용 차림을
減하니라.(…十四年 春夏旱 王責已減常膳… 三國史記 新羅本紀 第
三 炤知麻立干 條)

---

50) 추위
51) 가뭄

十九年 여름 四月 가믐[52])에 罪囚를 살피니라.

(…十九年夏四月旱錄囚… 三國史記 新羅本紀 第二 味鄒尼師今 條)

－이것들은 가믐볕에 處한 執政者의 感情狀態이고,

二十年 여름 四月 우박에 罪囚를 염려하니라.

(…二十年 夏 四月 雨雹慮囚…)

－三國史記 新羅本紀 第三 炤知麻立干 條

－이것은 雨雹의 그걸 使用한 事實 中의 하나어니와 그들의 政治
理念의 일테면 따스한 溫度와 같은 이 '政情'은 그 고루고도 쉬지 않
는 波及과 撫摩를 계속하는 동안에 한 恒存性을 짓어 그들의 날볕과
雨露의 類 까지를 '洧情한 것'을 만들었다. 그래 모든 所行을 通해서
그랬던 것처럼 政道를 通해서도 그들의 둘레의 기운을－요새 말로 하
면 '自然의 氣運'은 虛無漠漠한 것이 아니게 할 수 있었던 것이다.

三

이 밝은 理念이자 同時에 따뜻한 情이요 또 쉬임없고 빈틈없는 '살
핌의 意志'이면서 恒存性을 지녔던 '마음'은 오늘의 所謂 '政治理念'
이라는 것과는 아주 다른 것이다.

그것은 '政治理念'이나 政情이나 政治意志로 分離할 것이 아니라
그것들을 綜合한 말하자면 '政治恒心'이라고나 할 수 있는 것으로서,
오늘의 政治家가 政治家의 私生活과는 個別로 成立하는 '政策'이라
는 것을 爲主로 하는 政治理念에 重點을 두는 것과 달리 政治家의

---

52) 역시 가믐

私生活의 感情意志와도 別立하지 않는 政治情神의 恒存性 綜合性 (政理 政情 政意의 綜合性)을 가졌던데 特徵이 있고 長點이 있었던 것이다.

이것은 생각해 보자면 西洋의 近代以後의 情神이 希臘的 精神分간法[53](知情意의 別立法)에 依據하고 있는데 源由하고 있음은 勿論이어니와, 이 조그만한 곳에서 그런 精神이 實踐으로서 그들의 表現맛다나 光明(光澈한 理念과, 育成하는 溫情과, 또 不純히 波及하는 意志의 綜合的 象徵으로서의 光明)같이 살아 움직이고 있었던 일을 생각하면, 今昔의 感慨 너무나 顯著함에 놀라지 않을 수 없다.

오늘도 우리는 政治理念이나 感情이나 政治意志라는 것들을 大小間에 갖기는 한다. 그러나 그것들은 各其 間歇的 分散狀態를 이룬 채 잘 持續도 못하고 있다.

卽 國民을 爲해 흐르는 政治家의 눈물이었다고 해도 변덕쟁이 여편네의 一時的 感傷 같을 뿐이고, 國會議員 諸公의 理智의 合議를 거쳐 나온 것도 朝生暮死할 뿐이고, 政治意志라는 것은 또 가난한 映畵館의 잘 끊어지는 '필림'과 같을 뿐으로서 또 이것을 相互間의 아무런 妥當한 一致點도 發見치 못한 채 뿔뿔이 各살이를 하고 있는 것이다. 하여 이 變貌 잘 하는 精神의 各살이는 왼갖 混亂을 빚어 民族과 人類에게 幣만 끼치고 있는 것이다.

이것과 저것을 比較해 볼 때, 우리는 얼마나 많이 微細零落해 있는 自身들의 '政治心'의 꼴을 느껴야 하는 것인가.

政治에서 人間이 마땅히 가져야 할 知情意의 綜合的 豊滿性을 다하기에 努力했던 그들은 그리하여 人間世界만을 그들의 豊潤한 精神

---

53) 최초 원고를 보고 옮겨 쓴 필경사가 한자의 판독이 애매한 것은 이런 식으로 적은 것으로 판단되는데, 이런 부분은 여기 외에도 여러 군데 있는데 국한문 혼용으로 표기되어 있는 부분은 이런 것으로 보면 됨.

의 領域으로 했을 뿐이 아니라, 自然 까지도 그 不變하고 不乖離하는 마음의 統一性의 울리는 實質로서 채울 수가 있었다.

新羅에 네 靈地가 있으니, 큰 일을 의논할 일이 있은 즉 大臣은 반드시 거기서 꾀하면 그 일이 반드시 되니 첫째는 東의 靑松山이요. 둘째는 南의 于知山이요, 셋째는 西의 皮田이요, 넷째는 北의 金剛山이니라.

(新羅有四靈地 將議大事則 大臣必會其地謀之則 其事必成 一日東靑松山 二日南于知山 三日西皮田 四日北金剛山) ─ 三國遺事 卷一 ‘眞德王’條

─ 이것은 這間의 消息을 우리에게 傳하는 것으로서, 그 不絕했던 恒心의 흐름이 自然까지를 뜻 있고 情있고 曲折있는 것을 삼어 實居하여 그 佳境으로 漸入해 자리잡아가는 光景을 보이는 것이다.

第十三章 사랑 其一

一

여기 살아 일렁이는 氣流 ─ 뭇 나무잎새들의 소곤거림과 같이 소슬히 살아 일렁이는 氣流 속에 자라 오르는 젊은이들의 感情이 있다.

그래 그들은 그들의 그 感情을 사랑으로 이뤄가지만 그것의 天與의 氣質을 消耗내지 않을 만큼 그것을 담고 있는 社會의 愛情水準의 深度가 높은 것이었기 때문에 아직 어린 靑少年少女輩들로도 여기의 어느만큼 절고나서면 별다른 차질을 겪지 않고 이것을 질긴 것으로 恒久化할 수가 있었다.

間或, 실없는 父母가 있어 염치없는 짓을 強要하는 경우가 있다 해도 그들은 좀처럼 이런데 屈하지 않을 만큼 되어 있었던 듯하다. …
두 達官이 있어 집이 한마을이요 한때에 아들과 딸을 나니 사내는 白
雲이라 하고 계집애는 際厚라 하였다.

그래 두 집이 혼인을 언약했더니 白雲은 열넷에 國仙이 되었다가
열다섯엔 눈이 멀어버렸다.

하여 際厚의 父母가 다시 가얌나뭇골 太守 李교平을 사위 삼고져
하니 際厚는 가얌나뭇골로 갈 때에 白雲에게 소곤거려 "난 너하고 한
때 나서 같이 살기로 한 지 오랜데 父母가 변덕을 부려 엉뚱한 꼴이
됐으니 허라는 대로 안하면 不孝라 가긴 가지만 가얌나뭇골에 가면 죽
건 살건 내맘대로 아니냐. 허니 봐, 너만 믿으니 꼭 가얌나뭇골로 날
찾어와" 하고 다짐을 받고 갈렸었다.

그래서 際厚는 가얌나뭇골에 가자 드디어 교平이 보고 "婚姻허는
건 사람노릇허는 첨일이니 좋은 딸을 안골라선 안돼요."하여 두어 교平
은 그 말대로 하고, 白雲이 가얌나뭇골을 찾자 나와 그를 따랐다.

(…初有二達官 家同里 一時生男女 男曰白雲 女曰際厚二家約爲
婚媾 白雲年十四爲國仙 十五而盲 際厚父母欲改聘干茂진太守李교
平 際厚將之茂진蜜語白雲曰 妾與子生同一辰 約爲夫婦久矣 今父母
改舊而新是圖 若違命之不孝 婦茂진則 死生豈不在我乎 子有信義
幸尋我於茂진 信誓而別 際厚旣婦謂교平曰 婚姻人道之始 不可不연
若爲禮 교平徒其言 白雲尋茂진際厚出徒之…)

ー三國史節要 卷六ー

ー이 이야기는 그 아직 어린 男女의 愛情의 첫 모습을 우리에게
보이는 것이어니와 이와 아울러 이 눈부신 軟綠의 움직임과 같은 것들
을 에워싸고 滔滔히 흐르는 當時의 愛情社會의 많이 싱싱했을 것임도
우리는 안 느낄 수 없는 것이다.

二

白雲 際厚는 이어서 그들의 사랑의 지느레미질을 쳐나가고 그 곁에
는 벗들도 나와 그들을 부축한다.

마침내 같이 산골로 숨어가다가 뜻밖에 俠客을 만난다.

그래 그들은 白雲을 짓누르고 際厚를 훔쳐 달아났다. 허나, 白雲의
무리의 金闡은 힘이 넘치고 말달리기와 활쏘기를 잘 하여서 俠客을
좇아 그를 죽이고 際厚를 뺏어 돌렸다.

(遂與俱潛行山谷 忽遇俠客 劫白雲절際厚而走 白雲之徒 金闡勇
力過人 善騎射 追俠客殺之 奪際厚而還……)―三國史節要 卷六―

뿐만 아니라 이렇게 障害를 뚫고 나가는 이 어린 '사랑'들엔, 先驗
者들 代表機關인 政府에 依해 賞까지가 치루어졌던 것이다.

新羅眞興王 二十七年 新羅王은 白雲 際厚 金闡 等 三人에게 벼
슬 三級을 주었다. … (중략) … 王이 말하기를 '세 사람 信義가 귀
히 여길 만하다'하여 이 命令이 있은 것이다. (新羅眞興王 二十七年
新羅王賜白雲際厚金闡等三人爵三級 … (중략) … 王曰 三人信義
可尙 有是命)―三國史節要―

―이것이 즉 그것이다.

이렇게 하여 社會는 그들의 初葉들의 愛情의 初舞臺부터 쪼무래기
를 만들지 않을만큼 늘 튼튼히 뒤를 대였고, 젊은이들은 또 恒時 이러
한 土臺 위에 그들의 사랑의 恒久力을 漸次로 두터히 하여, 죽은데
없는 새 土臺를 또 다음 世代를 위해 쌓아 나갈 수가 있었다.

第 十四 章　사랑 其二

一

　허나 新羅人의 이 '사랑'이라는 것은 우리가 지금 알고 있는 'EROS'나 'LOVE'의 맛과는 아주 다른 것이다. EROS나 LOVE가 主로 感情上의 일인데 比해 이것은 그들의 모든 精神의 所願이 그랬던 것처럼 여기에서도 역시 '知情意'의 잘 調和된 持續하는 한 '마음'이었던 것이다. 그들의 사랑의 事變을 記錄한 곳마다 '信義가 問題되고, 人間의 善秩序와 어긋나지 않으려는 차분한 理性과 不斷의 意志가 반드시 함께 어울려져 뵈임은 그 때문이다.

　希臘後 現代에 이르는 모든 西洋의 이야기 冊 속에서 우리가 구경하는 바와 같은 '에로스' 神의 作亂의 활촉에 依해 언제든지 相對를 달리해 일어날 수 있는 收拾하기 困難한 感情의 '불'인 것이 아니라, 한 對象을 天與의 條件으로 하는 한 끝없는 修道過程의 뜻이었다.

　이 性質을 感情的인 뜻을 主로 해서 기어코 說明해야 한다면 '情操'라는 뜻이 겨우 여기에 該當는다. 瞬間感情인 感覺이나 一定한 時間 限度內의 感情 爲主의 情緒의 것이 아니라, 왼갓 情緒性을 修練함으로써 到達된 感情의 不變性의 標準이 그들의 愛情의 標準이었던 것이다.

　理性의 많은 考慮를 通過해서 끊임없는 忍耐로 다져져서 한 큰 不乖의 理解의 水平과 不絶의 繼續力과 複合된 感情狀態가 그들의 愛情의 狀態였던 것이다.

　그렇기 때문에 이것은 많은 西洋人에게 있어 自古 至今토록 오직 한 가지 人力으로선 그 善耕作이 거의 不可能한 自然生의 特殊 魅惑力과 같은 것이었던 데 比한다면 이미 일찌감치부터 그 耕作과 修

練의 條件을 다한 한 文化力이었던 것이다.

二

그 結婚前의 첫 展開의 모양은 우리가 第十三章에서 본 바와 같거니와, 結婚後에 있어도 그것은 다만 深化되어 갔을 뿐, 아무 變質도 일으키진 않았다.

이런 類의 사랑은 感覺的 恍惚이나 情的 激昂의 突發 狀態가 基準이 아니기 때문에 아기자기한 수작은 별로 없었으나 그 대신 그것의 深化 持續狀況에는 딴 것이 介入해 둘 수 없는―그것은 限없는 水潯의 漸進的인 고른 昂騰에 依해서 深化되어 가는 무슨 옷물과 같은 狀態의 것으로서, 솟구치자면 또 大瀑布라도 噴發할 만한 힘을 恒時 內藏한 情이요 뜻이요 理致인 것이다.

가령 朴提上 같은 이의 夫婦의 이 方面의 表現을 몇 例로 들어 吟味해 봄으로서도 우리는 그들의 愛情의 本質이 무엇이었던가를 窺察할 수가 있다.

… 집에 들리지 않고 가서 바로 栗浦의 갯가에 다으니, 그 妻가 듣고 말을 달려 栗浦로 좇아가, 그 지애비의 이미 배 위에 있음을 보고 간절히 불렀으나 提上은 다만 손을 저어 뵈였을 뿐 멎지 않고, 倭國으로 가니라 …(中略)… 오래 뒤에 夫人은 그 그리움을 이기지 못하여 세 딸을 거느리고 鵄述嶺에 올라가 倭國을 바래 통곡타가 마치니 그래 鵄述神母가 되니라. (不入家而行 直至於栗浦之濱 其妻聞之 走馬追至栗浦 見其夫已在舡上矣 妻呼之切懇 堤上但搖手而不駐 行至倭國 …(中略) … 久後夫人不勝其慕 牽三娘子上鵄述嶺 望倭國痛哭而終 仍爲鵄述神母)―三國遺事 卷一 奈勿王 金提上 條―

卽 이것은 일본에 人質돼 있는 王弟를 찾으러 가서 慘殺當한 朴提上(遺事엔 金提上으로 돼있으나 無根據한 變化임으로 그 始祖까지를 밝힌 三國史記의 朴姓을 取함이 不可不 옳다)이란 사람의 夫婦의 이야기를 적은 三國遺事의 記錄 中에서 그들의 夫婦愛情과 關聯된 部分만을 摘記한 것이지만 이로서 볼 것 같으면 그것은 첫째 긴 離別에 處하여 아무 發言이 없어도 그들의 헤여져 있는 틈을 끝까지 (그것은 늙어 죽을 때까지) 그득 채울 수 있는 一 마르거나 斷絶되지 않을만큼 含蓄되고 選擇되고 不變化된 感情質이었고, 또 意志라면 또 그것은 마지막엔 嶺모롱이의 언저리에나 當到하여 蒼空의 짙푸른 虛無를 (이 虛無는 물론 新羅人들에게는 先行者들의 연달은 撫摩에 依해서 언제나 虛無는 아니었고 그것은 산 '넋'의 터전이었던 것이지만) 또 한번 덮히고 開墾함으로써 久遠의 길을 잡는 沈할 수 없는 意志라야 했고, 理致라 하드라도 그것은 죄 當然한 理致라야 했던 것들의 綜合이었던 一現代人의 感情的 愛情과는 本質이 다른 어떤 항시 具備하게 살아 있던 마음이었던 것임을 알 수 있다. 하여 東洋의 어느 나라에서 보다도(西洋이야 元來 愛情氣質이 다르니까 比較가 안되지만) 新羅에서 가장 優秀하게 發展된 이 愛情의 道는 特히 女性들을 에워싸고는 '神母'를 理想으로 하는 宗敎的 勢力까지를 形成하여一(三國遺事에 致述神母의 祠堂의 存在를 말한 건 그 證據다)一麗李朝의 理致一色 속에서도 烈女道로서 그 모습을 남겨 妓生의 딸 成春香에게 까지도 影響한 바로 그 힘이었던 것으로서, 事實은 쓸만한 古道다. 枯渴한 只今에도 오히려 우리 女人네들 속엔(舊體制의 女人네들 속엔) 더러 살아있는 것이지만 이 힘 하나의 德이 구석 農村에서 나오는 쌀과 같이 우리를 살리는 根幹力인 줄도 우리는 '어머니'를 通해서나 겨우 無意識的으로 그 고마움이나 요량할까. '아내'를 通해서 나타나고 있는

경우라면 全然히 알아채리지도 못할 뿐만아니라, 新習慣(感情的 愛情의 아기자기한 것 그것이다)과 맞지 않는다하여 구박이나 하고 있는 形便이다.

第 十五 章 父母들과 子女들

一

… (前略)… 이에 앞서 法敏王(金法敏－卽 文武大王)이 高句麗叛衆을 드리고 또 百濟故地依據하여 이를 차지하니, 당 高宗이 大怒하여 군사를 보내와 칠새 唐軍과 말갈은 石門들에 陣 치고, 王은 將軍 義福 春長 等을 보내 이를 막아 帶方들에 營하니라.

때에 長槍憧(長槍兵團)은 홀로 別陣을 쳐 唐兵三千余人을 大將軍의 營에 잡아 보내니, 이에 諸憧은 共言하되 "長槍憧은 외로 陣쳐 成功해서 틀림없이 厚賞을 받을 것이니 우리도 한군데 모여서 헛애쓸 것 없다" 하여 마침내 各其兵을 나눠 分散했다가, 唐兵이 말갈과 함께 그 미쳐 陣치 못한 틈을 타서 치는 판에 大敗하여 將軍 曉川 義文 等이 죽으니라.

庾信(金庾信)의 아들 元述이 裨將으로 또한 戰死코져 하니 그 補佐 淡凌이 "죽는게 어려운 게 아니라, 죽음을 處理하는게 어렵습니다. 죽어서 될 게 없을 바에야 살고 봅시다"하거늘 "구차스레 살아 무슨 꼴로 아버질 뵙겠느냐?"하고 말을 챗직질해 달리려 했으나 淡凌이 말곱비를 잡고 놓지 않아 죽지 못하다가 그의 윗 將軍이 蕪荑嶺으로 갈 때 따라 가니라. …(중략)… 하여, 大將軍 等이 풀이 죽어 서울에 들어 가매, 大王께서 이를 듣고 庾信에게 물어 가로대 "軍師 이리 됐으니 어쨌으면 좋겠는가?"하거늘 對해 가로대 "唐人 꾀부리는 것 잴길도 없으니 將卒들시켜 要塞마다 막기나 할밖에 없습니다. 허지만 元述이란 놈은 王命만 꾸정크린 게 아니라 家訓까지도 저버린 놈이니 베어 죽이십시다."하여 大王이 "元述은 裨將이니 혼자만 重刑받을 건 없다."해서, 겨우 용서받으니라. 그래 元述은 부끄럽고 두려움에 아버지를 敢히 뵙지도 못하고 시골에 숨었다가 아버지가 세상을 뜬 뒤에 그 어머니를 뵈려했으나 어머니가 "三從之道가 있으니 寡婦됐으니까 子息딸킨 딸아야겠지만[54] 元述이 같은 놈은 먼저 저이 아버지한테 子息노릇 못한 놈이니 그 에미노릇 못하겠다"하고 드디어 보지 않으매 慟哭하고 끓어 몸부림하여 能히 거기를 뜨지 못해하다가 끝까지 돌보지 않자 "元述이 잘못 때문에 이지경이라" 가슴 미여 太白山에 들어 가니라.

　뒤에 乙亥年에 唐兵이 買蘇川城을 와 칠적에 듣고 나와 前恥를 썻어 죽으려 힘껏 싸워 功이 있었으나 父母에게 드려지지 못한 걸 설어하여 벼슬길에 쓰이지 않다가 마치니라.

　─三國史記 卷四十三 列傳三 金庾信條

　二

　─이로써 볼 것같으면 新羅의 父母네들의 子息에게 臨했던 精神이란 大義와 名分을 가리는 마당에 있어서는 한눈의 私情도 介入하지 않은 極端의 公人的 理智였던 것을 알 수 있다.

　"三國統一"을 新羅公人의 第一理想으로 하고 "臨戰無退"를 第一規則으로 하던 時期에 있어 金庾信將軍의 夫婦가 그의 不規則한 愛子를 抹消해 버린 것은 위에서 우리가 본 바와 같거니와 이렇게 私情

---

54) 자식을 따르긴 따라야 겠지만

的 妥協의 第一可能關門(父母와 子女間의 肉親의 情의 關門)까지를 맵게 克服함으로써 消極的 容納에 依한 왼갖 分派勢力의 形成을 不可能케 하고 그들의 公約에 依한 한 公人의 精神水準을 維持할 수 있었던 것이라고 생각한다.

이런 '公人'의 精神水準을 爲한 마당에서는 父母의 私情이 作用할 수 없었을 뿐만 아니라 子女의 隨順마저도 斷絕될 수조차 있었다.

眞平王 建福 十九年 壬戌秋八月 百濟가 크게 兵을 發하여 阿莫(作暮)城을 와 두를새, 王이 將軍 伊珍干 乾品 武梨屈梨伐 級干武 殷 比梨耶 等에게 兵을 맡겨 이를 막으니, 貴山과 箒項이 둘이다 少監으로 나가니라.

百濟가 敗하여 진펄에 물러나 伏兵으로써 기다리거늘 我軍이 進擊했다가 꽂겨 돌아올새, 때에 武殷이 後軍의 軍尾에 있다가 伏兵이 갑작이 쏟아지는 바람에 굽혀 달아나니 貴山이 큰소리로 말해 가로대 "'軍士는 陣에서 못물러난다'고 圓光스님이 그러십다 못 물러나십니다!"하고 賊數十人을 쳐죽이고, 제 말에 아버지를 실어내고 箒項으로 더불어 槍을 휘둘러 힘껏 싸우니라. …(하략)…

(眞平王 建福十九年 壬戌秋八月 百濟大發兵來圍阿莫(作暮)城 王使將軍波珍干乾品 武梨屈伊梨伐 級干武殷 比梨耶 等 領兵拒之 貴山箒項竝以少監赴焉 百濟敗 退於泉山之澤 伏兵以待之 我軍進擊 力困引還 時武殷爲殿 立於軍尾 伏猝出 鉤而下之 貴山大言曰 吾嘗聞之師曰 士當軍無退 豈敢奔北乎 擊殺賊數十人 以己馬出父 與箒項揮戈力鬪 …(下略)…)

－三國史記 卷四十五 列傳五 '貴山'－

－이건 卽 아버지의 私事를 아들이 딸치[55]않은 예로서 여기에서는

한 公人 貴山의 소리는 隨順하는 아들의 位置에서 훨씬 넘어서서 아버지에게 公道의 있는 쪽을 가리키고 까지 있는 것이다.

三

허나 이 父母와 子女의 關係는 公人의 標準을 어기는 경우 하나를 除하고는 언제나 어디서나 繼承되는 不斷의 意志고저 했고 同一理念이고저 했고 겹하는 情이고저 했다.

奚論은 牟梁사람이니 其父 讚德은 센뜻과[56) 꽃다운 節概로 이름이 한때 높으니라.

建福 二十七年庚午眞平大王이 뽑아 椵岑城[57)縣을 삼으니 이듬해 辛未겨울 十月에 百濟가 兵을 大發해 와서 椵岑城을 一 百余日이나 치자 眞平王이 上州 下州 新州의 兵으로서 救케 하였으나 마침내 百濟人으로 더부러 싸우다가 못이기고 돌아갈 새, 讚德은 이를 憤恨하여 士卒에게 말해 가로대 "三州의 軍과 將帥가 强敵을 보고 나가지 못해 城의 위태함을 救치 못하니 이건 義가 아니다 義없이 살 바에야 차라리 義가지고 죽는 편이 낫다"하고 이에 激昂 奮勵하여 싸우고 또 지켜 糧食이 다하고 물이 마르도록 싸워 쉬지 않으니라. 그러다가 봄 正月에 사람이 다 피곤해 城이 破하게 되여 힘을 다시 제대로 할 수 없게 되자 하늘을 우러러 크게 외쳐 가로대 "임금께서 城하나 말긴 걸 고스란히 하지 못하고 원수한테 졌으니 죽어 큰 惡鬼나 돼 百濟 놈들을 모주리 잡아먹어 이 城을 찾아야겠다"하고 팔을 걷고 눈을 부릅떠

---

55) 따르지

56) 굳센 의지와

57) 원본에는 '단嶺城'으로 표기되어 있음. 최초원고를 옮겨 적은 필경사가 독음이 모호한 부분을 이런 식으로 임의 표기를 한 것으로 보임. 여기에서는 삼국사기의 원문을 대조하여 바로 잡아 '椵岑城'으로 표기함. 이하 이 고유지명은 모두 같이 표기하였음.

달려가서 회화나무에 부딪쳐 죽으니 이에 城이 빠지고 군사가 다 항복하니라.

奚論은 나이 스문아무살로 아버지 功으로써 大奈麻가 되였더니 建福三十五年戊寅에 王은 奚論을 金山幢主를 삼고 漢山州都督辺品으로 더부러 군사를 이르켜 椵岑城을 노려쳐 이를 찾으라 하시니 百濟가 듣고 擧兵해온지라 奚論이 이를 맞아 싸움이 이미 버러지매 奚論은 諸將에게 말해 가로대 "옛날의 우리 아버지가 여기서 돌아가셨는데 내가 오늘은 또 百濟놈들하고 여기서 싸우니 오늘은 내죽는 날이다"하고 마침내 短兵으로 敵에게 나가 몇을 무찌르고 죽으리라 …(下略)…

(奚論牟梁人也 其父讚德 有勇志英節 名高一時 眞平王建福二十七年庚午眞平大王 選爲椵岑城縣令 明年辛未冬十月百濟大發兵來攻椵岑城一百余日 眞平王命將以上州下州新州之兵救之 遂往與百濟人戰不克引還 讚德憤恨之謂士卒曰 三州軍帥見敵强不進 城危不救 是無義也 與共無義而生 不岩有義而死 乃激昂奮勵 且戰且守 以之粮盡水渴 …(中略)… 力戰不怠至春正月 人旣疲城將破 勢不可復完 乃仰天大呼曰 吾主委我以一城而不能全 爲敵所敗 願死爲大厲 喫盡百濟人以復此城 遂攘臂瞋目 走觸槐樹而死 於是城陷 軍士皆降 奚論年二十餘歲 以父功爲大奈麻至建福三十五年戊寅 王命奚論爲金山 幢主 與漢山州都督品邊興師 襲椵岑城取之 百濟聞之 擧兵來 奚論等逆之 兵旣相交 奚論謂諸將曰昔吾父殞身於此 我今亦與百濟人戰於此 是我死日也 遂以短兵赴敵殺數人而死 …(下略)…)

－三國史記 卷第四十七 列傳七－

四

－以上은 그 父子繼承하던 意志의 한모양이요.

孝女 知恩은 韓岐部 百姓 連權의 딸로 性이 더없이 孝하여 어려 아버지를 잃었으나 홀로 어머니를 봉양하여 나이 설흔둘까지 오히려 시집들지 않고 머물러 살펴 옆을 떠나지 않으니라.

(孝女知恩 韓岐部百姓連權女子也 性至孝少喪父 獨 養其母 年三 十二 猶不從人 定省不離左右 …(下略)…)

－三國史記 卷第四十八 列傳第八 孝女知恩

－以上은 젊은 딸의 靑春까지도 動員돼야 하였던 그들 사이의 不 可分離의 情을 뵈이는 것이요. 官昌은 新羅將軍 品日의 아들로서 儀 表가 都雅하여 어려서 花郎이 되니 사람을 잘사귀고, 나이 十六에 騎 馬와 활쏘기를 잘하여 大監某가 이를 太宗大王께 薦하니라.

唐 顯慶五年庚申 王이 軍帥를 내 唐將軍으로 더부러 百濟에 범짐 에 이르러 官昌으로 副將을 삼을새 黃山들에 이르러 兩兵이 相對하 매 아버지 品日이 "너 아직 어리지만 뜻이 있으니 오늘은 功名을 세 우고 富貴를 차지하기엔 꼭 알맞은 날이다 세게 해 봐라"하니, "예"하 고 바로 말에 올라 槍을 눕혀 줄곧 敵陣으로 처달려서 몇몇을 찔렀으 나 적은 數라 賊에게 붙잡혀 산채로 百濟元帥 階伯의 앞에 이르렀거 늘 階伯이 곁눈질해 투구를 벗겨보고 그 어리고 꿋꿋함을 예뻐하여 참 아 害를 못끼치고 "新羅에는 기특한 선비가 많다. 어린 사람이 이러니 壯士들이야 어련하겠느냐"고 嘆息해 살려 보내는 걸 허락하니라.

그랬더니, 官昌은 "아까 賊中에 들어 갔을때 將帥를 못베고 旗를 못챈게 憤해 못견디겠으니 이번엔 꼭 成功해야겠다"고 하고 손으로 우 물물을 떠마신 다음에 다시 賊陣에 다질려서 날 듯이 싸우니, 階伯이 사로잡아 머리를 베어서 말안장에 매달아 보냈거늘 品日이 그걸 갖고 소매로 피를 씻으며 가로대 "살아났다"하니라.

官昌(一云 官狀) 新羅將軍品日之子 儀表都雅 少而爲花郎 善與
人交 年十六 能騎馬彎弓大監某薦之太宗大王 至唐顯慶五年庚申王
出師 與唐將軍伐百濟以官昌爲副將 至黃山之野 兩兵相對父品日謂
曰 爾雖幼年有志氣 今日是立功名取富貴之時 其可無勇乎 官昌曰
唯郎上馬橫槍直擣敵陣 馳殺數人而彼衆我寡 爲賊所虜生致百濟元
帥階伯前 階伯俾脫胄 愛其少且勇不忍加害乃歎曰 新羅多奇士 少
年尙如此況壯士乎 乃許生還 官昌曰 向吾入賊中不能斬將搴旗 深
所恨也 再入必能成功以手掬井水飲訖再突賊陣疾鬪 階伯擒斬首 繫
馬鞍送之 品日執其首袖拭血曰吾兒面目如生 …(下略)…

－三國史記 卷四十七 列傳七 '官昌'－

－以上은 그들의 그 理智의 共存相의 어떤 것이다.

무엇이 이 두 代의 肉身抛棄로서까지 이어가는 意志, 경우에 따라
서는 부부관계로의 轉出까지도 中止케하였던 愛情, 죽음도 오히려 가
벼운 裝飾같었던 것이 不壞의 理智의 共存을 막겠는가.

그들은 이렇게 그들의 人倫의 最初 關係를 튼튼한 것으로 이루어
가짐으로 해서 그 다음에 오는 夫婦, 兄弟, 朋友, 國家對國民의 모든
關係도 浮荒치 않은 것을 만들 수가 있었다.

五

그럼 이 新羅人의 積滯한데 없는 極히 人倫的이면서도 또 人倫以
上의 紐帶를 우리에게 느끼게 하는 强靭하고도 磊落한 父母와 子女
關係의 圓滿性은 무엇에 基因했던 것일까.

'事親以孝'를 가장 큰 子女의 行動綱領으로 했던 것을 보면 麗李
朝가 다 그랬든 것처럼 儒敎的인 힘에 많이 依據했던 것 같다.

그러나 崔致遠이 그의 鸞郎碑序에서

"國有玄妙之道 曰 風流 設敎之源 準詳仙史 實乃包含三敎 接化
群生 具如入則孝於家 出則忠於國 魯司寇之旨也 處無爲之事 行不
言之敎 周柱史之宗也 諸惡莫作 諸善奉行竺乾太子之化也"

라 한 걸로 미루어보면 新羅人의 모든 倫理標準이 그랬을 것처럼
父母子女間의 基準도 역시 單純히 儒敎나 佛敎仙敎中의 어느 하나
에만 依한 것이 아니라 그 三敎의 綜合된 氣質性格에 依存했던 것임
을 알 수 있다.

卽, 儒敎的 人倫도 重要한 根幹力으로 했을 뿐 아니라 어떤 경우
에 가면 大小人事까지도 오히려 가벼웁게 다룰 수 있는 處無爲의 精
神機能(이 處無爲란 말은 요새 말투로 하자면 創造母胎인 天地의 本
氣質에 依해 處한다는 類의 뜻이다)도 움직여 여기에 같이 했고 佛敎
的 宇宙人으로서의 自覺도 여기에 같이 했다는 뜻이 된다. 卽, 그 子
女들의 길을 主로 해보자면 軟弱한 계집아이로서도 目前의 至孝를 다
해야 하긴 했으나, 어떤 경우 가령 문득 公人으로서 죽어야 하는 경우
等에 가면 그 孝子들은 孝子 公人으로서 섬과 아울러 또 가벼히 仙
佛의 氣質속에 더 큰 呼吸으로 안껴들므로서 究竟의 無礙를 가지는
修業에도 平常時부터 늘 길들어 있었던 것이다. 이렇게 돼 있던 걸로
생각하고 보면 아닌게 아니라 上擧 例文 中의 官昌의 就死같은 데서
우리가 볼 수 있는 人間的 限界 以上의 것 같은 쇄락한 것의 汎濫은
儒敎的 血緣에서 온 게 아닌 건 쉽게 느낄 수 있다.

마치 꽃이 上上峰上의 天空에 그 얼골을 디리밀어 振動하듯이 振
動하는 이 振動의 質은 벌써 父母 밑의 人格의 것이라고 하기 보다
는 훨씬 더 惶惚한 딴 体에 依해 있는 것으로서 이게 仙佛의 質을
中心으로 한 것이라는 것은 쉽게 느낄 수 있는 것이다.

이와 같이 그들은 三敎의 包含者들로 섬으로써 人倫을 中心으로

하는 마당에선 佛敎的 具体法에 依해 虛하지 않게 움직일 수가 있었고 그 以上의 힘을 所要하는 마당에서는 仙佛敎的 具體性에 依해 着의 難點들을 免할 수 있었으니 新羅의 父母와 子女란 단순히 父母와 子女일 뿐이 아니라 仙佛力에 依한 永遠으로서 섰던 데에 그 半의 强點이 있는 것이다.

다만 여기에 남는 問題는 그들의 그런 圓滿具足한 氣質이 언제부터 成立됐느냐 하는 것이나 나는 이 點은 꼭 儒佛仙敎의 移入線 後의 것으로 限定한 일이 아니라 羅人의 能히 이럴 수 있었던 그 전부터의 精神的 性格이라는 걸 主問題 삼어 얘기해 봐야 될 일이라고 생각한다.

第 十六 章 兄 弟

生死路는
예 있으매 저히(畏)이고
'나는 간다' 말도
못다 이르고 가나이꼬
어느 가을 이른 바람에
이에 저에 떠(浮)질 잎다히
한가지에 나고
가는 곧 모를 망정
아아, 미타찰에 맛날 나
道 닦어 기다리겠다.
(生死路隱 此矣有阿米次肹伊遣 吾隱去內如辭叱都 毛如云遣去乃

內尼叱古 於內秋察早隱風未 此矣彼矣浮良落尸葉如 一等隱枝良出
古 去奴隱處毛冬乎丁 阿也 彌陀刹良逢乎吾 道修良待是古如)－梁
柱東氏 譯 '祭亡妹歌'의 現代語譯－

　이 노래는 月明이란 사람이 그의 누이의 齋를 지낼 때 짓어 부른
것이어니와 前話의 父母와 子女 사이에서 본 유교적 기질 이상의 것
은 여기서 보면 한층 더 분명해 진다.
　여기에서는 육친의 결연을 에워싸고 있는 ○○[58]는(은) 가정과 국가
의 제한을 넘어서 한정없이 넓은 것이 되어 이 형매를 흩된 가지 위의
두 개의 잎사귀와 같이 표현해서 그 사생하는 숙명을 먼저 세게 느끼
고 알게 하는 장포력으로서 작용하고 있고 도를 닦으면 이최표력은 그
작용의 질을 마꾸어 '으회'의 조은 상봉을 짓는 것으로 되어 있어 중점
을 둔 곳은 인류이 아니라 목숨을 담은 '空'의 기질이 돼 있는 것으로
서 이건 물론 그들의 국풍인 풍류도의 반의 근간이었던 仙佛的 思想
에 依據하는 것이다.
　卽 여기서는 空中은 아무 性質도 없는 것이 아니라 恒時 作用하는
가장 큰 必然力이요 이 必然力은 人道의 必然과 아울러서 相對해
修道하지 않을 수 없는 第一 對象이 돼 있는 것으로서 儒敎에서는
지붕이나 울타리같이 없고 外廊으로만 처두어 占相으로서나 더듬거려
야 했고 공자로서도 많이 '까닭모를 일(그가 有由의 병됨을 근심해 모
를 일이라 한 것 그것이다)이었던 것이 한 歷歷한 現實力으로 우리를
늘 적시는 것으로 살아 움직이여 기어코 사람의 수도력에 의해서는
'고기에게 물같이' 되지 않을 수 없는 것이 되여 있는 것이다.

---

58) 원본의 활자가 불분명하여 명확한 판독이 어려움. 그러나 전후의 문맥과 희미한 글자를
　보아 짐작컨대 다음과 같은 단어를 추론할 수 있음. '廣褰'(넓은 얼개 혹은 보자기),
　'廣囊'(넓은 주머니)

※ 이하의 부분은 위 '第 十六 章'의 내용과 전혀 판이할 뿐만아니라 전후관계로 보아 글의 내용이 앞 부분에서 일부 빠졌음을 알 수 있다. 아마 '第 十七 章 新羅의 永遠人' 정도의 제목을 붙여 별도의 장으로 했어야 되었을 부분이다. 이는 미당이 원고를 작성할 때 이 장의 서두 부분의 일부 내용을 어디서 원용할려고 했던 것을 미처 완성하지 못한 채 잊은 상태에서[59] 서둘러 원고를 탈고하였던지 아니면 미당이 작성한 최초의 원고에서는 '第 十七 章'이 있었던 것을 옮기는 과정에서 필경사가 빠트렸던지 둘 중 하나일 가능성이 높은 것으로 보인다.

여기서는 원본대로 장의 순서와 제목 없이 그대로 둠을 밝힌다.

다만 이 글과 유사한 내용이 1972년 '일지사' 간 『서정주문학전집』 제5권(수상Ⅱ, 傳記) '韓國의 女人像' 중 '娑蘇의 사랑과 永生', '戀人들의 戀人, 女王 善德'의 내용과 유사한 부분이 있어 이를 참고할 수 있음을 밝힌다.

이 神母의 한 일은 두말할 것도 없이 家庭이나 社會人 — 卽 現生的 人倫中心의 現實人으로서 한 일이 아니라 그것과는 딴 뜻을 가진 사람의 일입니다.

朴赫居世의 慈堂 '娑蘇'에 關한 記錄을 보면 赫居世의 外祖父께서 산에 있는 딸과 自己사이를 往來하던 傳書 鳶(書信을 나르던 매) 한테 편지를 보내어

"악아, 인제는 매가 멎는 데를 아주 네 집으로 해라"

부탁한 것이 유난히 눈에 띄거니와 이것은 娑蘇의 사람의 意味가 從前과는 아주 달라진 것을 如實히 말하고 있는 대목입니다.

---

59) 왜냐하면 내용의 전후 관계로 보아 서두 부분에서 '박혁거세의 어머니 娑蘇'에 관한 이야기'가 빠져 있음으로 보아

이런 現生的 人倫的 秩序 以上에 나가셨던-또 다른 한 개의 사람의 秩序 그것이 新羅精神이 우리 것보다 더 가졌던 것입니다. 이것을 우리가 잘 아는 말로 말하자면 뭐라고 했으면 좋을까? 그것은 '永遠人'의 뜻이라고 하면 거의 맞습니다. 即 現世的 限界를 無限히 外延하여 그 意味를 이루는-人間의 現生的 人格 以上의 딴 格의 뜻이 됩니다.

三國遺事 '善德女王知幾三事'條에 뵈는 "나는 장차 忉利天에 묻히리라" 善德女王이 말씀하시여 그 死後 四代 만에 文武王이 그 뜻을 實現하기 爲해 그 墓 아래 忉利天을 創創한 건 即 이 永遠人을 눈 앞에 相對한 交涉입니다. 佛教的 造詣가 깊었던 王이 이리 말씀해 둔 것을 四代만에 文武王에 이르러 그 墓아래 忉利天보다 一階級 아래인 四天王天을 表示하는 四天王寺를 建立함으로써 表出해 드린 것은 우리가 다 잘 아는 일이어니와, 여기에 交涉하고 있는 사람들은 現生中心의 現實人이 아니라 永遠 現實 속에 사람-即 永遠人입니다. 이 交涉하는 限界가 單生을 爲한 것이 아님은 보시면 잘 아실 일이겠습니다.

神母들 뿐이 아니라 제 精神차리고 살던 新羅人들이 모두 理想으로 하던 것은 이 '永遠人'이었습니다.

그럼 이런 永遠人들이 現生과 現生 사이를 서로 連結하던 것은 무엇이었느냐 하면 그것은 '靈'으로써 였습니다. 지금 우리가 우리 傳統的인 것으로는 巫堂의 푼돈벌이 굿으로서 밖에는 活用하고 있지 못하는 이 '靈通'은 新羅人에게 있어서는 一般的인 現實이었던 것입니다.

친구 그것은 별 어렵게 생각할 것은 없다. 자네 最愛의 사람이 現生에서도 돌아갔어도 자네에겐 無形의 힘으로 모든 目前의 有를 託하여 있어야 하듯이 新羅人에게는 모든 過去世와 未來의 現生들이 그렇게 無形의 힘으로 있어야 했던 것이다. 個別的으로 따져보면 우리 各個人의 前生者란 우리 各個 現生者의 愛人들이고 또 그 前前生者들은 前生者들의 愛人들이었기 때문에 過去는 우리와 간절히 통하는 것이 아닐 수 없으며 우리의 次生은 또 個別的으로 따져보면 우리의 世代요 그 次次生은 次生의 어린 것들의 世代이기 때문에 未來도 우리와 抽象的으로만 通하는 것일 수는 없어 이 情과 이 헤아림과 이 바램과 過去와 未來의 隱形의 參加를 가르켜 '靈'이라 하고 이 '靈'과의 사귐을 靈通으로 삼았던 것이다.

三國遺事 五卷 '仙桃聖母隨喜佛事'條에 보이는 돌아간 隱形者와의 社交는 이것을 말하는 것입니다.

眞平王 때에 智惠라는 女僧이 어질게 安興寺에 살고 있었는데 새로 佛殿을 고치고자 하나 힘이 모자라더니 꿈에 한 仙女風의 玉들을 머리에 꽂은 女子가 와 위로해 말하기를 "나는 仙桃山 神母다. 네가 佛殿 고치고자 하는 게 반가와 이리이리 하고자 하니(條件省略…筆者) 이리이리해라.(條件省略…筆者)"하시어, 智惠가 깜짝 놀라 깨 잘 공을 세우니 다 神母의 가르친 대로 한 때문이라.

(眞平王條 有比丘尼名智惠 多賢行 住安興寺 擬新修佛殿而力未也 夢一女仙風儀婥約 珠翠飾髮 來慰曰 我是仙桃山神母也 喜汝欲修佛殿 … 中略 … 惠乃驚覺 … 中略 … 克就乃功皆依神母所諭)

卽 여기에서 우리가 보는 것은 敎의 差異에 支障을 받는 일도 없이 또 時代差異에 支障을 받는 일도 없이 新羅上代 初의 한 神母修行者의 꿈과 마음이 그 中期의 한 佛敎修行者의 生時의 마음에 닿아와 現實로 效力을 나타내고 있는 그 '靈通'의 사실이어니와 이것은 新羅에 있어서는 抽象的 想像의 限界 안의 일이 아니라 바로 現實이었던 것입니다. 이렇게 해 그들은 永遠 그것으로 우리에게 간절한 걸로 마

련해 가졌고 우리는 이 現生的 現實만을 重要視한 나머지 甚히 抽象的으로 밖에는 實感없는 前後方의 永遠을 가지고 있습니다. 어느 式이 사람을 살릴 것인가 많이 생각해 볼 것입니다. '샤만이즘'이 있으니 뭐니 하여 헛지내가[60] 버리지 말고.

---

60) 그냥 지나가

찾 아 보 기

(용어, 인명, 서명, 작품명)

진창영(陳昌永)

1955년 경남 합천 출생
동아대학교 국어국문학과 및 동 대학원 졸업(문학박사)
부산대학교 대학원 교육학과 석사 및 박사(교육사전공)
현재 위덕대학교 교육학부 교수
 (E-mail: cyjin@uu.ac.kr)

[저서] 『한국 현대시의 리얼리즘과 모더니즘 탐색』(새미, 1998)
      『한국의 문학과 언어』(정림사, 1999)
      『작문과 화법』(공저, 정림사, 2002)
[논문] 「시문학파 연구」(1993. 12), 문학박사학위 논문
      「한국 전·후기 모더니즘시의 비교 연구」(1987. 8), 문학석사학위 논문
      「동학의 생태교육사상 연구」(2006. 8), 교육학석사학위 논문
      그 외 국문학관련 논문 다수

우리 시의 신라정신과 노장의 생태주의

인쇄일 초판1쇄 2007년 9월 17일
발행일 초판1쇄 2007년 9월 30일

지은이 진창영
발행인 정구형
발행처 국학자료원
등록일 제324-2006-0041호
편 집 박지혜, 이초희, 김나경
총 무 박지연, 한미애
영 업 정찬용
물 류 김종효
주 소 서울시 강동구 성내동 447-11 현영빌딩 2층
전 화 441-1762, 442-4623~4
팩 스 442-4625
www.kookhak.co.kr / kookhak2001@hanmail.net

ISBN 978-89-6137-274-9 *93180

가 격 25,000원

저자와의 협의하에 인지는 생략합니다.